中南大学行政规制研究中心

国家社会科学基金重大项目《加快建设法治中国研究》
（项目号：13&ZD032）阶段性成果

行政规制论丛

XINGZHENG GUIZHI LUNCONG

二〇一六年卷·总第七卷

主　　编◎江必新
执行主编◎敖双红　孙　婵

法律出版社
LAW PRESS·CHINA

编辑委员会

执行主编简介

敖双红，男，1968年8月生，湖南常德人。法学博士，英国威尔士大学法学院访问学者。主要从事宪法与行政法的教学与研究。现任中南大学法学院副院长，教授、博士研究生导师。2008年10月被遴选为湖南省青年骨干教师培养人才，2011年3月被确定为湖南省学科带头人。

社会兼职：湖南省法理学研究会副会长、湖南省宪法学研究会副会长、湖南省法治反腐研究会副会长等。

主持及参与多项国家社科基金项目、省部级项目，参与完成多项地方立法项目。出版学术专著一部、合著三部，发表学术论文六十余篇。

孙婵，女，1991年10月生，新疆阿克苏人。中南大学法学院博士研究生，主要研究方向为宪法与行政法学。

总　序

谋求国家的善治，既是中国几千年来志士仁人的奋斗目标，又是全球发展的新的命题。自20世纪80年代末以来，治理逐渐成为国际公共管理领域最流行的概念之一，也成为公共管理改革的重要手段和目标。治理旨在寻求一般意义上的公共管理范式，鼓励政府、公共组织、私营部门和非政府组织积极参与到社会公共管理事务中去。而行政规制既是治理的核心内容，又是治理的难点问题。在社会转型时期，更是焦点和热点问题。

传统行政法学研究主要围绕行政主体、行政行为、行政程序和司法审查等问题展开，行政规制的出现向行政法学研究提出了新要求，时至今日，行政规制已覆盖经济和社会生活的方方面面，行政法学界已无法回避对行政规制相关问题的研究。实际上，开展对行政规制的性质、体制、范围、有效性、原则和方式等问题的研究，是回应现代行政法发展的要求，是实现行政规制权力配置和制衡、完善科学合理的行政规制体系、实现行政规制目标的必然过程，同时，也将产生巨大的社会和经济效益。中国行政法学对行政规制的缺位，一方面使行政法学成为空中楼阁而远离社会现实；另一方面使行政规制得不到行政法治规律和规则的指引而与社会目标或国民意志渐行渐远，使行政规制的质量得不到明显的提高。因此，将行政法学研究导入行政规制领域，既是一种责任，也是一种使命。

近年来，肇始于美国次贷危机的金融危机在全球的传播和蔓延给世界经济和国际社会带来了巨大冲击，许多国家和政府为摆脱危机的影响调整了经济或社会规制政策，与此同时，越来越多的人开始反思行政规制放松或强化的理性边界。古人云："多难兴邦。"经济危机的出现，恰好是探讨治理和规制规律的极好机遇，也是探求良善的治理之策的"方便法门"。

多年来,社会主义市场经济在给中国人民带来巨大福祉的同时,也带来了许多挥之不去的负面效应,关涉国计民生的食品、药品和生产安全事故频仍,屡禁不止,这些问题折射出行政规制领域存在的规制乏力、规制缺位、规制不足、过度规制、过时规制、无效规制、规制寻租和规制权的滥用等诸多问题,而且在许多情况下,相互对立或冲突的问题同时存在,使当今"中国治理"问题变得异常复杂,以致简单的"单方"或"偏方"已无济于事,必须采取综合与辩证施治之策,并佐以复杂的"配方"或"复方",才可望得以疗治。此情此景,迫切需要以科学的行政规制理论作为指引,迫切需要真正有利于实现行政目的的行政法的加盟。

从全球视野来看,无论是政治学界、经济学界,还是社会学界,早已将行政规制作为研究的重要课题。而行政法学界直到20世纪七八十年代,在行政规制改革的背景下才开始重视这片领域。我国行政法学界对行政规制的研究起步更晚。近年来,尽管有的学者已经将目光转移到行政规制领域,但与社会现实的巨大需求相比,显然供给不足。行政规制理论仍然存在巨大的研究"赤字"!

正是以上现实,催逼我促成以下事项:将行政规制问题作为中南大学行政法博士生的主要研究对象和领域;倡议建立一个行政规制研究中心;出版《行政规制论丛》(以下简称《论丛》)作为行政规制研究的载体;每年召开一次有关行政规制的理论研讨会。这些想法得到了时任湖南省省委书记周强,中南大学黄伯云校长,湖南省政府法制办许显辉主任,中南大学黄健柏副校长,中南大学法学院蒋建湘院长、刘继虎副院长以及中国行为法学会的刘家琛会长等的大力支持,在不到一年的时间,上述设想逐步得到实现。对此,我由衷地感到欣慰!

2009年6月6日,由湖南省人民政府、中国行为法学会和中南大学联合主办的首届"法治政府·南岳论坛"在南岳举行,此次论坛吸引了法学界的上百位专家学者和法律工作者的参与,论坛就"国际金融危机背景下的行政监管"这一主题进行了深入探讨。以此次论坛为契机,在民间组织倡导和政府推动下,反映行政规制最新理论研究成果的载体——《论丛》将由中南大学法学院具体负责编辑;同时,《论丛》也将成为收录相关优秀成果的连续出版物,成为总结行政规制最新经验和借鉴国外相关成果以及汲取其他学科理论精华的平台。

《论丛》力求从以下几个方面体现编辑者的本意:通过同政府、社会组织等的密切合作,以论坛和开展研讨的方式,为推进我国法治政府的构建以及行政规制法治建设提供智力支持,并将论坛和研讨成果作为《论丛》的重要组成部分在第一时间结集出版;通过吸纳全国学人,尤其是行政法学人与行政规制相关的优秀研究成果,逐步将《论丛》打造成研讨行政规制的重要平台,并力求做到百花齐放、百家争鸣,以促进行政规制相关理论的不断完善;通过汲取国外优秀研究成果及相邻学科规制理论研究精华,为行政规制的法学研究提供素材和研究范式,丰富行政规制理论的内涵,拓宽行政法学研究的视野。

《论丛》之所以得以在较短时间面世,应当感谢湖南省政府、中国行为法学会、中南大学及中国法学会行政法学研究会的相关领导、专家学者以及众多从事行政法治事业的实务界人士的鼎力支持。本书的出版得到了法律出版社的大力支持。衷心希望有更多的人士加入关心、支持《论丛》的行列,使它成为有关行政规制的思想库,成为理论和实务界沟通的桥梁,也成为我们共同的精神家园!

是为序。

江必新

2009 年国庆前夕于北京

卷首语

多情初夏，各抒己见；好运丙申，硕果累累。法治中国，同心协力；湘江论坛，文化传承。在各级领导单位及社会各界人士的关心与支持下，为积极响应党中央的号召，第三届“法治中国·湘江论坛”暨法治中国诗书画绣展于2016年5月29日在长沙市博物馆举办。本次论坛由中国行为法学会、中南大学主办，中国行为法学会法治中国文化艺术研究院、中南大学法学院承办，伊飞湘绣协办。本届论坛以“供给侧改革与经济法制”为主题，是当前法学界为回应中央经济工作会议提出的“供给侧结构性改革”而召开的高层次、大规模的学术盛会，来自全国各高等院校、科研院所及实务界的百余位专家、学者出席了此次盛会，围绕论坛主题进行了系统而深入的探讨研究。本届论坛共收到论文150余篇，在认真研读、充分探讨的基础上，我们甄选了其中12篇文章编入本卷《行政规制论丛》。本卷共分为五个子栏目。

第一个子栏目是“供给侧改革与宪制”，共两篇文章。第一篇文章为南开大学法学博士马爱平撰写的《“法不禁止皆自由”的宪制精义》。文章指出，“法不禁止皆自由”拓展了权利，具有宪法学意义，但其宪法地位不明。本文以负面清单为例，运用诠释学方法，明确了负面清单的“法不禁止皆自由”的构成要素（包括禁止“什么”、“谁”自由、“何种”自由）、理论前提，其局限性包括“禁止”的验证标准模糊和不确定，“禁止”存在程序性或形式性问题，自由存在内在权利界限、外在环境限制。文章借助利益、价值分析的价值衡量工具，探讨“法不禁止皆自由”的宪法地位，结语中提出以其弥补宪法监督原则不足，在司法审查中明确“法不禁止皆自由”作为法律原则、冲突条款的裁量规则和方法的建议，以及行政许可设置的必要性标准要素与司法审查的合理性标准要素清单的建议，厘清了行政许可决定与法律、行政合同的效力冲突，提出行政许可类硬法与软法之法理配置和理性选择的规则。第二篇文章是首都经济贸易大学法学院副教授何锦前撰写的《地方财政自主权的边界分析》。文章认为,由于事权与财权不匹配等原因,加强地方财政自主权已成必然之势。不过,地方财权的制度建构应建基于中国自身的政治经济社会条件,充分考虑到中国国家治理、宪制框架以及财税法自身的功能特性,还应注意制度协调和地方利益平衡等因素,这些方面均会不同程度地形成对地方财政自主权的约束。考察这些约束条件,有助于从反方向明晰地方财政自主权的边界,避免制度建构中的教条主义倾向。

第二个子栏目为"供给侧改革的经济法问题"。是中南财经政法大学法学院硕士研究生杨思琦撰写的《我国 PPP 公私合营模式下的经济法规制》。文章指出,PPP 公私合营模式作为公共事业领域市场化改革的重要方式,其产生与经济法具有内在耦合性,PPP 协议作为公私法融合的产物亦具有经济法属性,将其纳入经济法规制范围内具有合理性。面对现阶段 PPP 模式运行过程中出现的问题,我们需要进一步厘清公共事业领域市场运营与政府干预的关系,以经济法视野协调市场与政府的关系。此外,通过对现行立法的审视,探索如何完善经济法对 PPP 公私合营模式的规制,以期促进公共事业市场化改革的顺利推进。

第三个子栏目是"供给侧改革的立法完善",共两篇文章。第一篇文章为浙江工业大学石东坡教授与华东政法大学研究生潘贤芬合作撰写的《科技成果转化激励机制的政策比较及其立法吸纳——以武汉东湖和北京中关村文化科技企业的视角》。文章针对修订后的《促进科技成果转化法》在实施过程中可能出现的科技成果的界定、科技成果转化的责任主体、单位与科研人员成果转化收益的分配等方面问题,汲取北京、武汉两地先行的有益做法,为该法的施行提供更有可操作性的规范来源。认为应进一步加大股权激励力度,明确针对科技经纪人的激励机制,发挥政府激励政策的积极导向作用。只有各方协同整合成一个完整的激励法律制度,才能全面提高科技成果转化的质量和数量。第二篇文章为中南财经政法大学法学院硕士研究生臧俊恒撰写的《法定资本制改革:逻辑与抉择》。文章认为,商业发展初期,法定最低注册资本限额和实缴登记制在实现维护债权人利益目标的同时,也带来了资源浪费、阻碍投资等一系列问题。法定最低注册资本限额和实缴登记制的取消并未增加债权人的交易风险,关键在于债权人利益保护规范体系本身不健全;法定资本制改革则推进了该体系完善的进程。因此,深刻分析法定资本制改革的形成机理,加强公司信息披露制度,健全公司财务会计制度,完善法人人格否认制度将有助于有利于债权人利益的保护。

第四个子栏目为"供给侧改革中的司法问题",共三篇文章。第一篇文章是中南大学法学院黄先雄教授撰写的《司法权威与责令重作双同禁止条款的实践反思》。文章认为《行政诉讼法》第71条规定的"责令重作双同禁止条款"在实践中处境尴尬,行政机关违反该条款、藐视司法判决的现象并非少见。究其原因在于:司法地位不高、司法制裁手段不足、司法谦抑度不够、少数行政案件过于疑难复杂、对行政权的民意制约乏力等。我们应当正视这一现象,通过切实提升法院地位、完善对行政机关违反该条款的配套制裁措施,强调法院在特定类型案件中尊重行政决定,强化对行政机关的民意制约等,确保行政机关自觉遵循该条款,树立司法权威,以维护相对人的合法权益,节约公共资源。第二篇文章是聊城大学法学院王仰文副教授撰写的《行政案件摆脱异地管辖困境的技术性变革之道》。文章指出,由于行政诉讼与地方政府的密切关系,行政诉讼程序中的法官中立和独立审判一直是审判实践的突出难题,由此导致的行政审判信任危机历来也备受关注。与此同时,推行异地管辖改革探索所带来的诸多问题,如异地之间的利益互惠、"两便"原则的背道而驰、相关制度滞后脱节以及改革治标不治本等,也使得这一制度变革的未来发展充满了复杂变数。对行政案件异地管辖困境的完善与创新,可以从规范异地管辖适用条件、构建合理制度衔接机制、提升全民法治意识以及创新审判体制机制等方面,控制降低异地管辖制度的负面影响,优化行政司法审判环境,增强行政审判的实效。第三篇文章为福建省莆田市人民检察院助理检察员黄鹏程撰写的《检视司法网络舆情应对:主体、路径与理念的改良》。文章指出,自媒体时代,虚拟网络对现实秩序的解构满足了公民自我表达思想、参与社会管理的需求。例如,近期获得关注的"雷洋事件",即是"舆论"经网络自媒体发酵,最终左右现实事件走向的典型案例。从司法舆论应对的纯技艺角度出发,该事件暴露出司法机关在引导理念、应对机制等方面的诸多问题。此外,还需综合考量线上和线下、长远和当前等多种因素,促进司法舆情应对能力提升。

第五个子栏目为"供给侧改革与土地法制",共三篇文章。第一篇文章为北京市第四中级人民法院副院长程琥撰写的《依申请收回土地使用权中房屋征收补偿问题研究——兼论国有土地使用权收回与房屋征收补偿制度衔接》。文章指出,由于收回土地使用权与房屋征收在法律性质、适用条件、适用程序、适用范围等方面存在较大差异,《土地管理法》《城市房地产管理法》《国有土地上房屋征收与补偿条例》等法律法规对收回土地使用权与房屋征收的制度衔接缺乏明确规定,导致实践中面临诸多困难。因此,从实践中的审判实例入手,探讨国有土地使用权收回的主要类型和法律依据、依申请收回土地使用权的法律适用解释、收回土地使用权与房屋征收制度的衔接,对于厘清当前城市化进程中收回国有土地使用权与房屋征收的法律关系,充分保障土地使用权人以及房屋所有权人的合法权益,意义重大。第二篇文章为南京晓庄学院李昌庚教授撰写的《"城市土地属于国家所有"的争议与回应——兼论农村集体土地所有权》。文章梳理《宪法》第10条"城市的土地属于国家所有"的若干争议,指出其问题实质及其出路所在。关于《宪法》第10条"城市的土地属于国家所有"的规定,理解为"国有化"运动并不符合文义解释和历史事实;或是强调"城市的土地可以包括集体所有",但却没有认识到集体所有权的缺陷,则这种释宪或修宪并无多大意义。基于当下国情,在尚未触及土地所有制改革时,《宪法》第10条能够适应现有体制及其现实需要。但如果通过这种质疑,试图反映土地产权多元化的趋势,则具有现实意义。这问题的根本在于包括集体所有权在内的土地所有制改革,而这基于中国国情,需要采取稳妥慎重的改革路径选择。第三篇文章为华南理工大学法学院硕士研究生梁远高撰写的《我国农地抵押的地方实践及制度构建》。文章指出,现有制度下土地承包经营权抵押试点主要有三种模式:土地承包经营权直接抵押贷款模式、土地承包经营权反担保贷款模式、土地经营权收益抵押贷款模式。地方试点的探索主要存在法律法规缺失、抵押规则尚未建立、配套设施不健全等问题,这就要求我们进行制度构建时应予以注意。基于此,文章从修改土地承包经营权抵押的法律法规、经营权抵押的规则构建以及配套设施的完善三个方面为我国承包土地的经营权抵押的制度构建寻求出路。

除以上论文之外,莅临本届论坛的部分专家虽未提交论文,但他们在论坛发言时的真知灼见也引发了我们对"供给侧改革与经济法制"这一主题更深入的思考。一次大会的结束,正是下一个工作阶段的开始。供给侧改革,我们攻坚破难。经济法制的春天,正稳步向我们走来。由于篇幅所限,其他参会论文的精彩要点会通过论坛综述的形式呈现,敬请关注。

本卷执行主编
2017年5月30日

第十届全国政协副主席、北京大学法学院教授罗豪才在开幕式上的讲话

尊敬的江会长，尊敬的家琛院长，尊敬的王主席，尊敬的各位专家、学者：

大家早上好！

很高兴参加此次会议，与各位专家、学者共同探讨“供给侧改革与经济法制”。推进供给侧结构性改革，是党中央国务院综合研判世界经济形势和我国经济发展新常态做出的重大决策。供给侧结构性改革关系全局、关系长远，我们应结合工作实际，认真研究领会，扎实有效推进。下面我谈几点想法：

第一，推进供给侧结构性改革，实现高水平供需平衡。从平衡论视角来看，供给和需求是市场经济内在关系的两个基本方面，是既对立又统一的辩证关系。当前和今后一个时期，我国经济发展面临的问题，供给和需求两侧都有，但矛盾的主要方面在供给侧。我国不是需求不足或没有需求，而是需求变了，供给的产品却没有变，质量、服务跟不上，结构性问题突出。要解决这些问题必须从供给侧发力，必须把改善供给侧结构作为主攻方向，着重解决结构性问题，提高供给体系质量和效率，激发经济增长动力。供给侧结构性改革，应是既强调供给又关注需求，既突出发展社会生产力又注重完善生产关系，既发挥市场在资源配置中的决定性作用又更好发挥政府作用，既着眼当前又立足长远。根本目的是要提高供给质量满足需要，使供给能力更好满足人民日益增长、不断升级和个性化的物质文化和生态环境需要，实现由低水平供需平衡向高水平供需平衡跃升。

第二，完善法律制度，为供给侧结构性改革提供法治保障。供给侧结构性改革的重要任务是“三去一降一补”，即去产能、去库存、去杠杆、降成本、补短版。法治建设要发挥为改革保驾护航的作用。在去产能方面，要明确任务和目标，加大环保、质量、标准、安全等各种制度建设和执法力度。在去库存方面，要加大户籍制度

改革力度,加强对土地确权与农地流转等法律问题的研究,建立健全农民工进城的财税、土地等配套制度,加速人员合理流动。在去杠杆方面,要加强对互联网金融等的管控,依法处置非法集资等乱象,切实规范市场秩序。在降成本方面,要大力转变政府职能,把行政审批减下来,把不合理收费取消掉,把全社会整体税负降下来。在补短板方面,要扎实推进科技创新和生态文明建设,完善基础设施建设的体制机制。大力完善法律制度,多管齐下,为供给侧结构性改革提供全方位法治保障。

第三,推动政府职能转变,处理好政府与市场关系。供给侧结构性改革重点领域是国企改革,而国企改革的核心在于政府与市场关系的调整。要发挥市场在资源配置中的决定性作用,同时,也要发挥好政府作用。政府职能转变要做好"减法"和"加法"。要大力简政放权,减少行政干预,退出那些没必要插手的领域,交给市场做更有效率的调节。同时,也要做好"加法",深化价格、财税、金融等领域基础性改革,着力创造并维护市场的公平竞争环境,确保所有市场主体的平等博弈,实现市场的良性运作。同时,也要加强社会保障制度建设,完善基本公共服务体系建设,更多为社会提供"兜底",为供给侧结构性改革提供配套制度保障,保障公民基本权利和利益,满足社会对公平、正义的需求。

第四,加强社会自我规制和自我管理,培育社会自治机制。政府简政放权,有"放"就要有"接",这个权力要交给社会,要推动市场主体、行业协会、中介组织、自治组织等的发展,构成社会治理的多元良性运行机制。要大力完善各社会组织内部章程、规则制度建设。这些规则制定主体更加多元,形式更为灵活,内容涵盖面更广,实施方式更为多样,属于"软法"和"软法之治"的范畴。通过社会组织运用这些不具有国家强制力的软法规则,在相互协商、有效沟通的基础上,主要通过加强自律、互律,完善社会自我约束自我规制,综合运用社会舆论等多种方式,更好地实现治理效果。

第五,关注法律建设领域的结构性调整。供给侧结构性改革的核心是要减少无效供给,扩大有效供给,提高供给结构对需求结构的适应性。法律制度建设方面我们也需要根据形势变化推动结构性调整。在规制模式上,要做好从管理到治理的结构性调整;在规则供给方面,既要加强硬法供给也要更加注重软法供给;在规制领域方面,要适当调整重心,有所为有所不为,该退出的领域要退出,该强化的领域要强化;在规制手段上,要刚柔并济,综合运用刚性手段和柔性手段。

最后,祝本届论坛圆满成功!谢谢大家!

最高人民法院副院长、中国行为法学会会长江必新在开幕式上的讲话

尊敬的罗豪才副主席、王晓琴副主席、高文兵书记、各位领导、各位专家、各位代表，还有各位来自全国各地的艺术家，大家上午好！

今天我们在这里召开第三届"法治中国·湘江论坛"暨法治中国诗书画绣展，我代表中国行为法学会对莅临会议的领导和来宾，特别是各位艺术家表示热烈的欢迎，向给予本次活动大力支持的各界同仁，表示衷心感谢！我们这一次论坛以"供给侧改革与法治经济"为主题，供给侧改革是结构性改革，是治国理政的重大战略部署，是当前和今后一个时期我国经济工作的主线。从长远来看，也是跨越中等收入陷阱的生命线，可以说是一场输不起的"战役"，也是一场自我革命。那么要赢得这场战役，要取得供给侧结构性改革的完胜，我想一个重要的条件是必须有法治的保障。我们说供给侧结构性改革离不开法治的保障，至少有以下几个方面含义：

首先，供给侧结构性改革是在全面推进依法治国战略布局的大背景下实施的，我们不可能违反法治原则来进行这场改革。

其次，法治对于供给侧结构性改革具有极端的重要性，我们要在法治之内突破旧有的体制机制和制度，用法律关系来重构新的政府与市场关系和新的政商关系，用法治的稳定性通过稳定政策从而实现用法治的可预测性来预防和降低经济风险，用法治保障来完成五项任务，还要用法治的确定性来固化供给侧结构性改革的成果。

这一次论坛将供给侧结构性改革和经济法治作为主题，不仅是合适的也是重要的。法治的核心意义在于治理，我们应该看到不是什么样的法都能进行有效治理，不是什么样的法律规范都可以保障供给侧结构性改革的成功，所以在应用法治保障结构性改革的过程中，我觉得要特别注意以下几点：

第一,法治要给改革留有足够的空间。事实上,原有制度都是用法律规范固定下来的。如果一开始就强调严格依法办事,那什么都改不了。所以首先必须要为改革留有足够空间。重大的改革必须于法有据,但同时立法、执法也要主动地去适应供给侧结构性改革的需求。

第二,法治必须以良法善治为依归。只有良法善治才可以实现我们最终改革的目的。强调法治和供给侧之间的这种关联性,在很大程度上需要"变法"。在"变法"的时候,要尊重经济发展的规律,要与中国当前面临的经济新常态相结合,要借鉴吸收国外所有可借鉴的有益的经验,尤其是要全面正确认识我们中国经济当前面临的各方面的问题和难题,同时要充分地发扬民主,以正当的立法程序汇聚民意,把法律规范的质量提高到一个新水平。只有这样,法治保障才会有成效。

今天,我们同时还举行了法治中国诗书画绣展,这两个内容怎么会联系在一起呢?我们大家知道,供给侧结构性改革一个很重要的内容就是要重塑市场和政府的关系,就是要重塑新的政商关系。怎么样处理好政商关系?习近平总书记讲了两个字:一是亲;二是清。今天的书画绣展的主题就是"竹韵清风",我们强调用这个"清"通过艺术载体表达新的政商关系。大家知道,"竹"是一种很高尚的品行的象征,我把竹子的优良品性概括为七个方面。如果每一个人都能够真正具有这七个方面的德性,能够具有竹子的品性,我们的社会关系、我们的人际关系一定会越来越好,我们的政商关系也一定会正常化,我们的社会也一定会变成优雅的"清凉世界"。这也正是我们把这两个主题放在一起的缘由。

"法治中国·湘江论坛"加上这一次举办了三届,之前的名字叫"法治政府·南岳论坛",共办了五届,加起来有八届。之所以能够坚持下来,得益于各位领导特别是各位专家的关心与参与,得益于各方面尤其是湖南省各方面的领导以及中南大学的领导的鼎力支持,也得益于中南大学法学院师生的无私奉献。在此我作为主办方之一的中国行为法学会会长由衷地表示感谢,并致以崇高的敬意!这一次会议,得到了长沙市委宣传部、开福区人民政府、长沙市文化广电新闻出版局、伊飞湘绣等单位的大力支持,在这里一并表示感谢。我要特别指出的是,这一次论坛不仅得到了各位的厚爱,也得到了罗豪才副主席的大力支持,得到了周和平副部长的大力支持,我想在这里让我们再次以热烈掌声对罗副主席、周副部长,还有家琛副院长,以及美术界各位领导表示衷心的感谢!

最后,祝论坛和展览取得圆满成功!谢谢大家。

目录 *Catalogue*

供给侧改革与宪制

“法不禁止皆自由”的宪制精义
——基于自贸区负面清单的法理诠释

马爱平 *

“诠释学循环(hermeneutischer Zirkel)的三种形式包括反思假定(das Postulat der Reflexion)和文本(Text),部分与整体之间的关系,规范和事实之间的关系。……诠释学循环理论仅涉及结构理论,将理解的结构引向了具有理性假定地位的反思、融贯和充分性的假定。”①诠释学还需要利益衡量和价值补充工具完善,通过诠释学的传统三条路径阐释“法不禁止皆自由”的假定、要素构成及有限性,结合立法文本和实例证成,针对最新发布的修正后的《立法法》和“闫才源诉焦作市公安局不予变更姓名案”违反法理问题,讨论“法不禁止皆自由”宪法监督②的原则地位及解决模糊问题的解释和司法审查原则方法,行政许可设置的必要性测试与司法审查的合理性标准要素及多方民主参与程序,分析了行政许可决定与法律、行政合同的效力冲突问题,讨论了行政许可类“硬法”与“软法”之法理配置和理性选择规则,建议出台《行政程序说明理由办法》等,从而更好地保障权利,完善宪法监督理论,促进行政实质法治。

---

* 南开大学法学院博士研究生。

① [德]罗伯特·阿列克西:《法、理性、商谈:法哲学研究》,朱光等译,中国法制出版社2011年版,第67~69页。

② 广义的宪法监督根据是否有宪法监督权、是否专责宪法监督、监督依据、程序,可以划分为专门宪法监督、一般有权宪法监督和社会宪法监督,是指为了保障权利,对权力运作是否合宪进行的监督。广义的定义并非忽视有权监督的权威,而是重视广义定义对发挥宪法监督公私共同治理的作用,监督主体并非反映宪法监督概念本质的必要组成,反而造成概念冗杂,狭义的宪法监督为有专门宪法监督权的主体依据宪法按照特别宪法程序进行的监督。本文的宪法监督为广义上的宪法监督,在合宪性分析时,为了便于与合法性、合理性的比较,为狭义的宪法监督。

一、问题的提出

中共第十八届中央委员会第三次全体会议提出“探索对外商投资实行准入前国民待遇加负面清单的管理模式”。① 2014年2月11日,李克强总理在国务院第二次廉政工作会议上指出,“对目前仍保留的审批事项,要公布目录清单……清单以外,一律不得实施行政审批,更不得违规新设审批事项。实际上这也是对‘负面清单’管理模式进行探索。也就是说,对市场主体,是‘法无禁止即可为’;而对政府,则是‘法无授权不可为’”。② “法无禁止即可为”作为法理原则,其宪法地位如何?党的十八届三中全会提出,要进一步健全宪法实施监督机制和程序,把实施宪法要求提高到一个新水平。中国美国商会会长葛国瑞(Greg Gilligan)表示,清单不足包括“审批拒绝后的行政和法律援助救济机制”,③负面清单作为行政许可的新方式,其作为更少限制的规制方式,应明确其行政许可法地位,但也带来“软法”的宪法监督和司法救济问题。反思和完善“法无禁止即可为”原理的范例,可以发展和运用这一原理进行宪法监督,以促进行政法治。

《最高人民法院关于适用〈中华人民共和国涉外民事关系法律适用法〉若干问题的解释(一)》(法释〔2012〕24号)(以下简称《法律适用法司法解释》)第6条及闫才源诉焦作市公安局不予变更姓名案实际上反映了明确“法无禁止即可为”这一法理的宪法监督原则地位的必要性和紧迫性及其适当使用方法。

在立法动向上,2015年3月18日发布的修正后的《立法法》明确了授权的实体性和程序性规定,没有行政性规范文件依据,行政规章不得设定减损公民、法人和其他组织权利或者增加其义务的规范,针对限行、限购、限贷等地方限制性行政手段,体现了“法无禁止即可为”的法理,但“法不禁止即自由”的法律监督原则在宪法和立法法上的地位尚不明确。

在司法实践中,典型案例有闫才源诉焦作市公安局不予变更姓名案,其提供了司法实践呼吁“法不禁止即自由”的宪法监督原则的实例。在该案中,山阳区人民

---

① 《授权发布:中共中央关于全面深化改革若干重大问题的决定》,载新华网:http://www.sn.xinhuanet.com/2013-11/16/c_118166672.htm?TPWlanWarnChecked=0,最后访问日期:2015年5月18日。

② 李克强:《在国务院第二次廉政工作会议上的讲话》,载人民网:http://politics.people.com.cn/n/2014/0224/c1024-24440967.html?TPWlanWarnChecked=0,最后访问日期:2015年6月10日。

③ 葛国瑞:《中国投资环境的机遇和挑战》,载中国美国商会网:http://www.amchamchina.org/wp~investment2014,最后访问日期:2015年6月14日。

法院经审理认为，在实际生活中，一个人的姓名与其所进行的经济或其他社会活动是联系在一起的，随意改变姓名，就有可能引起社会秩序的混乱，并造成民事、商事等活动无序的局面。《民法通则》第 99 条规定，公民改变姓名必须“依照规定”，因而公安机关在办理公民变更姓名问题所依据的公安部对变名“应适当加以限制”的规定有法律效力。而且闫才源此次申请更名系第三次更名，属于频繁变更姓名。故焦作市公安局对闫才源申请变更姓名所做不予批准的答复与法不悖。依照《最高人民法院关于执行〈中华人民共和国行政诉讼法〉若干问题的解释》第 56 条第 4 项之规定，判决驳回闫才源要求焦作市公安局批准其更名为“闫宇奥”能并为其出具一份更名为闫宇奥能的更名声明的诉讼请求。[①]《民法通则》第 99 条第 1 款规定：“公民享有姓名权，有权决定、使用和依照规定改变自己的姓名，禁止他人干涉、盗用、假冒。”公安部规定对变名“应适当加以限制”，看似协调，实则冲突。根据“法无禁止即可为”的法理，上位法规定“有权决定、使用和依照规定改变自己的姓名”，“有权”即宣示了改名自由，“依照规定”改名不等于“禁止”改名，下位法的“应适当加以限制”如果构成对上位法“权利”的“禁止”，则应按照“上位法优于下位法”规则予以解决。焦作市公安局对闫才源申请变更姓名不予批准否定了公民的改名权利，在法律解释过程中违反了“法无禁止即可为”的法理，实质上是增设了禁止。

在立法冲突上，《立法法》第 83 条“新的规定与旧的规定不一致”的规定模糊，如果是同一个立法机关就同一个事项作出了不同的规定时，可以根据立法的原则，采取“后法优于前法”的原则。[②] 新法与旧法是否限于同一事项立法、同一法律部门、同一法律关系或同一调整方法？例如，刑法修正案与 1997 年刑法典的“新法优于旧法”的关系。非同一法律部门、法律关系或调整方法的立法之间的冲突比较少见，但其调整对象、立法目的、价值理念、保护的利益存在一定差异，依据“后法优于先法”规则未必能通过法律适用弥补社会关系发展导致的立法相对滞后问题。全国人大与全国人大常委会是否属于同一机关也存在争议，二者的具体职权范围、立法程序也不同。[③] 但后者是前者的常设机关且共同行使立法权，不具有独立性。

---

① 参见《闫才源诉焦作市公安局不予变更姓名案》(2005) 山行初字第 4 号，载北大法宝数据库：http://www.pkulaw.cn/case/pfnl_1970324837056407.html? match = Exact&TPWlanWarnChecked = 0，最后访问日期：2015 年 3 月 6 日。

② 参见韩大元：《认真对待我国宪法文本》，载《清华法学》2012 年第 6 期。

③ 同上。

例如,全国人民代表大会2001年修正的《中外合资经营企业法》第15条规定的合营方之间争议任意管辖,2000年修正的《中外合作经营企业法》第25条规定的合作方之间争议任意管辖与全国人民代表大会常委会2013年修正的《民事诉讼法》第226条规定的境内设立合营、合作企业合同争议的专属管辖之间就存在立法冲突,对于其适用条件是否限于同一事项以及全国人大与全国人大常委会是否属于"同一机关",《立法法》及其释义并没有予以明确。如果认为其正确适用,应限于同一事项的立法,而上述规定涉及组织法与程序法的不同立法事项,这条冲突规则不应适用。如果认定其立法机关并非同一机关而适用上位法优于下位法,则更有利于仲裁自由的保护;如果适用新法优于旧法的规定,而不考虑前者与后者是特殊组织实体法与程序法的关系,其立法冲突并非产生于社会关系的发展变化,而是不同法律部门或调整对象的立法目的、理念和利益的差异,则会导致不合理地限制合营、合作方之间争议的仲裁自由的结果,根据"法无禁止即可为"法理,合营方、合作方之间的争议可以自由选择仲裁解决方式,弥补立法"模糊"。我国民商事领域的实体性和程序性立法明确了国内立法与国际条约、惯例的适用关系,我国冲突法提供了涉外民商事案件的法律选择方法,但却少《宪法》《立法法》的统一与协调。根据"法无禁止即可为"原则,国内立法为了协调国际航空、海上运输、票据、知识产权等涉外民商事领域相关的国际条约、惯例之间的关系,纳入或转化了相关国际条约和惯例,在涉外民商事领域的实体、冲突和程序立法中明确了我国签订或加入的国际条约的优先效力以及惯例的补充国内立法地位,涉外民商事领域的国际条约在不同地域范围和领域协调权力,促进权利的行使和维护,具有相对于国内法的优先效力,其他非涉外民商事领域的与权利无关的国际公约和惯例,与本文讨论无关,此处不赘。

在司法解释上,《法律适用法司法解释》(法释〔2012〕24号)第6条规定:"中华人民共和国法律没有明确规定当事人可以选择涉外民事关系适用的法律,当事人选择适用法律的,人民法院应认定该选择无效。"这意味着"法无授权即禁止",与我国《宪法》《立法法》第5条规定的"立法应当体现人民的意志,发扬社会主义民主,保障人民通过多种途径参与立法活动"和第6条规定的"立法应当从实际出发,科学合理地规定公民、法人和其他组织的权利与义务、国家机关的权力与责任"的原则和精神不符,也不符合"法无禁止即可为"法理,当事人的法律选择自由不应限于法律规定,对当事人自由裁量权和通过司法途径参与立法的否定和限制应限于法律的强制性规定,该条款不合理地普遍排除了当事人意思自治自由,而应适用

"上位法优于下位法"规则或授予"法无禁止即可为"这一法理在《立法法》和司法解释中的原则地位。

在我国尚未建立起合宪性审查机制的条件下,把某些宪法行为作为行政行为来对待,可以借助于行政组织机制部分实现保护集体人权的目的,因而扩大行政行为的外延、挤压宪法行为的空间似乎更能保护人权。但通过多年的实践,现在看来这一效果并不明显,因而理论上就必须寻找新的出路,探讨行政行为与宪法行为的界限,为合宪性审查机制的建立铺平道路。① "法不禁止皆自由"为划定享有权利的宪法行为与权力行使的宪法行为界限,提供了合宪性审查的原理资源,但其在我国的宪法地位不明,还需要再进行探讨。

二、"法不禁止皆自由"理论的反思假定

(一)"法不禁止皆自由"拓展了权利

权利相关法律法规必须蕴含公共理性。公共理性包括三个主要特征:一是某种基本权利、自由和机会的清单;二是特别优先性的说明,特别是关于普遍善与至善价值的要求;三是确保所有公民有充分普适的手段以有效行使其自由的措施,其赞成作为自由平等的人之公民观念和作为长期里公平合作体系之社会观念。② 负面清单的结构构成包括清单和说明,但说明的法律效力并不明确,负面清单的保护措施规定于相关配套法律法规。在调整类型上,"法不禁止皆自由"为一般允许型,是有限禁令规则和无限自由原则的结合。"法不禁止皆自由"保护的投资领域包括

① 宪法的调整对象是宪法法律关系,包括主要国家机关(包括党政领导个人)、公民和政党、阶级、社会组织等宪法主体,国家和公民行为、财产、人身、精神等宪法客体,权力、基本权利和基本义务等内容。依据是宪法,法益依次包括人民利益、国家利益、社会利益。宪法行为为宪法法律关系的客体。宪法明确了宪法行为的职权、组织和宪制目标要件,为保障基本权利,制衡国家行为及其权力内容提供根本依据和基本框架。与行政行为相较,宪法行为特点包括主体广泛性,除了行政权主体,还包括立法、司法机关及公民个人。宪法行为内容的根本性和以权利为中心,不限于行政行为的具体法定职权及其运作规则,更主要和核心的是基本权利及国家权力,宪法后者是客体上,宪法行为以宪制为目标和评价标准,而行政行为以合法、合理、公平、公正、公开、效率、责任等为目标和评价标准,效力上,权力、复合型权利义务的承担,权力或权利的类型、效力、救济和监督具有强制性,其他宪法行为具有任意性。行政行为要件的主体资格、目标职权及其效力、程序和责任一般具有强制性,但行政法律法规存在行政自由裁量权和相对人权利行使的任意性。宪法行为的效力更稳定,但因为宪法监督的缺失,对于只能通过宪法保护的侵犯宪法权利,其效力并不稳定,面临来自权力和权利的威胁。行政程序法以正当程序限制行政机关及其授权组织的意思形成和实施,为权利提供司法救济和宪法监督途径。参见叶必丰:《行政行为原理》,商务印书馆2014年版,第30~31页。

② [英]约翰·罗尔斯:《万民法——公共理性观念新论》,张晓辉等译,吉林人民出版社2011年版,第115页。

法律明文规定的领域和法律暗示的领域,法律过于笼统、概括、含混、不适当、滞后、空白、执法和司法过于主观、当事人错误解释等禁止性和限制性禁令排除范围以外的领域,有限的禁令使投资自治空间最大化,而不会遗漏自由领域。自由的法律地位是一般的、概括的、全面的、普遍的、默示的原则地位,而否定式禁令的法律地位是例外的、特殊的、具体的、局部的、有限的、明示的规则地位。前者是最佳化命令,通过权衡,要求事实上或法律上最大化实现。前者的碰撞需要确定优先性原则,原则碰撞不涉及法律体系的归属资格,不发生于效力的向度上,而是发生在内在于法律体系的分量向度上。原则可以组成一个优先条件的体系,一个权衡结构的体系和(或)一个初显优先关系的体系的柔性秩序,从而使开放的漏洞领域的法律裁判很大程度上被理性地建构。紧跟着这一方法论论据的是实质性论据。其有效性受到自身不确定性的限制,需要普遍、非歧视、透明、清晰、最大限度的语言概念和经验信息充足的规则。这一规则具有实体正义与程序正义目的、过程和结果的三维导向,除此以外,还应有被接受的程序,演绎、解释和论证的规则,监督、问责和救济制度来确保理性,并根据情形通过冲突规则、统一实体规则、涉外或国际程序规则实现合作、协调、一致。而后者是确定性命令,以涵摄方式实现"全有或全无"的适用状态。前者可以补充、修正后者。禁令是积极的反向的扣减,凸显了自由的无限性,从而营造广阔的投资自治空间和领域。"依据这一原则(法不禁止即自由原则)进行权利推定,可以划清法与不法的界限,防止对人民权利的侵害;承认人民享有宽广的自由(公民有许多合理的公认的习惯权利可在此原则下得以行使),有利于启动公民的自主精神。"①不仅如此,这一原则还有利于通过法律解释、行政裁量和审判监督促进解决我国公民的权利自由的宪法规定不完整,过于抽象、概括和宣言性,缺乏保障、问责措施,相关具体部门的权利立法在执法和司法中存在异化和宪法监督的原理理念缺位和制度不健全等问题。

(二)"法不禁止皆自由"的否定性

禁令涉及的法部门主要包括宪法、刑法、行政法和纪律等,禁令的类型主要包括刑事、行政和纪律禁令。罗马尼亚、葡萄牙、意大利、荷兰和德国等国家颁布了行政禁令法典,作为欧盟法的补充,而其他欧盟国家则没有这一法典。② 比利时、英国

① 郭道晖:《论权利推定》,载《中国社会科学》1991 年第 4 期。

② See Oswald Jansen, *Administrative Sanctions in the European Union*, Cambridge, Intersentia Publishing Ltd., 2013, p. 21.

和瑞典缺少法典,没有统一法律框架或概念化的行政禁令观念,依《欧盟人权条约》第6条的合法性请求比其他国家更强烈,缺少对合法性原则的国家承诺。[①] 我国也没有禁令的法律概念,关于禁令的法理需要阐发,合理性原则也需要发展完善。本文以市场准入禁令和软法为例。

在市场禁令方面,我国外商投资相关法律法规从内容上主要包括《中外合资经营企业法》《中外合作经营企业法》《外资企业法》及其实施细则以及《公司法》《合伙企业法》《个人独资企业法》等,作为组织法,其实质为营业许可;《外商投资产业指导目录》以及实验区的负面清单是外资的宏观调控法之一,涉及经济安全,和其他国家安全、人类、环境、健康等规制均为安全许可;对需要经过特许获取资源使用权、建设运营特许权的外国投资的许可为资源配置特许;涉及资格、资质、能力、条件、信誉、信用等专业性、标准化、客观性的适合第三方专业机构辅助完成的为认证核准;授权专业机构进行的为技术检验、检疫、检测许可。《外国投资法(草案征求意见稿)》准入管理和国家安全审查上概括规定了针对外资的营业、市场、行业、安全、竞争许可,许可要素更完整、平衡,从申请、授权到申请、授权与监管、制裁的平衡,尤其针对安全审查进行实体和程序上的全面规定。针对投资者的许可主要涉及资格、资质、能力、信用情况。"法不禁止皆自由"的否定性,具体到外商投资领域,反映为营业、专业、行业角度的市场准入许可,安全、竞争、劳动环境等规制类许可以及资源配置特许三类。外资相关法律法规设定的许可体现了"法不禁止皆自由"的否定性,即向外国投资者提出否定性要求,包括强制性要求和非强制性要求,其对自由干预的程度和方式是不同的。否定清单的否定性体现为产业、领域和活动禁止类、限制类和条件限制类规则,我国外资相关法律法规从财税领域到组织法领域走向内外资立法并轨,涉及外资审批事项的减少和权力下放,对私人活动的限制方式软化,干预更少,反映了"法不禁止皆自由"在外资领域的否定性的缓释。

负面清单的否定性,负面清单是反向的行政许可,采取否定性方式主要是基于以下原因:一是在利益层面上,国家利益和社会公共利益相对于私人利益尤其是政府行政目标的基础前提性、排他优先性和重要性,以及规则层面上,双边、多边框架和国内贸易等法律的例外原则。二是否定式立法比肯定式立法相对容易。美国宪法权利清单模式"除了明示的个人权利列举是否是防止政府侵蚀的保障,最初宪法

① Ibid. ,p. 25.

起草者投票反对此类列举,因为遗漏的风险”。① 否定式立法采取有限列举的方式,与此相对的是不易通过立法技术予以确定的无限的调整领域,其有限性意味着有限的立法资源需求,否定式立法方式是根据市场开放程度进行的选择,其适用经济原因是禁止和限制的产业、领域、地区和特定活动范围相对较小。三是否定清单比肯定清单效果更好。这些“肯定性”的欲望比起“否定性”的欲望来,每个个体的看法通常更加缺乏同质性,彼此之间非常悬殊,并且往往也很难界定清楚。② 否定列举以外的无限的自由投资产业、领域和部门是对投资者合法投资自由权益的肯定与激励,有利于实施和自觉遵守。“正面清单的应用方式通常负担较小,因为它没有必要去列出部门或措施去避免国民待遇义务,并且它可能导致义务适用于更窄的范围。然而,它也意味着限制对投资者是不透明的。”③模糊问题、新出现问题、滞后问题、不适当问题等并不当然归属否定式立法的调整范围,可能在法律适用过程中带来争议或其他问题,而这能够通过法律解释和法律修改来弥补。肯定式立法虽然不会带来这些问题,但其对自由价值的限制或有限列举投资准入的领域、部门和活动意味着庞大的立法清单的消极影响是无法通过其立法模式带来的好处豁免或抵消。否定清单是对肆意侵扰私权的无限的公权力和行政裁量权的有力制约和限制,减少了行政腐败、行政垄断和行政低效。否定清单是自由的拓展和深入,国家之间投资合作的加强在法律上作用的结果和表现,必将反过来推动我国市场的自由化、国际化程度。而肯定清单许可范围的限缩或否定清单禁止和限制范围的扩大会带来与此相反的消极影响。否定清单也会带动“简政放权”等行政体制改革、配套投资法制的完善、投资文化的发展。否定清单已被 77 个国家(地区)立法采纳,这就代表了内国投资立法改革的国际趋势。

三、“法不禁止皆自由”理论的构成要素

(一)对象

对象是公民的宪法规定的基本权利、法律规定的合法权利和利益及相应的义

---

① Charles J. Cooper, “Limited Government and Individual Liberty: The Ninth Amendment ' s Forgotten Lessons”, *Law and Politics* 4, 1987, p. 63.

② [意]布鲁诺·莱奥尼等:《自由与法律》,冯辉译,湖南教育出版社 2008 年版,第 18 页。

③ J. Anthony Vanduzer et al., “Integrating Sustainable Development into International Investment Agreements: A Guide for Developing Country Negotiatiors”, *Journal of Comparative & Physiological Psychology* 52, 2013, p. 121.

务。“人类组织可以通过对某些行为类型的限制实行约束。如果没有约束,我们便置身于霍布斯丛林而不可能有文明。”[①]“在任何特定时间,依据规则(法律规则和非法律规则)为生的任何社会的生活都可能存在于两种人之间的张力之中:一方面是接受规则和自愿合作以维护规则,并因而从规则的观点来看待他们本人和他人行为的人;另一方面是拒绝这种规则,仅从把规则作为可能惩罚之征兆的外在观点出发才注意这些规则的人。”[②]负面清单包含禁止性、限制性规定和条件性规定。负面清单指向外商投资的产业、领域、活动或条件,以阻止有害国家公共利益和安全、人类和动植物健康、环境保护、国计民生和国民经济的关键部门和领域,公共秩序等私人行为,以“有形之手”弥补“市场失灵”。“禁止”或“限制”的对象是外商投资者的合法投资权利,在一定范围、按照一定条件和程序方式限制投资自由权,是主权国家对投资的管理主权对外商投资自由权利的纵向干预和规制,而“负面”是对其的否定性限制。

(二)主体

“法无授权即禁止”只适用于公权力组织,而“法不禁止即自由”的适用对象是公民,公民包括自然人、法人及非法人组织。在经济全球化视野下,负面清单是主权国家之间横向协调的产物,是主权国家通过协商对主权进行的自愿处分。负面清单的主体包括外资管理者和外国投资者,而“法不禁止皆自由”的“自由”的主体是外国投资者私人,而非主权享有者,而“法不授权即禁止”的“禁止”确立的义务的主体是外资管理者。这体现了公权力范围的有限性和私权利的无限性,反映了投资主权和投资自由界分的变动,这种变动是我国市场经济的发展成熟,我国企业国际竞争力的增强,国际投资准入前国民待遇的潮流推动等多重因素作用的结果。“权力具有政治统治职能与社会服务职能,要保障消极自由不被侵犯,公权力应遵循‘法无授权即禁止’,为促进积极自由得以实现,私权力可适用‘法不禁止即可为’。”[③]公权力不可适用“法不禁止即自由”,用“法无授权即禁止”来指导国家投资管理权,虽然有利于健全作为投资管理权依据的国内投资法律法规,避免政府滥用投资管理权干预外资自由,但对于“授权”之法不应扩大为国际法,因为国家主权并非来自国际法,除了国际强行法,国际法对国家产生约束力还需要得

① [美]道格拉斯·C.诺思:《经济史上的结构和变革》,厉以平译,商务印书馆2013年版,第229页。

② [英]哈特:《法律的概念》,张文显等译,中国大百科全书出版社1996年版,第92页。

③ 汪习根、武小川:《权力与权利的界分方式新探——对“法不禁止即自由”的反思》,载《法制与社会发展》2013年第4期。

到国家接受。

(三)方式

"权力主要并首先由否定强制的或者许可性的法律来确立,这些法律作为某些强制类或者命令类法律的例外起作用。"①负面清单对有限的非国民待遇的领域进行否定式宣示和排除,设置禁止型、限制型和条件型规则。针对外国投资者准入阶段和准入后的国民待遇,范围更大,时间跨度更广,享有的自由和保护更加充分。自由包括在"禁令"排除后的产业、行业、部门和活动范围和条件的不同程度的投资自由。外商投资自由彰显了外资领域的私人意思自治,能够更好地激发外国投资者的积极性,使其充分利用其投资经营和资本、技术。限制与自由相对,包括针对产业、领域和活动的使用"禁止""限制"表述的规则以及投资条件要求。对条件的理解应包括投资形式、持股比例、投资领域、技术规模规格标准、投资规模、注册资本、经营年限及资格资质。限制的依据来自国际法及国内法规定。限制措施主要是基于国家安全和公共利益及国家宏观调控的考虑。对外国投资者的投资产业和项目领域进行干预,反向赋予了法律上和事实上的投资自由,排除了法律空白和模糊地带。

四、"法不禁止皆自由"的理论局限性和现实问题

(一)必要性和合理性标准因素的匹配性

"每人可以任意处置公约留给他们的善和自由,所以主权从来无权对一个国民施加比另一国民更重的负担,因为那种情形下,问题变得特殊,并不在能力的范围内。"②"禁止"在价值判断上应有正当性与合理性,但对正当与合理的理解上,外资准入方面,发展中国家往往会设置履行要求条件,如当地成分要求、出口实绩要求、当地股权要求等前提条件,对于这些条件是否包含于国际社会所认可的国民待遇的合理例外之内,发达国家与发展中国家存在较大分歧。③ "禁止"是否必要与合理成为投资规制和投资自由的灰色空间和模糊地带,损害了外资规则的公平、明确、透明,为外资活动投下了阴影。

(美国)通过许可国会规制州内或外国贸易的专有权,除非经过国会许可,宪法

① [英]边沁:《道德与立法原理导论》,时殷弘译,商务印书馆2005年版,第377页。

② [法]卢梭:《社会契约论》,[英]科尔译,世界图书出版公司2010年版,第19页。

③ 参见张庆麟主编:《国际投资法问题专论》,武汉大学出版社2007年版,第15页。

也默示禁止州或地方不合理地使此类贸易有所负担或对其加以歧视，在州税的系列案件中，联邦最高法院形成了对其在没有国会许可时是否州措施未经许可地对外国贸易施加负担的审查标准。在国外相关理论上，"（行政自我拘束论）这一学说以维持否定行政规则之法拘束性的传统法理为逻辑前提，其通说认为，行政决定违反了由行政规则产生的既有的行政惯例，即使没有违反法律，也因违反平等原则二原则上'违法'，并据此给予行政规则以'事实上'的法拘束性。……即使在日本，也可以看到行政规则的现实功能正变得十分重要……作为今后的重要课题，在留意其给国民之权利保护及行政之司法控制带来的效果的同时，探讨对于什么样的行政规则可以根据什么样的逻辑构成承认什么样的法律意义。这时，在德国的各种学说中最令人感兴趣的是基于平等原则的行政自我拘束论，它具有充分的参考价值"。[①] 行政规则的法拘束性和"法不禁止即自由"原则面临相近的给付行政拘束性不足、模糊、现实异化的共同问题和背景，其法律渊源均为不成文。但前者强调平等原则为基础，依据宪法惯例，而后者强调权利的无限性和有限政府，来自法理，结合我国宪法的平等原则，"法不禁止即自由"可以解决宪法监督原则的缺失问题。

《行政许可法》第 5 条规定："设定和实施行政许可，应当遵循公开、公平、公正的原则。"该规定是与 WTO 的非歧视、透明度原则要求和我国承诺相一致的。第 11 条规定："设定行政许可，应当遵循经济和社会发展规律，有利于发挥公民、法人或者其他组织的积极性、主动性，维护公共利益和社会秩序，促进经济、社会和生态环境协调发展。"第 12 条、第 13 条和第 14 条采取的是"可以"和"可以不"的行政许可设定两分法，没有行政许可设置的宪法监督制度，没有将市场自由、私人自治、社会自律、方式等方面更小限制的事后监督作为行政法治的外在有强制约束力的积极目标工具，第 11 条中的"应当"成为理性引导和宣示甚至一纸空文，自贸区负面清单的禁止"有限性"这一更小限制工具没有载入行政许可法和扩展到其他行政领域，地域上从自贸区拓展到其他地区成为普遍的设置方式。《国务院办公厅关于进一步清理取消和调整行政审批项目的通知（国办发〔2007〕22 号）》指出，取消和调整的原则上"总的要求是，按照合法、合理、效能、责任和监督的原则"，在行政审批改革中采取"合法 + 合理性"标准，虽然必要性标准要求并非 WTO 协定的对成

① Jeanne J. Grimmett, *State and Local Economic Sanctions*: *Constitutional Issues*, *The U. S. Constitution Interpretations*, *Court Decisions and Analyses*, New York, Nova Science Publishers, Inc. , 2012, p. 137.

员国的要求,但从以行政法治推进开放型经济建设的角度出发,应讨论在自贸区试点的必要性,并结合比例原则的要求确定行政许可的设置标准及审查制度。WTO对必要性标准的解释包括两种,绝对要求方式集中在确保服务质量(其目标)和措施与目标的必要联系方面,没有能够实现同一目标的其他措施的相对比较,而相对要求方式在GATT第20条似乎解释为近似更严格的比例标准,关键措施能够实现规制目标的最小贸易限制的合理措施。前者要求对措施的相关目标与不相关目标进行规制,后者还要考虑措施工具。WTO的美国赌博案的争议在于,措施是对市场准入的限制还是确保服务质量对本地和外国服务提供者公平适用的措施。为了确保行政许可法的前瞻性和发挥其对经济社会的积极推动保障作用,防止行政许可的形式和实质上构成歧视,避免投资争议对秩序的破坏,应当研究以完善和试点投资许可设定的必要性为主,以比例原则为辅的标准,就宪法角度而言,主要包括是否面临国家安全、秩序或公共利益的现实、紧急威胁的前提,对权利的最小损害和无其他替代性措施的手段方式要求,通过市场自由、私人自治、社会自律和事后监督不能高效解决,是否是维持贸易和投资者资质、贸易和投资安全和质量、市场秩序、效率、开放所必需,分权制衡下的职权范围、正当程序、监督问责要求及征收补偿标准的组织和程序合法性标准,非歧视待遇、透明度、连贯性以及是否符合我国签订或加入的国际组织、已生效的多边或双边协议承诺等。《行政许可法》第20条规定了行政许可设置的自我监督和社会参与,但实施得并不好,且缺乏立法和附带性司法审查机制和相应的程序。

笔者认为,应设置司法审查的合理性要素构成及其标准。我国行政法学理原则包括行政合法原则与合理原则,但《行政诉讼法》只规定一般的行政合法性标准和特别情形的合理性标准,《行政复议法》规定“违法 + 不当”标准,附带性审查采取行政合法性标准,《国家赔偿法》规定“非法 + 显失公正”原则,行政合理性标准在行政法和行政复议以外的领域并非普遍适用的审查标准。“合理性的概念常见于许多裁决和私法、公法、国内法和国际法方面,WTO专家组界定在GATT X:3(a)条款下的含义为与理性一致,不是非理性的或荒诞的,比例的,有意义的,在理性的范围内,不严重少于或多于本可能认为可能或适当。”①合理性要素包括主体是否有应急权,实体上的动机、目标—手段等要素,程序上的组织独

① Marion Panizzon et al., *GATS and the Regulation of International Trade in Services*, Cambridge, Cambridge University Press, 2009, p. 287.

立性、活动流程、时限、方式、形式、正当预期、司法效率、诉讼便利、当事人知情权、参与权与说明理由义务等要素,非常情况的客观条件、模糊的适用条件,包括内容,方式,考虑(不)相关因素,结果可履行性因素的处理决定,事实,作为依据的合理性标准,即诚意原则、理性、比例原则、平等原则和合法、正当考虑等英美法系的行政合理原则和大陆法系的比例原则的精华,维护合法权利、制衡行政裁量权、服务型政府建设所必需的标准,符合法律价值、法律利益、立法目标、一般法律原则的法律的实质正义和程序正义要求,以及特殊条件下的应急与信赖保护原则等。

合宪性要素包括违宪主体、特别程序、宪法依据、基本权利或宪法权力、职责义务责任、标准上的民主和法治原则等、违宪审查组织、结果和影响要素。合法性因素包括主体资格和职权、依据、条件、程序、结果等。

理论上对合理性的研究不足,对合宪性、合法性、合理性并没有从制度要件进行分析比较,不利于针对不同研究对象探讨制度的设计完善。效果不同于立法目标和职责目的,具有非法定性、不可预测性、不可避免、不可控制性、事后性,根据司法实践的"法律效果与社会效果的统一"而把社会效果纳入强制性的"相关的考虑"要素范围,没有法律依据,没有探讨其与合宪性、合法性的关系和冲突处理,社会效果是"相关的考虑"范围之外的"可以的考虑"之一,在基本人权与社会效果发生冲突时,"社会效果"应是"不相关考虑"之一。"某些需要考虑的社会效果可以统一到合法性的考虑中"①的观点是有待商榷的。

标准是构成要素的必要组成,合宪性、合法性、合理性标准共同构成体系化的法治工程,内部要素保持目的—手段匹配性和成本—收益匹配性,都需要保持与特定调整公域特征和本土化法治资源的适应,②但其匹配性是否适用和适用的强制性程度要求应有不同,成本和收益并非法定考虑因素,适用领域很有限,一般多为任意性考虑因素。必要性标准的明确有利于平衡干预与自由的界限,以免过度干预和过度自由带来的风险和不确定性。合理性标准是更高层次的应然性标准,是对必要性标准的矫正和补充,体现了实质正义与形式正义的互动,合法性标准是基础性、法律性、实然性标准。公共利益的例外原则是前提和基础性原则。与合法性、合理性标准相较,合宪性审查具有宪法监督组织职权宪法特设、依据根本性、程序

① 何海波:《实质法治:寻求行政判决的合法性》,法律出版社2009年版,第183页。

② 参见罗豪才、宋功德:《软法亦法:公共治理呼唤软法之治》,法律出版社2009年版,第234~238页。

特殊性、基本权利保障的目标等特点。

（二）“禁止”应符合形式正义

“法律的宗旨又恰在于使权力的使用从属于固定的规则，从而控制一切权力的行使。”①“我们限制政府，因为我国国家的强大以及我国的生产力、丰富的资源和热情，这不是国家政令和特权，而是来自自由权利和责任的自由行使。我国是限制政府的国家，这样政府不会限制我们。”②在负面清单实施过程中，涉及权力制约和权利保护，离不开监督程序的有力保障，“程序是法治和恣意而治的分水岭”，负面清单应坚持过程导向的正义观，程序公正是实体公正的基础、前提和保障。“诚然，比例作为宪法原则在美国不像在其他宪制民主国家一样被频繁地援引。例如，德国和加拿大法院运用确立的比例测试作为限制国家权力的工具……注意到限制调整是比例要求的形式之一。”③“尽管几乎所有的人都同意，权利在某种程度上设定了义务，很少有人注意到无论是法律权利或者道德权利，能够隐含道德义务的不同方式。请求权，也只有请求权隐含了对应义务……权利的相关要素也会隐含相关义务，并且偶尔这些义务之一会与隐含它的权利的核心相合。一种权利与其一些相关的新的事实会隐含一种或者多种在情形变化情况下的新的义务。最后，一种权利与其他规范性原则也会隐含一种或多种补充义务。”④

“禁止”程序原则包括合法原则、合理原则、公开原则、公正原则、参与原则、信赖保护原则、正当程序原则、比例或合理原则、效率原则、责任行政原则。程序要素包括司法审查、程序公正要求，如询问、实地调查勘察、检验、检疫、检测和检查、证据、权利告知、陈述意见和听证、反歧视、审执分离、回避、合议、先决、独立、公共机构延迟、说明理由、决定、简易程序、顺序、时限等。其中，说明理由与相对人合法权益密切相关，有利于限制行政裁量权，下文以这一制度为例。

充分履行说明理由义务。首先，说明理由及例外：葡萄牙《行政程序法》第124条的规定，主要有以下几种：(1)以任何方式全部或部分否认、消灭、限制或损害权

---

① ［英］彼得·斯坦、约翰·香德：《西方社会的法律价值》，王献平译，中国法制出版社2005年版，第39页。

② John McCain, “Limited Government and the Rule of Law”, *Georgetown Journal of Law and Public Policy* 5, 2007, p. 301.

③ Alice Ristroph, “Proportionality as a Principle of Limited Government”, *Duke Law Journal* 55, 2005, p. 263.

④ ［美］卡尔·威尔曼：《真正的权利》，刘振宇译，商务印书馆2015年版，第309页。

利或受法律保护的利益,课予、加重义务、负担或处罚;(2)对声明异议和上诉作出决定;(3)作出与利害关系人所提出的要求、反对,对官方意见、资讯、建议相反的决定;(4)在解决类似情况时,或在解释或适用相同的原则或法律规定时,以有别于惯常采取做法作出的决定;(5)废止、变更或中止先前的行政行为。[①] 只对从相对人权利和义务方面消极影响权益的行政行为强制要求其有说明理由义务,而对于从职权及其履行角度消极影响权益的行政行为则没有规定,而减少、免除职权义务、责任和不利相对人地变更程序、步骤、顺序、时限等也应说明理由。对涉及相对人争议和行政行为或惯常做法变更施加说明理由义务。我国台湾地区"行政程序法"中列举了"书面行政处罚得不计明理由之情形",主要包括以下几种情形:(1)未限制台湾居民权益者;(2)处分相对人或利害关系人无待处分机关之说明已知悉或可知悉作出处分之理由者;(3)大量作出之同种类行政处分或以自动机器做成之行政处分依其状况无须说明理由者;(4)一般处分经公告或刊登当局公报或新闻纸者;(5)有关专门知识、技能或资格所为之考试、检定或鉴定等程序。例外包括对人民合法权益没有限制或损害影响,国家秘密和商业隐私,其他涉及重复处理、有效外部决定、裁决、鉴定、认证之情形。其次,理由充分。上议院 South Bucks DC v. Porter(No. 2)案例总结理由的充分性。"决定的原因必须清楚和充分。能使读者理解事项如此裁决的原因和重要相反事项作出哪些结论,公开法律或事实问题如何解决。原因能够简要地陈述,要求的特性程度全部依赖决定相关问题的性质。论证必须不能产生关于是否裁决者法律适用错误的实质怀疑,例如,误解相关政策或对于其他重要事项,未能实现理性的相关依据的决定。但是此类相反推理不能立即作出。只有争议的主要问题需要原因,并非所有实质考虑。"[②]再次,确定说明理由义务的因素,包括"(1)裁决作出的立法和行政背景,包括授予裁决职能的任何制定法术语;(2)裁决者的性质;(3)裁决的标的。越接近裁决的纯粹实施,更可能细节要求得更少;(4)考虑问题的复杂性;(5)原因强调的对象的性质,或原因可能与何相关"。复次,依据原因相关的附随证据在个案中很可能包括以下方面:"(1)主要原因是否与附属原因相一致。(2)附属原因是裁决者作出决定同时的原因是否明确。这涉及考虑是否初始原因中有遗漏。(3)裁决者是包括多数个人的

---

① 参见马怀德主编:《行政程序立法研究〈行政程序法〉草案建议稿及理由说明书》,法律出版社 2005 年版,第 34 页。

② Jonathan Auburn et al., *Judicial Review Principles and Procedure*, Oxford, Oxford University Press, 2013, p. 258.

机构,附属原因是机构是作为一个整体存在的,而并非是个人。(4)是否组成的附属原因存在为了支持初始决定或初始决定的追溯性的正当理由的真实风险。(5)提出的附属原因之前延迟的程度。(6)附属原因提出的环境。更可能裁决者将被许可依赖与裁决原因相关的附属证据,在当事人寻求阐释裁决的通信过程中提出的附属原因而非诉讼过程中提出的证据。(7)裁决的标的。(8)裁决者的资格经验。(9)是否裁决者被期望作出决定时陈述或随后寻求举例的在先原因。(10)在所有环境中承认附随原因是否正当。(11)寻求的救济。"①从而对理由的遗漏增补提供了审查规则。最后,法定说明理由的情形和经相对人申请说明理由而明示拒绝给予理由,或者超过一定期限没有回复、延迟、理由不完整、不适当视为没有履行说明理由义务,不利于相对人的决定应予补正。

关于利益相关方参与。一些利益群体可能对立法产生消极影响。其原因是其是追求私利最大化的主体,缺少对长期利益、公共利益、经济弱势群体、非物质利益的关怀的天性和有效的激励约束机制。首先,经济强势、拒绝投资施压、提出的合作条件等会影响和干扰地方的公共决策和行政目标的实现。其次,跨国公司可能通过非法手段扭曲地方立法进程。再次,公共利益缺少天然的利益主体和明确有力的问责机制,其受益人广泛、分散,跨国公司的组织优势使其比分散的消费者、劳动者群体组织更有力。进一步而言,跨国公司的经济强势比经济弱势群体更有实力选择和利用代言人推动自利的立法方案和建议。最后,商会等协会可能被个别强势投资者操控,从而牺牲其他相对弱势投资者的利益以谋求自身利益。个别利益群体可能因其追求私利最大化的本性,难以代表大多数人民群众的利益。例如,对负面清单形成和修改的影响需要纳入法治轨道,加强参与程序约束、透明度要求和监督机制建设。"欧洲规制小组必须广泛地在早期以公开、透明的方式咨询市场参与者、消费者、最终使用者……有义务在采取对相关市场重要影响的决定时咨询利益相关方……有泛欧洲利益影响的课题可能在国家层面进行欧洲公共咨询。"我国《立法法》第35条和第58条规定了吸收群众参与立法的多种形式,我国《立法法》及相关规定没有明确行政立法和司法听证,没有规定听证的范围和程序和透明度要求,也没有规定听证参与人的权利、保护和救济以及听证主持方和专家的义务及责任问题,而只有零散的部门规定针对价格决策、行政处罚、行政许可听证进行

---

① Jonathan Auburn et al., *Judicial Review Principles and Procedure*, Oxford, Oxford University Press, 2013, pp. 267 -268.

了规定。

在开放型经济和审批制改革趋势下,更多的许可采取规章以下的规范性文件和清单、指南、规划、行政合同、承诺等"软法"形式,规章以下的规范性文件和非制定法机制具有的随意性、不稳定性、不透明性可能违反信赖保护原则和程序公开要求,存在歧视的可能,行政裁量权过度以致存在公权力滥用的可能,从而带来了宪法监督的范围拓展至规章以下的规范性文件和"软法"的必要性和紧迫性。将其纳入司法审查的范围,使其符合正当程序要求,遵守平等原则,保护正当预期,是促进形式法治和实质法治的重要内容。在解释和适用过程中,特定案件下,基于公平追溯或相似原则,普通法假定可能意味着新政策应该以要求在先政策适用的方式加以解释,对于一贯适用产生个人合法预期的政策,尽管政策已将要变化,仍保护产生的合法预期,对于未公开的政策变化,将持续遵守先前的政策,但作出新的决定时,依据的客观环境发生实质变化的除外。①

(三)模糊对"禁止"和"自由"的威胁

"模糊性以及因模糊性而产生的不确定性是法律的基本特征。"②模糊(vagueness)指含义的边界不确定,抽象表述导致的不清晰。含义的不精确,通常在术语运用的边界。在语言哲学的范围内,模糊的经验说一些含义的限制,真理的性质(存在真理的价值而非真和假)或语言的性质,但是性质与原因的模糊可能与法学理论无关——只有事实(经验)模糊。法学理论的问题是术语(和分类)的模糊是否对法律确定性有影响。模糊不应与歧义(Ambiguity)相混淆。模糊,在最狭窄的哲学意义上,指术语的边界不确定,但其核心的影响通常是非常确定的。③"墙之有缺口,有由于自始施工不善,有由于其后遭风雨侵蚀。"④"对于这些规则是什么或某一给定规则的精确范围提出怀疑……这种由简单的第一性规则构成的社

① See Jonathan Auburn et al., *Judicial Review Principles and Procedure*, Oxford, Oxford University Press, 2013, pp. 486 – 487.

② [英]蒂莫西·A. O. 恩迪科特:《法律中的模糊性》,程朝阳译,北京大学出版社2010年版,第1页。

③ 与不确定性(Uncertainty)、歧义(Ambiguity)不同,不确定性释义有二:一是在某种程度上严重怀疑的特性、状态或情形;二是不确定、不能决定或怀疑的任何事情,1976年来源于信托,包括概念上的不确定和证据上的不确定,前者指语言上的不清晰、不清楚,后者针对事实事项的不清晰、不清楚。歧义指含义或目的的可疑或不确定性,如在合同术语或制定法条款中表示不清晰,尤其怀疑解释的推理。语言歧义,是指有目的地使用不清晰的语言,严格地讲,这是用词不当,更精确的用词是模糊而非歧义。潜在的歧义指法律文本语言中没有出现,但在适用和执行法律文本时并发产生的问题。See *Black's Law Dictionary*, West Publishing Co. (10th ed., 2014).

④ 王泽鉴:《民法思维:请求权基础理论体系》,北京大学出版社2009年版,第199页。

会结构中的缺陷,我们可以称为它的不确定性。"[1]"对第一性规则体制的不确定性的最简单的补救,就是引入我们称为'承认规则'的东西。"[2]"在法律运用须填补的评价标准来描绘构成要件或法效果时,特别需要运用'价值导向的'思考方式。"[3]"以回归法律所包含的原则之方式来填补漏洞,其基础在于法律未明白规整之案件事实,(亦)切合该原则,而例外不适用该原则之理由并不存在。"[4]

德国对不确定法律概念的规范和经验的二元划分是从研究资料分类角度的分类,从宪法和行政法具体法律部门和规范性文件位阶进行分类实证,并不能完整全面地反映实际问题和把握问题的本质特征,也不有利于对其类型化以探讨解决方式,"法律解释+行政参与+说明理由+司法审查"的模式[5]中的"法律解释"为行政机关的专有解释,没有包括立法和司法解释,也没有从"目的""动机""考虑要素"进行细化分析。模糊的威胁不仅包括经验,还可以根据对象性质进行实体性和程序性法律概念、法律规则、法律原则的规范划分,也可从体系和价值层面探讨。"政府当局可能会利用模糊性让自身的行为免受法律理性的约束,乃至使人们根本无法想象法律还拥有任何可区别于长官意志的理性。若是那样,模糊性即是一种法治欠缺。"[6]扩张解释和滥用模糊的禁止,限缩解释"自由"是行政恣意的工具,从对禁止和自由的影响角度进行划分,探讨解决模糊的对行政实质法治威胁,有利于从立法目的出发进行利益和价值分析,从而更加具体地限制和减少模糊的威胁。例如,"资格""技术标准""许可""要求""程序"等并没有单一含义,在不同国家和不同专业背景,它们每一个都可能被进行不同解释。[7] "国家安全""公共利益""公共秩序"等也存在实体性模糊。减少市场准入和经济规制工具的模糊是我国开放型经济背景下行政法治的要求。减少模糊的工具之一是明确"法不禁止即自由"的宪法监督原则地位。

---

① [英]哈特:《法律的概念》,张文显等译,中国大百科全书出版社1996年版,第94页。

② 同上书,第96页。

③ [德]卡尔·拉伦茨:《法学方法论》,陈爱娥译,商务印书馆2013年版,第102页。

④ 同上书,第258页。

⑤ 参见尹建国:《行政法中的不确定法律概念研究》,中国社会科学出版社2012年版,第96页。

⑥ [英]蒂莫西·A. O. 恩迪科特:《法律中的模糊性》,程朝阳译,北京大学出版社2010年版,第256页。

⑦ See Marion Panizzon et al., *GATS and the Regulation of International Trade in Services*, Cambridge, Cambridge University Press, 2009, p. 284.

(四)"硬法"与"软法"之法理配置和理性选择

"法不禁止即自由"的有关权利和权力的"软法"和"硬法"工具选择和配置是完善权利保护"软法"机制的重要课题。权力的职责范围、行使程序、法律责任只允许采取"硬法"工具,以免"软法"工具无序和冲突增加信赖保护责任,权利的确认、保护和救济必须具备基本硬法工具,并以开放性、平等性、多主体、多元利益和价值、经济民主、意志自由、平等协商、复合工具可选、更加灵活、多变的"软法"工具为补充,以硬法为基,形成与利用"软法"优势和控制影响力。

国有资源和特权使用审批,是为了维护国有资源安全和利用公共秩序,节约和高效利用稀有资源而设置的行政许可,基于资源的稀缺性和其物权使用价值,可以转化为资本,对于竞争性、盈利性的国有资源和特许的使用问题通过竞争性的"交易工具+市场机制"能够高效解决,但资源安全和节能环保要求不能通过市场机制实现,行政许可应予有限退出,而限于主体资格审查、市场平台和配套制度建设,以实现能源节约和高效利用。对于竞争性低、盈利低的领域,设置非竞争性的行政许可的市场化替代机制,竞争性市场化工具对信息需要、费用和时间成本、主体能力、市场链延伸设施都有要求,在竞争性低、盈利低甚至不盈利的领域不适用。对于非竞争性、不盈利的国有资源和特许的使用,例如,涉及只有少数人持有的特殊技术开发的国有资源,无法通过市场机制解决,仍需要国家在技术研发、合作、使用许可等环节给予制度支持和激励。合同与资源配置类审批作为软硬不同的法律工具,前者有利于发挥当事人意思自治而非单方国家意志,避免对利用资源盈利的私人安排不适当干预,基于自愿和协商而非强制,采取灵活、复杂、多变、针对性强的合同工具,更适合在多方参与的资源使用情形下,便于通过合同义务承诺和违约责任条款约束相对人,但合同缔结过于费时,尤其是涉及拍卖、招标等耗时、费用高的交易机制时,仍需要对相对人主体资格、资信、专业资质、认证等履行能力要素予以考虑,而且存在合同透明度不高、侵犯相对人合法合同权利的国家机构和相对人合法有序使用资源的违约责任约束不强等问题。

关于行政许可决定与法律、行政合同的效力冲突。行政审判与合同的矛盾和冲突的原因并非审批与合同的混用,相关争议的性质和依据取决于针对资源使用许可行为还是使用许可合同,相对人有遵守我国强制性法律法规的义务,与此不符的合同如果损害了国家利益则无效,如果损害了其他合法权益,则为可撤销合同。为了协调违法决定对秩序的破坏性和秩序安定性的平衡,公权权威和相对人合法权益和信赖保护的平衡,超越、违反法定职权、严重侵犯许可合同的被许可人的基本权益和摧毁其预期,剥夺其意思自治自由的决定无效,对于约定“批准后,本协议自动生效”的合同,先前合法的审批行为是行政合同生效的基础,行政决定无效将导致行政合同无效,但应对被许可方的信赖保护给予补偿,如果没有这项约定,行政合同是否有效呢?行政许可决定违法,而行政合同当事人有义务遵守国家法律的强制性规定,行政合同与违法行政许可决定内容相同或相关的部分因违反国家的强制性规定而无效,违法的行政合同不影响合法的行政许可决定的法律效力,但行政合同无效,合同当事人仍可享有行政许可决定的授益,只是丧失了合同权益;程序或形式上轻微瑕疵的行政许可决定可以补正,经补正的行政许可不影响行政合同的生效,不予补正的行政许可会影响行政合同的稳定性,如果不予补正的行政许可未被撤销,则虽不会导致行政合同无效,但其公信力下降可能损害行政合同第三人的合法权益,或限制剥夺行政合同当事人的意志自由,而导致行政合同可撤销,可撤销的行政合同与违法的行政合同一样,不会影响相关行政许可决定的法律效力。

“软法”与“硬法”的可替代性是有条件限制的,“软法”工具与“硬法”的互补和冲突的效力安排和各自的救济和责任制度的衔接和并用是“软”“硬”法结合的重要问题。市场准入和准入后规制审批与宏观调控措施具有可替代性,行业市场准入和宏观调控措施多为“软法”,具有定量、间接性、个别性、宏观性、灵活性、政策性,其逻辑结构不针对具体行为,而无相应的法律责任,其与针对规划、质量、安全、劳动、环境的市场规制相较,后者具有定性、直接性、普遍性、微观性、稳定性、法律性、可问责性,反向禁令为主,后者往往涉及国家利益和公共秩序、人类、环境和健康等,是宏观调控措施无法替代的。对于市场规制,涉及需要专业性、独立性、社会化、客观性的第三方专家资源,可以按权责利效一致原则,强化第三方外部支持的法律责任,但不涉及独立客观性和专业性领域,不宜过多由第三方介入、支持或替代。并且应当明确第三方参与的职权、程序和责任及与其他程序的衔接制度。

(五)司法能动下的“软法”

“所有的指南,无论是关系到利益冲突或者淫秽定义的解释或者令人同情的理由,都应当符合一系列程序和实体标准,并且应当服从于政治正当性和司法审查。”[①]随着行政权的下移和“软法”工具的使用,规章以下的规范性文件仍游离在

① 罗豪才、毕洪海编:《软法的挑战》,商务印书馆2011年版,第220页。

立法法监督范围之外，可能损害法制统一和人民的合法权益。而指南、清单等“软法”形式的抽象性行政行为游离在附带性司法审查的范围外，但其灵活性、多变性、政策性、义务责任要件不完整的特点在以其制度优点补充“硬法”的同时，面临着对法治的威胁和挑战。对“软法”进行宪法监督和附带性司法审查有利于保障“软法”赋予的权利，促进“软法”法治。

征收及补偿决定等对公民基本权益有重大影响的规章以下的规范性文件以及规章以下的抽象性法律行为有待纳入宪法监督范围。征收合同、行政允诺等“软法”是司法审查对象。《最高人民法院关于审理涉及农村集体土地行政案件若干问题的规定》第 4 条规定，土地使用权人或者实际使用人对行政机关作出涉及其使用或实际使用的集体土地的行政行为不服的，可以以自己的名义提起诉讼。土地征收合同属于司法审查范围。[①] 关于行政允诺的司法审查，法院认为：“行政主体为履行自己的行政职责，向不特定的相对人发出的，承诺在相对人实施了某一特定行为后由自己或自己所属的职能部门给予相对人物质或其他利益的单方意思表示行为。其具有社会公益性、行为内容的自由裁量性、单方性、非强制性等特点。本案中，海安开发区管委会出台的 15 号、22 号两个规范性文件，是为吸收民资加快辖区内经济发展所采取的一种经济行政措施，是履行行政职责的行为，其主要目的是实现本辖区的经济腾飞，为所辖区范围内的所有成员创造一个相对富裕的生活环境，海安开发区管委会的行政允诺行为是符合公共利益的公法行为，而非实现其私益的私法行为。15 号、22 号文中明确的招商引资奖励规定，体现了海安开发区管委会为实现公共利益的行政管理目标为自己设定了公法义务。袁绍林通过居间介绍促成海安开发区管委会与灵源公司签订了江苏海安东部产业新城综合项目委托开发协议这一事实，可以认定为招商引资行为。因此双方当事人间所形成的是行政允诺法律关系，而非民事法律关系。”[②]在权力下移，抽象性法律行为的附带性司法审查制度没有发挥作用的背景下，规章以下的规范性文件应纳入宪法监督的范围。

自贸区应试点负面清单的附带性司法审查。依据负面清单作出的准入许可决

① 参见《陈昌新等诉平阳县国土资源局合同案》(2014) 温平行初字第 138 号，载北大法宝数据库：http://www.pkulaw.cn/Case/pfnl_121800952.html? match = Exact&TPWlanWarnChecked = 0，最后访问日期：2015 年 6 月 10 日。

② 《袁绍林与海安经济技术开发区管理委员会行政允诺上诉案》，(2014) 通中行终字第 00347 号，载北大法宝数据库：http://www.pkulaw.cn/case/pfnl_121668396.html? keywords = %E8%A1%8C%E6%94%BF%E5%85%81%E8%AF%BA&match = Exact，最后访问日期：2015 年 6 月 10 日。

定是具体的行政行为,应该接受司法审查,但负面清单"软法"是地方政府规章,在附带性司法审查的范围之外,是否可以在自贸区试点进行附带性司法审查?《德国行政法院法》第47条第2款规定:任何自然人、法人因法规或其适用而遭受损害,或在可预见时间遭受损害,可提起针对法规的审查申请,行政机关也可以提起申请。申请是针对任何颁布法规的团体、机构或财团而提起。高等行政法院应在设定的一定时间内,听取因该法规影响其权限的州或其他公法人的意见。自贸区可以借鉴德国抽象性文件附带性司法审查的立法例,对负面清单等抽象性"软法"纳入地方附带性司法审查范围,并规定公众参与制度。

"软法"在审判中的适用及其效力需要明确。法院认为:在确定单纯形状类型的外观设计专利权的保护范围,判断被诉侵权产品是否侵权时,应当参照适用《专利审查指南》第四部分第五章5.2.3的规定,无须考虑图案、色彩要素。被诉侵权产品外表上增添的图案、色彩要素应当不予考虑。① 法院认为:"《中华人民共和国城市规划法》第四十条规定,在城市、镇规划区进行建筑物、构筑物、道路、管线和其他工程建设的,建设单位和个人应当向城市、县人民政府城乡规划主管部门或者省、自治区、直辖市人民政府确定的镇人民政府申请办理建设工程规划许可证。未经规划许可所建造的建筑物均为违法建筑。涉案建筑物建于2001年,原告在建造该建筑物时,既未向规划部门提出建设申请,也没有依照土地管理法律、法规规定通过县级人民政府土地行政主管部门的设施农用地审批和规划部门的临时建筑审批许可,事后亦未取得建筑物的产权证书,故属违法建筑,且无法采取改正措施。"②上述案件中,指南是"参照适用"的,规划是作为法律依据适用的。加拿大最高法院考查"软法"法律地位的第一个案例是马蒂诺诉玛茨奎机构囚犯训诫委员会案,其争点在于个案中损害权利的"软法"的法律效力。笔者认为,应通过司法解释明确专业性指南、目录、标准等"软法"的法律效力。

(六)自由的内在权利界限

抽象、独立的类型自由并非无限和绝对,而是有内在权利边界,权利之间会有

---

① 《罗建中诉衢州市综合行政执法局规划管理案》,(2015)衢柯行初字第8号,载北大法宝数据库:http://www.pkulaw.cn/Case/pfnl_121982188.html?match=Exact&TPWlanWarnChecked=0,最后访问日期:2015年6月10日。

② 《马培德公司诉邦立公司、伊利达公司等侵害外观设计专利权纠纷案》,(2013)民申字第29号,载北大法宝数据库:http://www.pkulaw.cn/case/payz_1970324845204895.html?match=Exact,最后访问日期:2015年6月10日。

内部冲突,权利与权力之间也存在紧张。但是内心思想和良心自由是否是绝对和无限的,仍值得讨论,目的和动机等虽然不会外化为法律行为,但是影响权利享有、义务履行、职责承担以及法律责任的确定,并最终影响宪法目标的实现,例如,邪教破坏人民人身权、财产权,公民有义务拒绝邪教,其并不享有信仰邪教的自由,明确内心思想和良心自由的界限有利于引导公民合法地享有权利和履行义务。"对其他集团或利害关系人带来特殊利益的管制,会损害那些认为自己是在保护其特殊利益的管制受益者集团。"①"自由的有限性意味着自由只有未来自由本身才能被限制。作为公平的正义的力量看来来自这样两件事情:一是它要求所有的不平等都要根据最少受惠者的利益来证明其正当性;二是自由的优先性。这两个条件便使作为公平的正义区别于直觉主义和目的论。"②法律应受内在道德限制,"对这种道德的接受是实现正义的必要但非充分条件;如果有人试图通过法律规则来发泄盲目的仇恨,这种道德本身便遭到了违背;最后,这种特殊的法律道德表述并向我们呈现了一种人性观,这种关于人性的观点不论对法律还是道德都是不可或缺的"。③ "我假设,任何合格的底线自由/限制体系,都会包括一条安全原则:它要求对自由加以限制,这是给人们提供充分的人身安全以及对个人财产的充分控制权所必需的,这样他们才能制定和落实各种计划和设想。"④"这些自由不是绝对的。第一种自由需要他人的参与和合作;第二种自由的界限是由现行的法律规定设定的;第三种自由提供的自治范围受到其他个人的同等自治以及国家的紧迫需要之约束。……人民必须具有自决的能力。"⑤"尊重他人的权利……不会摧毁或削弱该权利,反而是承认和强化了该权利。"⑥外国投资者的整体自由才能最大化并达到和谐状态。基本权利—国家权力,横向和纵向的国家权力——国家权力是宪法根本配置,配置的目标和法益不同,决定了有限权力的边界。

---

① [美]詹姆斯·M. 布坎南:《宪法秩序的经济学与伦理学》,朱泱等译,商务印书馆2008年版,第124页。

② [美]富勒:《法律的道德性》,郑戈译,商务印书馆2012年版,第194~195页。

③ [美]德沃金:《至上的美德:平等的理论与实践》,冯克利译,江苏人民出版社2008年版,第149页。

④ [美]布雷恩·Z. 塔玛纳哈:《论法治——历史、政治和理论》,李桂林译,武汉大学出版社2010年版,第45~46页。

⑤ [美]约翰·罗尔斯:《正义论》,何怀宏译,中国社会科学出版社2001年版,第249页。

⑥ [法]费雷德里克·巴斯夏:《财产、法律与政府——巴斯夏政治经济学文粹》,姚中秋译,商务印书馆2012年版,第147页。

(七)权力的义务化、责任化、监督体系化

国家对宪法规定的基本权利的保障义务没有宪法化、明确化,相应的宪法监督机制缺少体系化规定。基本权利的保障职责义务和问责监督机制缺失,基本权利对应的宪法救济机制空白,在宪法的实施和适用以及宪法遵守过程中,没有明确、具体的宪法权力清单,没有禁止类作为和不作为的权力清单,也没有权利保障类作为和不作为的义务的具体化规定,宪法权力及权利的保障义务规定不具体,缺乏明确性,过于抽象、宣示性而缺乏强制性,可操作性差且不可问责。宪法监督的党政、司法主体地位及其权限不明,党政和司法监督程序和社会监督参与程序、有权监督主体的法律责任和无权监督主体的社会责任不明,宪法监督依据的软法性问题等影响作为基本权利保障的根本大法的实施、监督、问责,人身权、财产权以外的受教育权、环境权及受到来自规章以下的抽象的规范性文件的侵害的基本权利无法寻求一般法律救济,更没有专门的宪法救济制度。党政机关、权力机关、行政机关、司法机关、审计、监察、纪委监督、公民、商会、社团等社会组织监督以及新闻舆论监督缺少明确清晰的宪法监督目标、职责、考虑要素、程序的分工和协作机制,相关监督依据零散、分立,有待体系化、立体化、全程化、动态化、全民化。

以容易引发争议的征收行为为例。我国《国有土地上房屋征收与补偿条例》第28条规定的强制拆迁权主体为人民法院,条件为既不请求救济也不履行行政决定,前提为拆迁部门履行补偿义务的三项限制。薛刚凌教授也强调政府拆迁部门的权力以补偿义务为前提,这是公共执行,而对于私人,也应强调对征收的权利和义务的统一,即请求补偿权、行政救济权与履行行政决定、不履行决定时请求救济义务的统一。通过强化私人对征收的宪法监督的"软法"义务,发挥私人参与治理的基于自利机制维护个人权益的积极性、主动性和热情,促进行政救济请求权的行使及行政征收和补偿决定的宪法监督,平衡强制征收对私人权益的干预,限制解释强制的范围,弥补行政不合规信息不足和增加问题来源,也可以避免极个别私人对宪法权益的不满的累积和寻求宪法监督时遇到的无序、乱序问题。美国对我国人权保护机制和工作横加指责,严重影响我国国际形象。除了强化国家和私人的宪法监督义务,还应加强征收案件的公私合作和"软法"治理。征收和补偿合同、行政允诺等"软法"是司法审查对象。征收和补偿决定等对公民基本权益有重大影响的规章以下的规范性文件以及规章以下的抽象性法律行为有待纳入宪法监督范围。《最高人民法院关于审理涉及农村集体土地行政案件若干问题的规定》第4条规定,土地使用权人或者实际使用人对行政机关作出涉及其使用或实际使用的集体土地的行政行为不服的,可以以自己的名义提起诉讼。土地征收合同属于司法审查范围。[①] 在权力下移,抽象性法律行为的附带性司法审查制度没有发挥作用的背景下,大规模征收等严重影响人民基本权益和社会国际影响较大的规章以下的规范性文件应纳入宪法监督的范围。

(八)外在因素影响

公私合作担心的理由包括共谋、再次授权、社团主义、行政裁量权在执行中扩张等。[②] 市场经济的成熟程度、社会稳定程度、配套法律制度的完善程度、人民的法律意识水平等构成影响负面清单实现的外在环境和客观条件,其具有客观性和历史性,也构成负面清单实现的前提条件和外部限制因素,致使负面清单的实现是相对的,实现的主体、时间、地域和条件都是有限的。例如,我国公民的受教育权的享有水平和程度及国家负担的相应的义务受到我国经济发展和社会历史条件约束,因而需要逐步提高。当然,负面清单的相对实现并不意味着没有在一定时期和条件下的充分实现的可能性。强调外部因素的重要性影响,但也不能夸大。通过发挥人的作用,可以积极利用和完善外部条件和环境,扬弃负面清单的有限性,促成负面清单得到更好的实现。

(九)法律冲突

负面清单的效力范围限于实验区,其与我国签署或加入的多边框架、双边投资协定、我国与外国的国内投资法律法规和我国全国性投资指南及其他试点的负面清单之间的关系需要厘清。负面清单的冲突包括内在规则的冲突、规则与具有原则内容的"说明"的冲突、与其他相关法律文件的冲突、利益的冲突以及价值目标的冲突。从规则、利益到公平、自由、秩序和效率多维价值的组合与权重在实验区内和全国之间,双边、区域、多边之间以及它们相互之间的从目标、规则到证成存在冲突与和谐,这反映了经济全球化过程中的利益对峙性、政治复杂性、法律碎片化、文化多元性。冲突规则的设计自身存在含义模糊、效力不明、程序缺失等问题。而《维也纳条约法公约》,双边和多边协定项下的原则、例外、保留、效力、解释条款,一国《宪法》和《立法法》对国际法的国内适用安排,以及国内法法律适用范围和效力规定和司法判例是解决适用问题和效力冲突的依据,而新的促进自由化与合作的

---

① 参见《陈昌新等诉平阳县国土资源局合同案》,(2014)温平行初字第138号,载北大法宝数据库:http://www.pkulaw.cn/Case/pfnl_121800952.html?match=Exact,最后访问日期:2015年6月10日。

② 参见[美]朱迪·弗里曼:《合作治理与新行政法》,毕洪海等译,商务印书馆2010年版,第113~117页。

单边、双边、多边法律文件是协调冲突的契约工具,区域和全球性政府间和非政府间国际组织是协调冲突的组织工具。这表现为负面清单的"超国民待遇"问题和违反《立法法》问题,缺少与相关多边、双边、区外法律文件适用关系条款,以及负面清单说明的地位和法律效力不明确等问题。

"法不禁止即自由"反映了从国家—义务本位到人民—权利本位,从国家主义到公共治理,从集中意志到协商自治,从强制到自愿,从单一主体和中心到多方主体,从单向强制到共同体认同,从刚性到刚柔并济的转变,是市场、公民、社会、国家关系的优化,反映了以更少限制的实施方式对效力进行了软化。

五、宪法监督原则:"法不禁止皆自由"

司法审查长期以来在保护个人权利,特别是自由、财产权和自然正义中发挥着作用。[①] 但司法审查的合理性标准不明,笔者以下将从"法不禁止皆自由"的历史发展、宪法地位和价值目的角度分析,并提出适用建议。

(一)历史发展

"法不禁止皆自由"最早源于《社会契约论》的经典表述——"每个人因而可任意处置这些公约保留给他们的此类福利和自由。"[②]通过公约形式保留人类的自由,没有提及对自由的限制。《论法的精神》宣示,"自由是做法律所许可的一切事情的权利;倘若一个公民可以做法律所禁止的事情,那就没有自由可言了",将自由限于法律许可的范围,反面强化了禁令,而并没有澄清许可与禁令之间的模糊。最早载入法典的是1971年12月15日的美国《权利法案》第九修正案,即"本宪法中列举的某些权利,不得被解释为否认或轻视其他由人民所保留的权利。凡宪法未授予合众国行使,亦未禁止各州行使的各种权力,均保留给各州政府或人民"。第九修正案意味着并非没有列举的权利就不是权利。[③] 强调人民权利不限于列举范围,并不得依据列举的权利条款否定未列举的权利,从而将人民权利的边界拓展至权力的外延。1948年12月10日的《世界人权宣言》第29条第2款规定权利和自由"只受法律所确定的限制,确定此种限制的唯一目的",以及第30条规定的"不得解释为默许任何国家、集团或个人有权",意味着禁止以外的领域,包括"默许"

---

① See Peter Cane, Leighton Mcdonald, *Principles of Administrative Law Legal Regulation of Governance*, Oxford, Oxford University Press, p. 170.

② [法]卢梭:《社会契约论》,[英]科尔译,世界图书出版公司2010年版,第19页。

③ 参见[法]孟德斯鸠:《论法的精神》,许明龙译,商务印书馆2009年版,第165页。

意味着自由,这就拓展了自由空间。1950年《人权保护和根本自由欧洲公约》第3条、第4条规定了不受法律限制的绝对权利,第2条和第5条"save"和第11条"except",连接了自由与禁止依据,自由的表述采取否定式加以强调。除了以上权利,权利还指法律上得到承认和被划定界限的利益,加上用来保障它的法律工具,即广义的法律权利,其是指通过政治组织社会的强力,来强制另一个人或所有其他人去从事某一行为或不从事某一行为的能力,设立、改变或剥夺各种狭义法律权利从而设立或改变各种义务的能力,以及某些可以说是法律上不过问的情况,还被用在纯伦理意义上来指什么是正义的。①

(二)宪法地位觅踪

我国现行《宪法》第5条第5款规定,"任何组织或者个人都不得有超越宪法和法律的特权",即"法无授权不可为",而对于"法无禁止即可为",《宪法》没有直接规定。

与主权在民条款一致。第2条第1款规定,"一切权力属于人民"。"一切"强调了归属于人民的国家"权力"的无限性和包揽无余性,传统"权力"表述主要指公法性质的政治权利和经济、社会、文化管理权力,没有包括私权。"权力"的内涵随着公法延伸至公私兼容社会立法,"硬法"到软硬兼施,国家—控制范式到共同治理。其第3款规定:"人民依照法律规定,通过各种途径和形式,管理国家事务,管理经济和文化事业,管理社会事务。"例如,股东的管理权、受益权和会员权都属于"自由"的范畴,与"法无禁止即自由"的理念原则是一致的。单一的民主原则无法消除其与法治原则的冲突,需要通过司法审查来解决。②

与人权条款之联系。《宪法》第33条第3款规定:"国家尊重和保障人权。"从而规定了国家的人权保障义务。这与"法不禁止即自由"并不冲突,但其没有强调国家平等、非歧视的保障义务和限制权利的权力的有限性。宪法和法律没有明确规定的权利,在法理上并非权利禁区,而目前存在的问题是没有将默示权利推定和权利的无限性的法理法律化、宪法化,没有明确人民权利与国家权力的关系,没有针对法无规定、规定不适当、错误规定、滥用、错误行使权力、权利保护不作为等情形下的宪法监督确定具体原则。

与法治原则之契合。《宪法》第5条规定:"中华人民共和国实行依法治国,建

① 参见[美]罗斯科·庞德:《通过法律的社会控制》,沈宗灵译,商务印书馆2010年版,第53~54页。
② 参见韩大元等:《宪法学专题研究》,中国人民大学出版社2008年版,第146页。

设社会主义法治国家。国家维护社会主义法制的统一和尊严。一切法律、行政法规和地方性法规都不得同宪法相抵触。一切国家机关和武装力量、各政党和各社会团体、各企业事业组织都必须遵守宪法和法律。一切违反宪法和法律的行为,必须予以追究。任何组织或者个人都不得有超越宪法和法律的特权。"这条规定了法治原则、立法、执法、司法和守法活动的遵守宪法和法律的要求以及宪法和法律对立法、执法、司法、守法的监督,这与"法不禁止即自由"在裁量权力和权利的界限与冲突时对权力侵蚀权利的监督具有一般和特定情形化、概括要求和具体裁量原则之间的关系,目的具有共同性,但后者是针对权力滥用的特定情形而设,提出了冲突解决原则,所以更加具体、明确。民主和法治是宪法原则。在宪法体系中,人权价值是作为法治的核心价值而得到体现的,并不独立构成宪法原则。

公民守法原则之关联。《宪法》第 51 条规定:"中华人民共和国公民在行使自由和权利的时候,不得损害国家的、社会的、集体的利益和其他公民的合法的自由和权利。"《宪法》第 33 条第 4 款规定:"任何公民享有宪法和法律规定的权利,同时必须履行宪法和法律规定的义务。"从而规定了公民的权利和义务的法定性以及与国家、社会、集体、其他个人合法利益之间的边界。这与"法不禁止即自由"的"禁止"要求是一致的,但其问题在于没有明确权利之间、权利与权力之间模糊的裁量原则,没有通过自由限制禁止而划定禁止的有限边界。

与平等原则之协调。《宪法》第 33 条第 2 款规定:"公民在法律面前一律平等。"虽然其规定了公民的平等权,但没有规定国家的非歧视义务,当然,其与"法不禁止即自由"的个人自由之间的边界和禁令设置的非歧视原则是一致的。

《立法法》之具体化。《立法法》第 6 条规定:"立法应当科学合理地规定公民、法人和其他组织的权利与义务、国家机关的权力与责任。"没有行政性规范文件依据,行政规章不得设定减损公民、法人和其他组织权利或者增加其义务的规范,是"法不禁止即自由"理念在立法监督环节的反映和具体化。

(三)司法实证

《法律适用法司法解释》第 9 条规定,我国公民可以援引对我国尚未生效的国际公约,但违反国家利益和公共秩序除外,反映了"法不禁止即自由"原理在涉外民商事法律关系中的发展。例如,我国公民可以在劳动合同中援引我国签署但尚未批准的《公民权利与政治权利公约》有关迁徙自由的内容。

"法无禁止即自由"是民事、刑事和行政案件审判的法理依据。在行政案件方面,例如,在胡克营与从化市交通局交通行政处罚上诉案中,"行政执法必须遵循

‘法不授予即禁止’‘法无禁止即自由’的基本法理,任何行政行为必须有法可依,若法律规定不明确只能作有利于当事人的解释,而不能随意扩大。原审法院对非法改装范畴定义随意扩大,是极其危险的”。[①] 类似案件还有廖某某与长沙市公安局交通警察支队道路交通管理行政处罚纠纷案,[②]赵旭峰与温州市公安局道路行政复议上诉案。[③] 在刑事案件方面,如安徽省黄山市中级人民法院裁定程某贪污案。[④] 民事审判中,“法不禁止即自由”法理经常出现在民事判决中,例如,“‘法律、行政法规规定不得作为出资的财产除外’的表述,即‘法不禁止即自由’,大大拓展了非货币出资的渠道,体现了股东出资的意思自治”。[⑤] “(B)在以渊源和内容为基础判断有效性的法律体系中,对推定法律的修改可以通过两种途径完成,分别是(1)应用有效性的实质标准和(2)必要的立法和司法造法。……B 选择更可能促成优质的实体法。……而 B 选择似乎也倾向于认同一种关于法律性质的深层理念,即法律是权威和合理性(包括道德)的混合体。”[⑥]以上案例反映了“法无授权即禁止”这一宪法原则和法理在各类案件的审判中得到广泛运用,是审判文书的重要法源之一,但仍存在具体原则不明确、相应的禁令、权益和义务裁量价值和方法不具体明确以及法官关于这一原则的说理也存在基于主观经验和随意性等问题,闫才源诉焦作市公安局不予变更姓名案背离“法无禁止即自由”原则的个案,在实践中同案不同判。将这一宪法原则和司法审判原理纳入司法解释作为司法审判原则,是在提高国家治理能力现代化的契机下,在现行宪制体制和宪法和法律的限度

---

① 《胡克营与从化市交通局交通行政处罚上诉案》,(2013)穗中法行终字第 238 号,载北大法宝数据库:http://cib. pkulaw. cn/Case/pfnl_119634801. html? match = Exact,最后访问日期:2015 年 3 月 6 日。

② 参见《廖某某与长沙市公安局交通警察支队道路交通管理行政处罚纠纷案》,(2012)长中行终字第 0002 号,载北大法宝数据库:http://www. pkulaw. cn/case/pfnl_118740207. html? match = Exact,最后访问日期:2015 年 3 月 6 日。

③ 参见《赵旭峰与温州市公安局道路行政复议上诉案》,(2014)浙温行终字第 293 号,载北大法宝数据库:http://www. pkulaw. cn/Case/pfnl_120831422. html? match = Exact,最后访问日期:2015 年 3 月 6 日。

④ 参见《程赛贪污、职务侵占案》,(2013)黄中法刑终字第 00076 号,载北大法宝数据库:http://www. pkulaw. cn/Case/pfnl_119848094. html? match = Exact,最后访问日期:2015 年 3 月 6 日。

⑤ 《深圳市启迪信息技术有限公司与郑州国华投资有限公司股东资格确认纠纷上诉案》,(2009)豫法民二终字第 20 号,参见北大法宝数据库。根据北大法宝数据库相关数据统计,截至 2015 年 3 月 6 日,法官或当事人引用“法不禁止即自由”作为法理依据的民事案例和裁判书截至访问时共计 73 篇。

⑥ [美]罗伯特·S. 萨默斯:《美国实用工具主义法学》,柯华庆译,中国法制出版社 2010 年版,第 193 页。

内发挥司法能动,[①]更好地保护权利、制衡权力的必要现实路径。虽然“基准本身是不可能发生严重侵犯公民基本权力的情形的,它也不具备这种资格”,[②]但个案可能涉及的是公民基本权利的维护的大事,对于公民个人而言,是对基本权利的严重侵犯,若对这一法理原则采取观望、冷漠之态,就无法防止类似侵犯公民基本权利的案件再次发生。

(四)“法无禁止即可为”与宪法目的和价值的对话

宪法的目的是通过制约权力来促进和维护人民权利的实现和民主宪制状态。宪法价值是宪法作为调整工具和中介使宪法法律关系满足主体人民的需要的属性和有用性。这是就主体与客体之间的关系角度而言的。类型化的宪法主体包括概括的主体,即人民和国家,以及具体的公民、国家机关、企事业法人、其他组织等。客体是宪法调整对象,即需要宪法调整也能够为宪法调整的社会关系,主要指国家权力和人民权利之间的关系,包括宪法制定、宪法实施、宪法监督法律关系。宪法中介是宪法主体与客体之间相互作用的政法类上层建筑之根基,包括规范宪法和宪法惯例、宪法价值、宪法原则、宪法理念等,既反映了宪法法律关系及其运作决定了人民权利的实现水平,也反映了人民的宪法需求意愿、宪法智慧、宪法活动推进宪法理论和宪制法治的积极能动作用。[③] 闫才源诉焦作市公安局不予变更姓名案实质上再一次反映了这种主客体之间关系的冲突,针对限购、现贷、限行的《立法法》修正案、《法律适用法司法解释》第9条、新近依据“法不禁止即自由”审判和提出权利主张的案例反映了人民对“法不禁止即自由”的宪法需求的回应。

从宪法作用的客体法律关系运作过程来看,宪法价值包括宪法制定、宪法实施和宪法监督价值,而从宪法影响的主体来看,则包括对国家、人民的价值。社会组织和团体只是个体状态的人民基于某种目的和组织方式的集合,不具有与人民价值的独立并列地位,并非环境、劳动、文化权利的享有者和法定权力控制者,但却是上述权利实现和权力运作的有益补充。从宪法影响的社会领域来看,宪法通过以权利制约权力和权力之间的制衡设计实现权利—权力民主配置的政治价值,通过规范和限制权力对市场的不当干预实现资源的优化配置的经济价值,通过强化国

---

① 提出司法能动主义的正当性、形态和质疑,但未针对司法能动“忠于宪法”“适度运用解释”的具体原则进行理论探讨和司法实践反思。参见杨建军:《重访司法能动主义》,载《比较法研究》2015年第2期。

② 周佑勇:《裁量基准司法审查研究》,载《中国法学》2012年第6期。

③ 有观点混淆了价值客体与中介的关系。参见吴家清:《论宪法价值的本质、特征与形态》,载《中国法学》1999年第2期。

家的科学、文化、环境义务等来实现宪法的社会文化价值,但其都以对人民的政治权利、经济权利和社会文化、环境权利的相应的确认和保障作为基础和前提,对相应权利的确认和保障价值是相应领域的宪法价值的基础,宪法的配置和保障价值是宪法作为价值中介工具的自身价值。自由、平等、秩序、民主、法治的一般法律价值也是宪法法律价值。宪法价值与外延的道德美、和谐美也有密不可分的联系。前者是后者的基础和前提;后者是前者的补充,并为前者的实施和实现创制良好环境。它们在应然理念、目标追求、保护对象上具有共性,但工具手段和作用机制不同,我国的宪法与道德美、和谐美具有高度一致性也是我国宪法的特色所在。

以权利推定原则促进默示权利的行使,在国家安全和公共利益的抽象例外条款的肆意扩大解释的威胁下,不能没有具体(对特定时期的具体的政府保障和提供义务和水平是由部门和地方来根据情况具体确定的)的相应保障水平和实现程度的强制性国家宪法义务条款。宪法的基本权利条款不完善、实施异化问题和宪法监督机制的缺位问题严重。在宪法权利具有社会历史性、渐进性的前提下,明晰宪法的人民权利制约权力原则理念,优化宪法有关权利的配置和保障价值,正是宪法价值主体性、历史渐进性、相对性、多元复合性的体现。"法无禁止即可为"可以发挥人民在宪法制定、实施和监督过程中的积极性、主动性,重构意愿利益的动力机制,统筹优化智力、创新力、财力等有利的共同治理资源,其在传统的人民政治权利保障的基础上,是重点推进人民的经济、社会、文化权利实现的宪法基础,为人民积极行使经济、社会、文化管理权力提供了宪法原则依据,与党的十八大报告提出的社会主义核心价值体系相一致,促进了民主宪制的发展,彰显了宪法和谐之美。

面对多元价值体系下的个体非理性价值、价值妥协消极、价值异化、冲突问题,基于国家和社会公共利益与人民利益的一致性,明确相对于国家权力的人民权利的社会主义宪法的主导、核心、优先位序的宪法地位,并赋予其无限性,将会对核心价值的威胁加以约束和限制。在立法法和司法实践中转化为我国法律体系有机组成的"法不禁止即自由"原则理念,也具有我国的特色,其强调在国家禁令的前提下,人民而非个人的渐进的有序的社会主义理性的权利自由,从而不同于西方社会的人权理论和自由主义;①在我国具有很强的现实意义,是人民权利保障的宪法目

① 有观点在面对价值困境时质疑权利的合法性,没有根据社会主义核心价值提出明晰的我国宪法核心价值。参见秦小建:《价值困境、核心价值与宪法价值共识——宪法回应价值困境的一个视角》,载中国人民大学复印资料《宪法学、行政法学》2015 年第 3 期。

的和我国政治经济社会发展规律的统一。其有限性能够通过国家和社会公共利益的强制性规定,完善权利有序行使和权利冲突解决机制及配套社会、经济、政治、法律文化环境。

(五)"法无禁止即可为"的适用建议

笔者认为,应明确"法无禁止即可为"在宪法监督中的原则地位。"法无禁止即可为"是宪法理念在相关法律法规的制定、执行、适用和遵守上的具体化,是立法、执法和司法、法律解释、法律论证、法律推理的指导原则,其具有抽象性、概括性而可以容纳法律法规规定以外的权力侵蚀权利的情形,也具有统辖其他法律原则、规则的法定性、明确性、上位性、最高性、权威性。"法无禁止即可为"原则的价值功能是创设、增加、扩充权利的内容、行使方式、救济,废止、减少、限制权力和义务的范围、强制程度、程序负担、违反时的责任,工具功能是规范层面上对法律概念、法律规则、其他法律原则具有的含糊性、不周延性、滞后性、背离目的性以及立法紧张、不衔接或司法适用冲突等问题,体系层面上对法律体系内部空白及其发展以及公法与私法的冲突,价值层面对法律目标、价值紧张,方法层面对法律解释和法律论证方法等所进行的衡量和校正。以下主要从规范和方法方面进行分析。

在规范层面上,不存在立法目的相同、立法原则相一致、与其他立法和案例相协调的法律规则是"法无禁止即可为"原则的适用前提。同一目的和功能效果的法律规则具有相对于原则的适用优先性,如果存在这样的法律规则,则"法无禁止即可为"原则不予适用。法律规则在没有违反立法目的和原则时,其规定具体,有具体适用情形的针对性,一般具有严密的逻辑结构,能够更好地承担法律调整作用,如果径直适用法律原则,则会导致损害当事人的预期,影响判决的确定性、一致性和稳定性,司法裁量权被滥用而背离司法公正和对当事人合法权益的保护,法律规则被"架空"而丧失法律尊严等问题。对于背离立法目的,与立法原则精神不一致,与其他立法和判例相冲突的法律规则,"法无禁止即可为"原则具有权衡和矫正功能,引导和校正法律规则以使其与立法目的和法律文件整体相一致,与其他法律文件相和谐。对于立法空白、漏洞,"法无禁止即可为"原则也具有补充功能。

在方法层面上,适用概括条款与"漏洞补充方法"的结论同一或相反时,不得援引原则。[①]"空白地带……在判案时法官要根据直觉和个人经验进行价值选择——虽然这种选择与立法者的相比,更少反映特殊利益集团的压力或者即时的

① 参见杨仁寿:《法学方法论》,中国政法大学出版社2013年版,第189~190页。

冲动,而不是仅仅进行分析、思考或某种成为‘法律推理’的特殊模式的探究。”①“法无禁止即可为”原则是法律解释和法律论证的价值衡量的理性标准,需要结合使用——无论其单独适用的结果是否相同。对于权利的解释,应当采取扩张解释,扩充权利内容和方式,延展权利行使期间,放宽权利新设、增加的程序和要求,完善权利救济;对于义务的解释,则应采取限缩解释,限制义务的内容、选择义务履行的最低标准,限定义务履行期间、限制违反义务的责任内容、承担方式和期间,严格义务设定、增加的程序和要求,增加背离义务的例外和豁免情形;而对于权力的解释,则应采取限缩解释,限定权力的范围、明确权力界限和行使方式、程序,限制权力新设、增加的内容并严格其要求和程序,强化侵犯权利和滥用权力的法律责任。以“法无禁止即可为”原则制约类推的不辩证、非理性问题,对权利的设定和增加,义务和责任的减少与豁免采取有利类推,而对于权力的新设、增加和滥用则应采取不利类推。

(六)建议

笔者认为,应明确“法无禁止即自由”的宪法监督原则地位,以减少模糊对行政法治的影响。

在具体适用上,应当明确禁令目的、范围、事项、主体、对象、方式、必要性和正当性标准、程序、范围、期限以及实施应当遵循的原则等。禁令以外不得废止、减少、减损权利的内容、行使期间、方式和效力、救济,增加权利的公共利益的例外和限制,不得创设、增加、延长和扩充义务的范围、内容、期间、方式、法律效力和问责,废止、减少义务的豁免和例外。在“法不禁止即自由”的有关权利和权力的软硬工具选择和配置上,权力的职责范围、行使程序、法律责任只允许采取“硬法”工具,以免“软法”工具的无序和冲突增加信赖保护责任,权利的确认、保护和救济必须具备基本“硬法”工具,并以开放性、平等性、多主体、多元利益和价值、经济民主、意志自由、平等协商、复合工具可选、更加灵活、多变的“软法”工具为补充,以“硬法”为基,形成和利用“软法”优势及其控制影响力。

在审查范围上,应当将规章以下的规范性文件纳入宪法监督范围和将指南、规划、技术标准、行政合同、承诺等“软法”纳入附带性司法审查范围。

建议采取以必要性为主,结合比例原则的行政许可设置标准及立法和附带性

① [美]理查德·A.波斯纳:《英国和美国的法律及法学理论》,郝倩译,北京大学出版社2010年版,第18页。

司法审查机制。为了确保行政许可法的前瞻性和发挥其对经济社会的积极推动保障作用,防止行政许可在形式上或实质上构成歧视,避免投资争议对秩序的破坏,应研究以完善和试点投资许可设定的必要性为主,以比例原则为辅的标准,宪法角度上包括是否面临国家安全、秩序或公共利益的现实、紧急威胁的前提,是否符合对权利的最小损害和无其他替代性措施的手段方式的要求,是否通过市场自由、私人自治、社会自律和事后监督不能高效解决,是否是维持贸易和投资者资质、贸易和投资安全和质量、市场秩序、效率、开放所必需,是否符合分权制衡下的职权范围、正当程序、监督问责要求及是否符合征收补偿标准的组织和程序合法性标准,是否符合非歧视待遇、透明度、连贯性要求,是否符合我国签订或加入的国际组织、已生效的多边或双边协议承诺,等等。这一建议可在《立法法》解释、《行政许可法》实施细则或司法解释或自贸区规章中规定,并在自贸区试点。

合理性要素包括主体是否有应急权,其实体上的动机、目标—手段等要素,程序上的组织独立性、活动流程、时限、方式、形式、正当预期、司法效率、诉讼便利、当事人知情权、参与权与说明理由义务等要素,也包括非常情况下的客观条件,模糊的适用条件,还包括是否考虑不相关因素、结果可履行性等因素。作为依据的合理性标准浓缩了诚意原则、理性原则、比例原则、平等原则和合法、正当考虑等英美法系的行政合理原则和大陆法系的比例原则的精华,是维护合法权利、制衡行政裁量权、服务型政府建设所必需的标准,符合实质正义和程序正义要求,以及特殊条件下的应急与信赖保护原则。这一建议适用于行政自我监督、司法审查,可先在我国自贸区试点推行。

借鉴外国立法例,出台行政程序说明理由办法,规定说明理由及例外、构成要件、说明义务的确定、理由充分的界定、证据尤其是补充证据规则以及不说明的后果。民主参与程序上,建议规定劳动者、环境代表、社区等利益相关方的立法参与和司法审查参与制度。利益相关方的民主参与机制可以先在我国自贸区试点推行。

司法解释应依据宪法和法律,主要针对具体的法律条文(没有具体条文或其被废止的情形除外),应符合立法的目的、原则和原意,适应最新立法环境变化和实践需要,在"法不禁止即自由"原则的指导下进行解释。关于"软法",新政策应该以要求在先政策适用的方式加以解释,对于一贯适用产生个人合法预期的政策,尽管政策已将要变化,仍应保护产生的合法预期;而对于未公开的政策变化,则应持续遵守先前的政策,但作出新的决定时依据的客观环境发生实质变化的除外。

"政府运用强制性权力对我们生活的干涉,如果是不可预见的和不可避免的,就会导致最大的妨碍和侵害……纵使属不可或缺者……与众所周知的规则相符合,会一如其他'不可抗力'那样影响我们的生活,但却不会使我们受制于其他人的专断意志。"①"我们建立一个主要依靠自愿协作来组织经济活动和其他活动的社会,一个保护并扩展人类自由的社会,一个政府安分守己的社会,一个政府做我们的仆人而不是主人的社会。"②"'微小的漏洞',如若处理不当,它将使'每个人的自由都迟早会丧失'。"③"法无禁止即可为"加大了目的在法律推理中的权威,使一种较少僵硬而更多文明的公共秩序概念有了形成的可能,法律取得开放性和灵活性有助于修正和改变法律机构的行为(虽然也有损害机构完整性的危险)。④ 以"法无禁止即可为"的宪法原则和行政法学原则,完善司法审查合理性标准,促进行政实质法治,更加有力地保障人民权利,推动宪法监督理论发展,促进中国走向法治体系现代化,进一步提高我国国家治理能力,推进我国国家治理能力现代化。

法律渊源整体解释之父萨维尼认为,整体解释的目的是统一性、完备性和明确性。⑤ 体系思维将法学研究作为开放的有机体,包括内外动力机制、内部器官协调机制以及与外部的物质交换机制,从而促进有机体的自我更新和活力。动力机制包括价值补充、目的分析、利益衡量,内部器官协调机制包括法律概念、原则、规范、案例,而外部的物质交换不仅是传统的先进的原理、立法、案例和方法的法律移植,还包括通过立法和案例查找在外国出现的不利于我国和发展中国家的问题和国际共性问题,通过国内和国际法律机制寻找解决路径。体系思维需要问题意识和民族责任感,也需要国际视野、实证思维和跨学科研究,唯有如此,才有利于更好地发现和解决问题,保持法学和法律的稳定性、一致性、确定性,提高可预见性,从而促进法学发展。

① [英]弗里德利希·冯·哈耶克:《自由秩序原理》,邓正来译,生活·读书·新知三联书店 1997 年版,第 177 页。

② [美]米尔顿·弗里德曼、罗丝·弗里德曼:《自由选择》,张琦译,机械工业出版社 2014 年版,第 38 页。

③ [英]弗里德利希·冯·哈耶克:《自由秩序原理》,邓正来译,生活·读书·新知三联书店 1997 年版,第 269 页。

④ 参见[美]诺内特、赛尔兹尼克:《转变中的法律与社会》,张志铭译,中国政法大学出版社 1994 年版,第 87 页。

⑤ 参见[德]萨维尼:《当代罗马法体系 I:法律渊源·制定法解释·法律关系》,朱虎译,中国法制出版社 2010 年版,第 203 ~ 204 页。

地方财政自主权的边界分析

何锦前*

地方财政自主权并非一个新鲜话题,自1949年以来,它就始终在中央与地方关系调整变化中被各方关注,只不过,分税制改革后,随着事权与财权不匹配等问题的显性化、严重化,地方财政自主权的关注度才进一步大幅升温,相关问题迅速成为各方热议的焦点与核心。从基本观点上,本文也赞同许多人所坚持的扩大地方财政自主权的主张。不过,基于以下考虑,笔者认为有必要从另一个视角来讨论这个问题。

一直以来,经济学界、政治学界和法学界都有人从传统理论和西方经验出发,提出关于扩张地方财政自主权的一些主张。正如苏力早就看到的,其中一些观点主张:"大致强调中国的改革就应当是'小政府、大社会',要弱化中央的权力……这种批评也有道理……但是,这一点同样不能变成一种口号,变成一种意识形态,一种教义。"①不过,近年来,一些关于地方扩权的主张在不同程度上具有某种令人担忧的倾向,特别是以美国为范式或底本的财政联邦主义理论在给予我们诸多启发的同时,也在一定程度上被口号化、教义化甚至意识形态化,似乎"别国如何,中国就该如何",即便一些看似已经"中国化"了的财政联邦主义理论,都或多或少有一些用理论"套"中国实际的倾向,更不要说一些完全无视中国经验和现实从而

---

* 首都经济贸易大学法学院副教授。

本文已发表于《法学评论》2016年第3期。

① 苏力:《当代中国的中央与地方分权——重读毛泽东〈论十大关系〉第五节》,载《中国社会科学》2004年第2期。

“钻了牛角尖”的所谓理论了。[①] 更令人担忧的是，我们往往局限于地方自主权问题就事论事，重视“地方还需要些什么权力”的问题，而有意无意忽略了经济、社会、司法等方面的地方保护主义顽疾。[②] 由此来看，苏力当年的话似乎一语成谶，他的担忧与批评似乎还没有给我们以足够的警醒。或许，可以聊以自慰的是，这可能是一个普遍现象？因为在更早以前，美国人也犯着同样的毛病，也被这样批评过——“关于分权的宪法讨论太过于就法律原理谈法律原理，脱离开孕育滋养法律的历史、社会和政治条件，从而忽略了宪制安排所服务的利益。权力的宪制配置往往被想象成为‘政治真理’。”[③]但我们似乎更应汲取别人的教训：“我们必须注意构成宪制安排根基的政治、社会、经济诸方面的利益和影响，如此方可全面地理解分权。”[④]就中国的财政分权，特别是地方财政自主权而言，我们不是要拒绝财政联邦主义等西方引进的理论，而是说，我们既要考虑经典理论、西方经验，也要考虑本土资源和国情语境，切勿食洋不化，变成教条主义。

因此，针对一些或明或暗的教条主义倾向，我们有必要充分认识到地方财政自主权在中国语境和制度结构下的约束条件——而这应当成为我们探索地方财政扩权之路的前提和基础。无论是从共和国的政治史还是经济史来看，“中央和地方的关系也是一个矛盾”。[⑤] 在财权分配问题上，必须在中央与地方之间保持平衡，而这种平衡必须符合中国特定时期的具体经济社会条件，这是必须加以考虑的基本因素。而且在任何国家，中央权威对于国家治理、民族整合、市场统一的重要性都不容忽视，[⑥]在中国语境下，可能更不宜忽视地方财政自主权与中央权威的协调。就中国而言，以往我们所强调的中央财权过大的问题是存在的，要纠正该问题的意见也是正确的，但我们不能在解决矛盾的时候从一个极端走向另一个极端，以防引

① 例如，有一种比较极端化的看法是中国经济发展的根本原因是地方分权（财政联邦制）所产生的竞争，这当然是一个非常重要的原因，但不应过分夸大。我们要看到，改革开放以来最平稳而快速的经济增长，恰恰发生在由过度分权向中央逐步收权的分税制改革之后。

② 分税制改革后，经济方面的地方保护主义逐渐减少但并未消失，社会方面的地方保护主义则依托户籍管制等机制仍然表现得非常顽固，司法方面的地方保护主义能否在当前司法财政改革过程中得到有效抑制，则尚待检验。

③ Jules Lobel, “The Political Tilt of Separation of Powers”, David Kairys, ed., *The Politics of Law: A Progressive Critique*, New York, Basic Books, 1998, p. 591.

④ Ibid.

⑤ 中共中央文献研究室编：《毛泽东文集》（第 7 卷），人民出版社 1999 年版，第 31 页。

⑥ See Stephen Holmes and Cass R. Sunstein, *The Cost of Rights: Why Liberty Depends on Taxation*, New York, W. W. Norton & Co., 1999, pp. 57 – 58.

发新的更大的问题。

正是基于上述考虑,本文将着重讨论地方财政自主权的边界问题。需要说明的是,为集中主题,本文只讨论一般性的地方财政自主权问题,民族自治地方和特别行政区等特殊范畴不在分析之列;同时,本文不拟讨论中央与地方层面普遍存在的边界约束问题,例如,财政权力要受到财产权限制等,也不会泛泛讨论地方财权问题,而只讨论与地方财政自主权的边界直接相关的问题。相关分析将指向一点:地方财政有必要扩权,但应当是有分寸的结构性调整,因为其必然存在结构性的边界。

一、国家治理模式对地方财政自主权的限定

正如世界上不存在完全相同的两片树叶一样,每个国家均有不同的治理模式。我国也有具有自身特色的治理模式,它是在长期的国家建设实践中逐渐形成的,甚至执政党在革命时期的诸多经验也转化成了当前治理模式的有机组成部分。法治无疑是国家治理的核心要素,但除此以外,其实还有很多机制也是国家治理的重要元素,如中国共产党的领导机制、群团组织的桥梁纽带机制等,这些也是当下中国治理模式较有特色的部分。与每个国家的财政制度总是其治理模式的一个组成部分一样,中国的财政制度也是国家治理模式的一个组成部分,尽管财政制度对国家治理具有积极的能动作用,但其总体上还是从属于国家治理模式的,无法超越更不能颠覆国家治理模式。因此,任何时候考察地方财政自主权的问题,都无法脱离开国家治理模式这一基本国情和时代语境。自 1949 年迄今,我们可以发现,“执政党主导和组织化调控是新中国国家治理体系的本质特征”,改革开放以来,国家治理模式有了新的调整,但本质上“依然延续了执政党主导的组织化调控模式,并进一步使之精致化”。[①] 鉴于此,我们应以此为背景来思考地方财政自主权的体制边界问题。

就国家治理主体而言,其应朝着多元化的方向逐步发展,中央与地方均应作为重要的治理主体发挥各自的作用,但无论如何,我们必须看到,中央一直是国家治理的“主发动机”。“全党服从中央”“地方服从中央”,这恐怕是向地方赋权时无法突破的最重要的“红线”。这就意味着要确保维护好中央与地方两个主体在当前国家治理模式之下的关系,地方财政自主权至少受到两个方面的限制:一是中央仍然

① 唐皇凤:《新中国60年国家治理体系的变迁及理性审视》,载《经济社会体制比较》2009年第5期。

掌控财政权力和财政利益的主导优势和最终决策地位；二是地方财政自主权的加强是以整个国家治理能力的提升和治理体系的现代化为目标的，而非单纯为追求地方权力而增加地方权力。在这一点上，改革开放初期的深刻教训恐怕不会从中央决策层的记忆中淡化，当时正是对地方过度放权让利，结果很快导致中央财政匮乏，甚至要向地方借钱度日，严重损害了中央权威。邓小平同志曾指出："关于集中财力，这是大事情，这是明明白白的事情，中央手上没有钱，就办不成大事，钱在地方手里，他就不一定听你的。"①"不听"的表现之一就是"政令不出中南海""上有政策下有对策"。这个亏中央恐怕是不会再吃了。

就国家治理机制而言，非常关键的一点是中央的领导机制，即中央"提出指导方针，制定工作规划，事情要靠地方办，要由地方去处理"，②它从实质上构成了地方财政自主权的体制边界。我们以往一般关注中央要求地方具体承担的某些事务对地方财政自主权的影响问题，而几乎不曾关注中央制定的路线、方针、政策对地方财政自主权的影响。但事实上，我们可以发现，诸如"一带一路""大众创业、万众创新""推进互联网＋""稳增长、促改革、调结构、惠民生"等方面，诸多大政方针均由中央统一决策，地方进行组织、发动和落实，中央予以监督考评，从而实现"全国一盘棋"的效果。这些大政方针往往比较宏观抽象，甚至是探索性的、存在很大不确定性的——需要发挥地方能动性"摸着石头过河"，中央其实也未必非常清楚各地具体应当做些什么——地区差异、信息成本和决策效率也决定了其不可能非常清楚，因而，这些大政方针所涉事务多为地方性事务，地方有较大的自主权。例如，中央原则性地规定："鼓励构建以企业为主导，产学研用合作的'互联网＋'产业创新网络或产业技术创新联盟。支持以龙头企业为主体，建设跨界交叉领域的创新平台，并逐步形成创新网络。"③对此，地方在如何进行财政上的"鼓励"和"支持"方面具有很大的自主权。但显然，地方不能违背大的原则、大的方向，例如，其不能在"互联网＋"方面无所作为，甚至与中央的政策方向背道而驰，因而，地方财政自主权也是有限的、相对的。

就国家治理方式而言，"组织化调控"是执政党自革命时期开始逐步成型的重要治理方式，它也构成了地方财政自主权的限定条件。"组织化调控"的治理方式

---

① 中共中央文献研究室编：《邓小平年谱（1975～1997）》，中央文献出版社2004年版，第949页。

② 中共中央文献研究室编：《毛泽东文集》（第7卷），人民出版社1999年版，第32页。

③ 参见《国务院关于积极推进"互联网＋"行动的指导意见》（国发〔2015〕40号）。

在改革开放后也变得更加“精致化”,经济激励化的色彩逐步加强。[①] “项目制”就是“组织化调控”在新的历史背景下的体现。几乎所有从事教学科研的人都对项目申报深有体会,这实际上是“项目制”在学术与教育领域的反映。不仅如此,“项目制”构成了国家治理诸多领域普遍适用的重要策略。“项目制”在中央与地方关系层面上的基本运作方式是中央决定项目清单,提供财政转移支付等支持,地方申报项目,获得中央财政支持并落实项目,中央对项目过程和绩效予以监督考评。在一定程度上,“国家财政若不以转移支付的形式来配置资源,就无法通过规模投资拉动经济增长,各种公共事业也无法得到有效投入和全面覆盖;地方政府若不抓项目、跑项目,便无法利用专项资金弥补财政缺口,无法运行公共事务”。[②] “项目制”对地方财政自主权的影响至少有两个方面:一是地方财政在很大程度上依赖于中央转移支付;二是地方往往要对项目进行资金配套,束缚了其对自有资金的使用权。毫无疑问,这种治理方式应当在推进国家治理现代化的进程中不断加以改革,但是,作为当前国家治理模式的重要组成部分,“项目制”是能够充分体现中央治理意图,直接实施“组织化调控”的重要运作方式,难以找到替代物,因此,未来“项目制”即便经过改革,[③]也仍然会构成对地方财政自主权的约束。

二、宪法对地方财政自主权的约束

在任何现代国家,财政都是其宪法的重要内容,地方财政自主权必然受到宪法的规范与约束。我国宪法在政权组织原则和公民基本权利方面的规定构成了地方财政自主权的两条宪法边界。

从政权组织原则来看,现行宪法体现了民主集中制原则。民主集中制是中国共产党长期以来在革命、建设和改革中坚持的基本组织原则。毛泽东曾在《论十大关系》中提出:“为了建设一个强大的社会主义国家,必须有中央的强有力的统一领导,必须有全国的统一计划和统一纪律,破坏这种必要的统一,是不允许的。”[④]但

---

① 参见苏力:《当代中国的中央与地方分权——重读毛泽东〈论十大关系〉第五节》,载《中国社会科学》2004年第2期。

② 渠敬东:《项目制:一种新的国家治理体制》,载《中国社会科学》2012年第5期。

③ 《中共中央关于全面深化改革若干重大问题的决定》要求:“中央出台增支政策形成的地方财力缺口,原则上通过一般性转移支付调节。清理、整合、规范专项转移支付项目,逐步取消竞争性领域专项和地方资金配套,严格控制引导类、救济类、应急类专项,对保留专项进行甄别,属地方事务的划入一般性转移支付。”就此来看,“项目制”也只会逐步改革而非取消。

④ 中共中央文献研究室编:《毛泽东文集》(第7卷),人民出版社1999年版,第32页。

同时,“我们的国家这样大,人口这样多,情况这样复杂,有中央和地方两个积极性,比只有一个积极性好得多”。① “两个积极性”的提法与中国共产党长期以来主张的民主集中制原则是高度契合的,这也体现在现行宪法之中。《宪法》第3条规定:“中华人民共和国的国家机构实行民主集中制的原则。中央和地方的国家机构职权的划分,遵循在中央的统一领导下,充分发挥地方的主动性、积极性的原则。”可见,地方的主动性、积极性均是以“统一”为前提的,故此,我们可以将这一条规定视为民主集中制的宪法原则。②

民主集中制还体现在有关具体规定上。关于地方的自主权,最直接的两大依据是《宪法》第99条和第107条。第99条规定,地方各级人民代表大会有权在法定范围内通过和发布决议,审查和决定地方的经济建设、文化建设和公共事业建设的计划,但前提是必须在本行政区域内保证宪法、法律、行政法规的遵守和执行。第107条规定,县级以上地方各级人民政府有权管理本行政区域内的经济、教育、科学、文化、卫生、体育事业、城乡建设事业和财政、民政、公安、民族事务、司法行政、监察、计划生育等行政工作,但其前提是不得超越法律规定的权限范围。按照凯尔森的分类规则,法律效力及于全国范围的是中央规范(central norms),及于地方的是地方规范(local norms),③则地方自主权的效力局限于地方规范层面,从属于中央规范。也可看出,这两条规定都明确体现了民主集中制原则。

民主集中制的政权组织原则决定了,中国无法采用美国式的财政联邦主义。如果不把“联邦主义”(federalism)这个有特定含义的概念等同于“分权”(decentralization),我们就不难认识到,联邦主义分权制度仅仅是诸多可行的分权制度中的一种,④中国的成就得益于分权而非联邦主义。

可以想见,民主集中制的宪法原则仍将成为未来地方财政制度建设的指导原则。事实上,当前财税法律制度已在多处体现了该原则。例如,《预算法》第3条规定,我国实行五级财政五级预算,地方具有相应的财政自主权;同时,《预算法》第20条规定,全国人民代表大会有权审查地方预算草案和地方预算执行情况的报告,全国人民代表大会常务委员会有权监督地方预算的执行,有权撤销省、自治区、

① 中共中央文献研究室编:《毛泽东文集》(第7卷),人民出版社1999年版,第31页。

② 参见蔡定剑:《宪法精解》,法律出版社2006年版,第407页。

③ See Hans Kelsen, *General Theory of Law and State*, trans. by Anders Wedberg, Cambridge, Harvard University Press, 1945, p. 304.

④ Ibid., pp. 316 - 317.

直辖市人民代表大会及其常务委员会制定的同宪法、法律和行政法规相抵触的关于预算、决算的地方性法规和决议。这些具体规定或许有值得进一步完善之处,但民主集中制仍是具体制度建构必须遵循的宪法原则,因而地方财政自主权的质和量均将受限。

从公民基本权利来看,地方财政自主权也不宜看作绝对的、完全的权力。普遍意义上的公民的生命权、财产权等基本权利当然会对地方财政自主权构成约束,但本文不准备从这个层面讨论问题,而是希望从"外地人"——非本地公民的基本权利这个层面来剖析地方财政自主权的边界。这是一个很少被财税法学界关注,但对民众福祉而言又极其重要的领域。

就财政支出而言,地方财政自主权主要是一定行政区域范围内的居民可以自主决定其财政支出的权力,从而,地方财政的受益范围也可自主划定为本地居民。这一点已被经典的地方性公共产品理论所揭示。[①] 但这是否意味着地方财政并不负有对外地人的义务?答案是否定的。

首先,一个各方都会认同的看法是,地方政府应分担"夜警国家"意义上的国家义务。即外地人进入本地辖区后,地方政府应为其生命财产安全提供最基本的公共保障。《宪法》第33条规定,中华人民共和国公民在法律面前一律平等,国家尊重和保障人权;第13条规定,公民的合法的私有财产不受侵犯。这些规定有助于"进一步加强对公民基本权利的保护"。[②] 地方政府也应履行宪法义务,这就意味着地方财政的受益者也就部分地扩展到了非本地公民。因此,如果发生钱财被盗、交通事故等,外地人应同样获得地方政府的帮助。多年以前,一些地方,特别是少数大城市,对外地人比较歧视,未能尽到平等保护公民的义务,如今,各地基本上能在公民生命财产保护上履行其法定义务。当然,对于那些交通枢纽、贸易中心或旅游景点所在地,其在"夜警国家"意义上的财政负担难免要比其他地方更大一些,因此,这些地方目前还存在某些公共产品供给上的不足,仍然需要进一步加强财政支持,而不能借口地方财政自主权而推卸责任。

其次,一个必然导致地方保护主义者和地方既得利益者强烈反对,从而激发巨大争议的主张是,地方政府对外地人也应分担"福利国家"意义上的国家义务。

---

① See Richard Abel Musgrave and Peggy B. Musgrave, *Public Finance in Theory and Practice*, New York, McGraw Hill Inc., 1989, pp. 445 - 456.

② 蔡定剑:《宪法精解》,法律出版社2006年版,第244页。

《宪法》第42 条至第 47 条明确了公民在劳动就业、休息、退休、社会保障、社会保险、优抚、教育和科学文化等方面的基本权利。相应地,国家承担保障公民上述权利得以实现的公共义务。《宪法》第 14 条规定:“国家合理安排积累和消费,兼顾国家、集体和个人的利益,在发展生产的基础上,逐步改善人民的物质生活和文化生活。国家建立健全同经济发展水平相适应的社会保障制度。”此外,《宪法》第 19 条至第 26 条、第 42 条至第 47 条均规定了国家的具体义务。国家义务必然由中央与地方分担,地方不可避免地要承担对其辖区内的公民的保障义务。这就意味着地方财政的受益主体也会超出其本地居民范围而扩展到外地人。而相当长一段时期以来,一些地方政府的做法恰恰是相反的——它们设置了种种屏蔽机制来区分本地居民和外地人,以确保上学、就医、养老等本地公共福利仅由本地居民享有——尽管相当多外地人也承担了纳税等公民义务。① 可以说,未来地方财政自主权的加强中,应当格外注意防范“我的城市我做主”的所谓地方自主理念。

三、地方财政自主权的财税法内在限制

地方财政自主权的制度建构最终要靠具体的财税立法来实现,而财税立法的一些特性和功能均会影响地方财政自主权的范围大小和权能结构。这是一种内生性限制因素,而且不同的财税立法对地方财政自主权的限制程度与限制方式各异。

传统的财税法理论已经揭示了部分限制性因素。财政法定主义理论已表明,基于财税法与公民财产权等基本权利的密切关联性、税法对财产权的侵益性、财税法在整个法律制度中的重要性等考虑,财政立法权应配置给中央层面的立法机关,或者至少应由其主导。② 换言之,地方不宜掌握基本财税制度的立法权,或者至少不应主导此类立法权。《宪法》第 62 条和《立法法》第 8 条均对此作出了规定。而财政自主权的完整权能应当包括立法权、收益权、征管权等内容,可见,地方财政立法权是严格受限的——尽管本文也认为应在一定程度上赋予地方财政立法权,但其扩权空间无疑极为有限,因而,未来地方财政自主权的重点应当是收益权和征收

① See Cheng Tiejun and Mark Selden, “The Origins and Social Consequences of China’s Hukou System”, *China Quarterly* 139, 1994, pp. 644 – 668.

② 在财政法定主义对地方财政自主权的影响以及协调两者关系的制度建构方面,同为单一制国家、文化和制度与中国存在某些渊源的日本是值得关注的研究对象。参见何锦前:《日本财政分权的法定主义》,载北京大学现代日本研究中心编:《未名日本论丛》(第 6 辑),中国世纪出版集团有限公司、中国社科文献出版社 2013 年版,第 114 ~ 128 页。

管理权。而且事实上,在税收优惠等方面,存在的问题主要是地方实际立法权过大,中央立法权遭到了蚕食,由此引发的税收竞争在可能产生经济增长动力的同时,也损害了国家法治权威和整体经济发展。因此,将来地方财政自主权的调整必然是结构性的,即某些权力应扩充,某些权力应压缩。2014 年 11 月国务院试图发起收权之战,①结果,2015 年 5 月即告暂停。② 可见,未来地方扩权与中央收权将同步发生,地方财权结构性调整之路必不平坦。

传统财政分权理论则表明,效率、受益范围等是划分中央与地方财权的基本考量要素。③ 例如,房产税由地方政府征收管理更加便利,成本更低,因此,其在很多国家都属于地方税,而许多流转税往往因其流转性等带来的征收管理复杂性和高成本问题而更适合于划归中央税。这些特性是内在于相关财税立法的,从而也会内在地影响财权在中央与地方间的分配,进而影响地方财政自主权的制度备选范围。

财税法功能理论表明,与传统财税制度相比,自 20 世纪初以来,财税法逐渐具有了更多元化的功能或目标,其中汲取财政收入、实施经济社会调控和收入再分配功能,即所谓的"三 R 功能"(Revenue-Regulation-Redistribution)④是最重要的三大功能。而其中的分配功能和调控功能对地方财政自主权的影响较大,因为中央层级的财税法往往能更有效地发挥这方面的作用,因此,在很多国家,所得税一般被划归中央税。从这些方面同样可以看出,未来地方财政自主权的调整应当是结构性的——有增有减、有进有退,地方财权的扩充要受到相关财税立法基本功能的约束。

可见,由于具体财税法律制度的功能存在较大的差异,因此,需要分别来考虑它们对地方财政自主权的影响。如果说所得税税权配置问题在以往的研究中还得到了较多的考虑,那么,一些新的财税法律制度中的权力配置问题尚需引起学界更多的关注。环境税法问题就是一例。近年来,关于环境税法的研究渐成学界热点,基于当前地方事权与财权不匹配的现状考虑,许多学者建议将环境税定位为地方税。这当然是很有道理的。不过,相关建议往往只是笼统地说环境税应划归地方,

---

① 参见《国务院关于清理规范税收等优惠政策的通知》(国发〔2014〕62 号)。

② 同上。

③ See Richard Abel Musgrave and Peggy B. Musgrave, *Public Finance in Theory and Practice*, New York, McGraw Hill Inc., 1989, pp. 445 - 456.

④ See Reuven S. Avi—Yonah, "The Three Goals of Taxation", *Tax Law Review* 60, 2006, pp. 1 - 28.

而尚未清晰地分辨环境税划为地方税后税权存在何种结构性冲突,若对这一点不认识清楚,就既不利于地方财政扩权,也不利于环境税立法。这里所说的结构性冲突,主要是指如果不区分环境税的具体权能而统一划归地方,则其立法权、收益权配置与环境税功能必将产生内在冲突。因为依据"环境联邦化"理论,环境税最好由中央立法,以避免地方的短视、投机和竞次现象。[①] 事实上,我国的实证研究也表明,向地方分权会"导致地方政府关注区域性公共品,而对于全局性公共品采取'公有地悲剧'或'搭便车'的态度",从而导致环境污染加剧。[②] 因此,基于增强地方财力的考虑将环境税划归地方的建议与实现环境税的环境保护功能之间存在较大的矛盾,不区分环境税的具体权能则无法解决该矛盾,所以,一个现实的考虑应当是,将环境税收益权配置给地方以实现充实地方财源之目的,同时,将立法权配置给中央或由中央主导以实现环境保护之目的。[③] 与此类似,在许多具体的财税法律制度中,究竟如何划分中央与地方间的权力,恐怕不存在一个普遍适用的"黄金分割点",无法"一把尺子量到底",而要区分具体领域、具体权能的情况作具体分析,从而,我们原来设想的地方财政自主权可能要作更精细的考虑,未来新增的地方财权就可能并不具备完整的权能,而要受到中央的某些约束。

前面较多地讨论了财政收入制度,事实上,财政支出制度也内在地约束着地方财政自主权。首先,中央财政投资制度对地方财政自主权有影响。我们以往一般关注中央投资对民间投资的挤出效应(crowding out effect),但实际上,中央投资在很多时候也会对地方投资产生挤出效应,从而在经济效果上会压缩地方财政自主空间。尽管中央可以通过完善相关制度、谨慎选择投资方式来减少挤出效应的发生,[④]但毕竟难以完全避免。其次,转移支付制度也对地方财政自主权有影响。如前所述,转移支付往往承载着实现中央治理意图的使命,对承受相关转移支付资金的地方政府而言,其财政自主权是受到不同程度限制的——具体限制程度因一般性转移支付、专项转移支付以及地方配套等不同情况而有所差异。未来转移支付

① 斯图尔特(即《美国行政法的重构》的作者)曾深入讨论"环境联邦化"问题。See Richard B. Stewart, "Pyramids of Sacrifice?: Problems of Federalism in Mandating State Implementation of National Environmental Policy", *Yale Law Journal* 86, 1977, pp. 1196 - 1272.

② 参见闫文娟、钟茂初:《中国式财政分权会增加环境污染吗》,载《财经论丛》2012 年第 3 期。

③ 对环境税税权配置的详细分析,笔者已另文详述。

④ 例如,《国家发展改革委财政部关于印发紧急落实新增 1000 亿元中央投资工作方案的通知》(发改投资〔2008〕3127 号)明确要求,"要防止中央投资对地方投资的挤出效应,防止政府投资对民间投资的挤出效应"。

制度的改革方向当然是应当减少转移支付而增加地方自主财源,减少专项转移支付而提高一般性转移支付比重。但对保留下来的转移支付而言,既然其不同于地方自主财源,既然其是“项目制”国家治理方式的重要载体,那么,其必然仍会构成对地方财政自主权的内在约束。

四、制度协调与利益平衡对财政自主权的边界要求

从制度经济学角度来看,法律制度就是对产权(利益)的界定与分配,因而均有其外部性(externality)。[①] 地方财政自主权也并非完全意义上的“地方性”问题,而是会涉及相关主体利益平衡、相关制度协调的问题。这些利益平衡、制度协调均对地方财政自主权提出了边界要求,相关制度建设也就必须考虑这些外部性问题。

首先,地方财政自主权与整个国家的经济制度密切相关,因而会受到后者的制约。在任何以市场经济为导向的法治国家中,建立和维护统一、公平、有序的市场是经济法律制度的基本使命,地方财政自主权的制度构建过程也必须在这一前提之下加以推进。我们应该不会忘记,20 世纪 80 年代对地方过度放权让利的结果是,地方财政收入比重迅速上升的同时,地方保护主义急剧升温,各地大搞“大而全、小而全”的重复建设,经济秩序一度紊乱不堪。正因如此,邓小平强调:“……各顾各,相互打架,相互拆台,统一不起来。谁能统一?中央!”[②]“中央要有权威。改革要成功,就必须有领导、有秩序地进行。没有这一条,就是乱哄哄,各行其是,怎么行呢?”[③]分税制改革虽然存在很多问题,但在解决前述地方经济保护问题上起到了很好的作用。“吃一堑长一智”,任何时候都不宜对此掉以轻心,而应进一步破除地方保护,促进市场统一。《中共中央关于全面深化改革若干重大问题的决定》指出:“建设统一开放、竞争有序的市场体系,是使市场在资源配置中起决定性作用的基础。必须加快形成企业自主经营、公平竞争,消费者自由选择、自主消费,商品和要素自由流动、平等交换的现代市场体系,着力清除市场壁垒,提高资源配置效率和公平性。”基于此,地方财政自主权必须与宏观调控制度、市场规制制度等经济法律制度相协调,避免因地方财权的强化而导致出现市场分割、限制竞争等消极后果。未来,在向地方赋权的同时,还应严格规范地方在税率设置、税收优惠、投资等

---

① See Harold Demsetz, “Toward a Theory of Property Rights”, *American Economic Review* 57, 1967, pp. 347 - 356.

② 《邓小平文选》(第 3 卷),人民出版社 1993 年版,第 278 页。

③ 同上书,第 277 页。

方面的权力。而当前比较迫切的任务是,清理整顿地方过多过滥的税收优惠。

其次,地方财政自主权也不仅仅是"地方"问题或"央地关系"问题,而且是"地方关系"问题,地区之间的相互关系也会构成对地方财权的限制。特别是在我国这样的单一制国家,实行"执政党主导的组织化调控"治理模式,地区之间经济社会差别又很大,就更要注意这一点。一方面,从地区平衡机制考虑,地方财政自主权存在一定的限度。中国改革开放的一大政策是"一部分地区、一部分人可以先富起来,带动和帮助其他地区、其他的人,逐步达到共同富裕",[①]因此,在改革开放已推进近40年的今天,地区贫富差距问题应逐步在制度构建中得到更多的重视。以往,我们一般采用财政宽裕地区向财力不足地区对口支援的制度来平衡地区财力,今后,应构建更加公平、合理、规范的横向转移支付等地区财政平衡制度,加强地区财政再分配,促进地区共同富裕。另一方面,从地区合作机制考虑,日益频繁的地区合作会同时产生两种效果:一是中央向地区及跨区域机构赋权;二是地方财政等方面的自主权往往受到地区间协议和上级行政指令的影响。[②] 当下,京津冀城市圈、武汉城市圈、环长株潭城市群、环鄱阳湖城市群、成渝城乡综合试验区、江淮城市群等均是地区合作机制的产物,经验和制度表明,相关地方的财政自主权要受到契约化因素、行政指令因素等多元因素的影响,而这其中又以契约化因素为主。[③]

最后,还有其他诸多领域的法律制度均会不同程度地形成对地方财政自主权的限制。例如,中央层面制定的农业、教育、科学、文化、卫生等诸多方面的法律均设定了对财政支出的硬性要求,[④]此即"法定支出"制度,这一制度与《预算法》等财政制度存在较大抵牾,因而必须加以改革,但在可见的未来,作为中央规范(central norms)[⑤]的"法定支出"制度恐怕仍然会存在,因此会继续影响地方财政自主权。而有些领域的法律制度虽然并未明确规定财政支出要求,但实质上会构成财政支

---

① 《邓小平文选》(第3卷),人民出版社1993年版,第149页。

② 关于地区合作问题的分析,参见何锦前:《从区域合作发展看宏观调控权配置》,载《牡丹江大学学报》2009年第4期。

③ 例如,财政部、国家税务总局《京津冀协同发展产业转移对接企业税收收入分享办法》(财预〔2015〕92号)并不强制要求遵循该办法,相反,其明确规定,"已经达成税收分享协议或已有明确分享办法的,继续按原有分享协议和办法的规定办理。共建产业园区的税收分享,按京津冀三地政府协商意见执行。"同时值得注意的是,我国地区合作中的财政机制问题是值得我们认真研究,甚至可能有助于世界财税法理论发展的问题。

④ 如《农业法》第38条、《教育法》第54条和第55条、《科学技术进步法》第59条。

⑤ Hans Kelsen, *General Theory of Law and State*, trans. by Anders Wedberg, Cambridge, Harvard University Press, 1945, p. 304.

出的限制,如社会保障制度设定的最低保障标准等,这就意味着地方财政支出要达到一定程度方可确保地方公共服务符合该标准。此外,某些领域的财政政策不得不考虑该领域的特殊性,例如,文化产业方面的财政政策就必须慎重考虑所涉及的意识形态、道德伦理等因素以及这些因素与国家治理和中央意图的密切关联,因而要妥善协调与《非物质文化遗产法》等文化法①以及它们所内含的公共利益、国家意志和中央意图的关系。可以想见,诸多相关制度均会在与财政制度发生交集的过程中对地方财政自主权产生约束效应。

五、结语

综上所述,地方财政自主权因国家治理模式等诸多方面的影响而必然存在诸多限制和约束。第一,不同于其他国家,中国国家治理方面的"执政党主导的组织化调控"模式决定了地方财政自主权是有限的,财政主导权仍将主要维持在中央手中。第二,《宪法》所确立的民主集中制的政权组织原则赋予了地方自主权空间,但同时也为其设定了宪法边界,而公民基本权利的相关规定也表明,地方政府也应分担"夜警国家"和"福利国家"意义上的宪法义务,相应地,地方财政的受益范围应适度扩展至非本地公民,由此构成对地方财政自主权的基本权利约束。第三,20世纪初以来财政法律制度不断发展的调控、分配等多元功能也使得许多财政权力宜于配置给中央,环境税、转移支付等本身所具有的某些制度特性也决定了它们对地方财权存在一定的限制作用。第四,市场经济要求经济法律制度的统一有序,地区贫富分化和地区经济合作要求构建地区财政平衡与协调机制,教科文卫等相关领域的法律制度往往也对国家财政提出了某些诉求甚至硬性要求,这些方面均意味着基于利益平衡和制度协调考虑,地方财政自主权要受到诸多限制。

总体来说,国家治理模式和宪法框架主要形成地方财政自主权的质与量的大体边界,财政法律制度则从内部限制了地方财政自主权可资利用的制度备选项,如同零星分布的岛屿使洋面无法形成一个完全的平面整体,其他相关领域的制度则从外部进一步勾勒了地方财政自主权的细微边界。在这些因素共同作用之下,中国地方财政自主权必然是有限的,而且必然呈现差序性的结构特征。

当然,仍然需要强调的是,上面这些分析,并不意味着笔者反对地方财政扩权,更不是漠视当前地方事权财权不匹配的问题;相反,笔者赞成向地方赋权,赞成通

① 这方面还应包括即将出台的《电影法》《文化产业促进法》等法律。

过财权配置和财力调整尽快矫正两权不匹配的结构性问题。因此,本文的分析更应当被看作一个善意的提醒,当众人的目光都集中于如何使地方扩权的时候,有人提一提扩权的边界问题,或许是有必要的,至少不应当被看作添乱。而且本文的分析还可以当作地方财政自主权的"负面清单",从与常规视角相向而行的另一种角度,同样致力于厘清地方财政自主权的范围。也如同在危险密布的森林中,有人借助指南针探寻方向当然很重要,但如果有人提醒"前面有老虎""再过去是悬崖"之类的,也未必不重要。因此,如果有必要,笔者愿意重申自己的立场:在中国这样的一个大国,既要扩大地方的权力,充分激发地方的能动性和创造性,也要维护中央的必要的权威,任何学理分析和制度设计都不应脱离开中国的现实,在推动制度变革的路途中,必须注意辨明路的边界,确保走稳、走好。

供给侧改革的经济法问题

我国 PPP 公私合营模式下的经济法规制

杨思琦*

一、PPP 模式概述

20 世纪以来,随着放松管制、新公共管理、合作治理等政府规制理论逐步推进,英国率先提出公私合作制(public-private partnership,PPP),主要用于基础实施与公共服务领域。PPP 模式的应用很快席卷美国、加拿大等欧美西方国家,以致引入 PPP 模式的众多国家纷纷设立专门机构来推动 PPP 在国内的发展。

PPP 是"public-private partnership"的缩写,中文可译为"公共和私人部门私合作伙伴关系""公私伙伴关系""公共民营合作制""公私合营"等。PPP 的定义在学理上有广义和狭义之分,其广义是指公共部门和私人部门共同提供公共产品(包括物品和服务);狭义是指公共部门与私人部门签订特许权协议,由该私人部门根据特许经营协议,负责项目的筹资、建设与经营等的一种建设、经营和管理方式。① 其中,公私合作制中的"公"是指公共部门,包括政府部门以及由政府授权享有公共管理职能的组织;"私"是指私人企业(机构)或民间企业(机构),即非公有制经济或民间资本投资经营的企业,其外延包括外资企业、国内民间企业。②

公共产品意为任何一个消费者对其产品本身的消费都不会影响到其他消费者对它消费的产品,城市公用事业主要指由政府或者私人企业提供的,为居民和企业生产所必需的公共产品,如电力、供水、环境、排污系统、大型文娱设施建设、固体废

---

* 中南财经政法大学硕士研究生。

① 参见陈晓:《论我国 PPP(公私合营)模式的法律框架》,中国政法大学法学专业 2010 年硕士学位论文,第 2 页。

② 参见邓敏贞:《公用事业公私合作合同的法律属性与规制路径》,载《现代法学》2012 年第 3 期。

弃物收集等。公共事业以提供公共产品而生,其本身涉及公共资源的合理配置,直接影响到全体社会成员的公共利益福祉,因而具有天然的公益性,因此,公共产品(产品和服务)必须具备低价格、高质量、高效率和公益性。基于私营企业以利润最大化为市场竞争目标,其提供公共产品过程中容易形成垄断价格继而侵害消费者合法权益,受传统凯恩斯主义的影响,世界上众多国家长时间以来对城市公共事业实行政府管制或国有化。直到20世纪70年代,通货膨胀加剧,政府收入急剧下滑,社会福利开支居高不下,政府出现财政危机、管理危机甚至信用危机,传统凯恩斯主义的政府管理理论受到学界挑战,新公共管理理论的掀起引发公共管理变革的浪潮。人们对城市公共事业的运营探索出新的实践方式,逐渐将目光重新停留在私营企业身上,要求政府放松管制,私有化的探索逐渐在公共事业领域崭露头角。① 作为公共事业市场化改革的重要模型——PPP模式不仅仅是公共设施融资模式,它还具备利用新技术和机制创新的技能,由于PPP应用项目建设周期长,投资大,回收慢,其主要适用于铁路、公路、桥梁等交通部门以及污水处理、水务环境、电力能源、电信网络、医院、学校等公共领域。

PPP模式的基本运行程序为政府部门与私人部门通过外包、招投标或特许经营权协议等方式建立长期合作关系,政府部门确定服务交付规范,监督私营部门建设运营,私营部门则主要负责自行组建或与政府部门合营组建项目公司,负责基础设施的融资、设计、建设,在整个基础设施建设过程中,政府部门给予其在特许期内运营基础设施,收取服务费,对该设施享有经营权、使用权、收益权,政府部门则享有所有权。而在特许期结束后,私营部门将基础设施无偿移交与政府部门,最终该基础设施的所有权益收归政府。如下页图示。

由此观之,PPP模式主要的参与主体是政府部门与私营部门,政府部门是公共服务项目的所有者、项目启动者、监管者,而私营部门则是项目的建设者、收益者。纵然政府部门与私营部门之间签订了PPP特许经营权协议,但二者地位并非如普通民事合同一般地位平等。政府既是公共设施项目建设的参与者,同时也是监督管理者。公共产品服务的公益性决定了PPP模式的基础设施建设项目在注重经济效益的同时也必须关注社会效益,因而PPP模式对参与建设的私营部门设置了较高的门槛,对其资质能力和管理水平有较高要求,同时,在公共项目实施过程中注

---

① 参见李斌:《PPP模式在我国基础设施类公共产品供给中的运用研究》,华东师范大学公共管理专业2009年硕士学位论文,第26页。

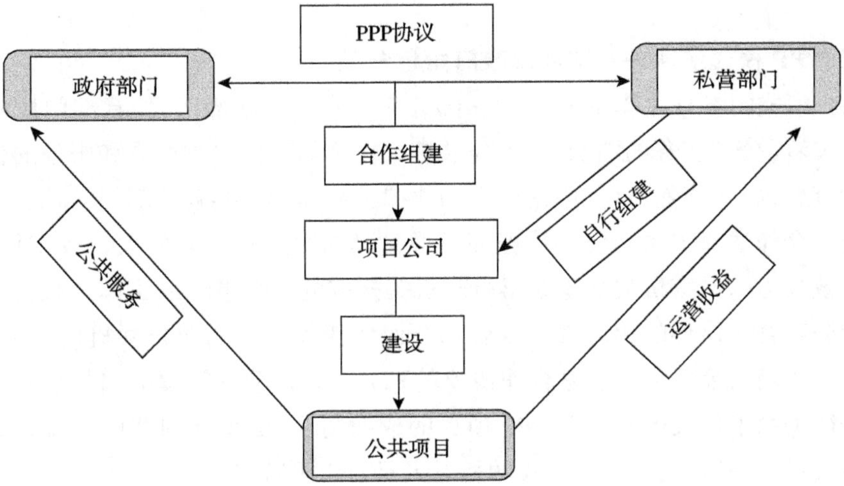

PPP 模式的基本运行程序图

重分析风险的来源、控制、分担以及相关中介机构等利益主体的分配。为了兼顾各方利益,政府必须处理好与其社会成员、私营企业、市场之间的各方关系,兼顾公益性与商业性的目标,满足投资主体多元化之需求。

政府部门基于自身财政预算的短缺、技术缺失以及管理效率低下等缺陷,从而寻求公私合作,利用私人部门所具有的资金、管理、技术优势实现合作共赢。PPP 模式的特征在于利用项目自身的营利收入来满足项目的支出、债务以平衡现金流。私人部门被认为能够比公共部门提供更高质量的产品与服务,更高效率的项目投资以及更高能的技术服务。与此同时,公共部门往往希望在与私人部门合作的过程中学习先进经验以及技术的转移,在此过程中政府部门与私人部门实现了良性互动。而私人部门在公共设施建设项目中,为寻求投资回报不得不努力降低自身成本,提高资源利用率以获得利润,并最终将运营良好的 PPP 项目移交于政府部门。甚至在一定情况下,私人部门为了追求更好的投资回报,采用先进技术与优良的管理方法,提高工程的质量和建设速度以增加绩效。这就在无形之中实现了公共事业的市场化,实现了资源的优化配置,激活了基础设施投资方式,增强了市场竞争强度,同时也进一步提升了公共管理水平。这正是公共部门采用 PPP 模式所希望达到的最优效果。①

① 参见陈晓:《论我国 PPP(公私合营)模式的法律框架》,中国政法大学法学专业 2010 年硕士学位论文,第 6 页。

二、PPP 模式法律关系主体及政府角色分配

PPP 模式的参与主体主要包含三部分——公共管理部门、私营部门以及其他利益相关者(公共服务的消费者、为公共基础设施的建设提供产品和服务的供应商以及融资方等)。当然,这其中最核心的法律关系即为公共管理部门与私营部门之间的公私合作法律关系。公共管理部门通常是指政府机关等各大行政主体,亦即享有行政权力的国家机关甚至获得行政机关授权的社会组织或团体。私营部门通常称为公私合作伙伴的相对人——公私合作伙伴关系中的非公共机构一方,以经营性为目的而与公共部门签立合作协议的私方主体。公共管理部门与私营部门的合作法律关系不仅关系到整个 PPP 项目的成败与否,更牵涉到其他利益相关主体的权益关系。一般而言,PPP 模式的相对人具有以下特点:

第一,非公益性。作为私营部门,PPP 项目相对人属于社会主义市场经济中的微观主体,是以追求营利最大化为目标的私法性组织。依法成立,有专门的生产经营场所和科学现代化的管理体系,以营利为目的,具有独立的法人地位者是 PPP 模式相对人的不二人选。因而相对于公共管理部门而言,其本身不属于国家行政机关或授权享有行政权力的社会组织、团体,不行使公权力,不具备行政管理职能,因而私营部门不具备社会公益性,并不是以公共利益而是以自身经济利益为目的参与到合作项目中来的。

第二,组织性。就 PPP 项目本身的性质而言,大多属于工期长、建设量大、投资成本较高的公共基础性设施,建设和后期设施运营维护技术较高,因而自然人不太可能参与到公私合作的建设项目中来,通常是有专门的生产经营场所,组织较为规范,具有科学现代的管理体系,生产效率较高,技术先进,部门分工精细等组织性特征的私人企业才能够有资质承担大型基础设施的建设工程。

第三,专业性。PPP 应用项目建设周期长,投资大,回收慢,其主要适用于铁路、公路、桥梁等交通部门以及污水处理、水务环境、电力能源、电信网络、医院、学校等公共领域。这就决定了 PPP 项目对参与到建设工作的相对人设置了较高的市场准入条件,仅仅具备组织性的私人企业等其他组织还不足以满足全部条件。更为重要的是,项目所涉及的领域是关乎社会公众利益,系统庞杂,工程量巨大的专业领域,因而对私人企业或其他组织提出了高度专业性的要求,在某一领域必须具备一定的生产技术条件或者达到一定的技术标准方可参与竞标,这不仅仅是为了保障基础设施建设的质量成果,也是公共部门为了实现社会公共利益,保障社会大

众的社会福祉而向私营部门提出的要求。①

公共部门与私营部门建立维护公私伙伴关系的过程是一个双方互相博弈,此消彼长的过程。在这一过程中,政府借相对人之手提高行政效能,增益社会福祉,相对人则通过建设项目获取社会利益甚至经济利益。那么,博弈的直接结果就是双方达成PPP合作协议(特许权协议),该协议的内容融合了公法因素与私法因素,公权力与私权在不断磨合,相互作用。博弈关系的公私合作体系下,PPP主体关系不再是传统的由上至下的行政管理体系关系,政府在其中扮演的角色多元,政府部门与私营部门平等合作之外,政府还具有PPP协议单方解除权、价格调控权、项目质量监督权等,这些公权力的设置目的即防止私营部门的私权过分膨胀从而侵害社会公共利益,因此,该协议具有行政性特征。当然,PPP协议本身也包含民事合同的部分特质,例如,在PPP协议特许权协议签订之前,政府部门通过招投标方式选择资质优良的私营企业,而私营企业也可以自由选择是否投标,这一过程实质上是一个双向选择的过程,体现了契约自由。另外,从PPP协议的内容来看,公共部门向私营企业购买一整套服务,我们可以将其视作“买卖关系”,这里的一整套服务专指政府向社会公众提供的公共产品服务,那么政府为了获取一整套社会公共服务就需要通过签署协议的方式赋予私人部门特许权和行政部门的优益权,因此,PPP协议的行政权力是建构在民事合同之基础上的,双方权利义务必须遵照合同之约定,在法律地位上具有平等性。② 由此观之,PPP协议是具有半行政性、半民事性的合同,单靠民法或者行政法对其进行法律规制未免有失偏颇。笔者认为,一方面,PPP协议具有浓厚的公私融合性——融契约自由、财产自由、公共利益、国家意志、政策性为一体,从价值取向上更契合经济法的特质,公共事业公私合作属于公共事业市场化的重要模型,是公私法融合之产物,与经济法具有内在一致性,经济法的产生来源于两个维度——公法私法化与私法公法化,而公共事业公私合作的形式是契约精神在公法领域的渗透作用,体现公法在发展中注重私法手段的合理使用,因而公共部门的行政权力构建在契约精神的基础上,公共利益与私人权益之间需要达至均衡,国家利益、社会公众利益以及私人权益都需要协调得当。另一方面,私人部门参与到公私合作的项目中,尽管以追求私人利益之最大化为目的,

---

① 参见孟惊雷、樊千:《PPP模式在中国新型城镇化中的应用研究——基于法律视角》,载《区域经济》2015年第5期。

② 参见吴沛强:《PPP项目融资模式的法律问题研究》,载《管理前言》2009年第5期。

但对私人利益的维护不可为肆意,私人手段一旦进入公法领域,就不得不遵守公法之规范,在尊重社会公共利益和他人合法利益之前提下,以一种合规秩序追求自身利益。

在PPP主体关系中,我们更为关注政府在其中所扮演的角色。如前文所述,以公私合作为典型的公共事业的市场化改革,政府职能转变是题中之意,在PPP特许权协议中,政府所扮演的角色包括以下几种:(1)项目规划者。在PPP项目启动之前,政府需要审慎抉择是否需要启动PPP项目。基础设施建设的体系规划、技术方案以及相关建设工程具体实施方案,公共部门与非公共部门投资比例,建设施工量的多少,工期长短,实施顺序与时间,项目建成后期运营管理,项目投资回收方案等都需要政府审慎筹谋。(2)项目招标人。作为PPP项目发起人,政府一般采用招投标形式向社会公布拟建设项目的规模,并公布参与招投标的相对人的资质要求、技术标准以及盈利能力等,设定建设项目完成后所要实现的社会经济目标,并在招投标文件中注明私营企业在参与投融资项目过程中可能获得的特许期限,优惠政策等投资回报,感兴趣并符合资质的私营企业通过参与投标,政府根据投标结果筛选出合适的中标企业,与其就PPP建设项目筹划事宜进行谈判,并最终签署PPP协议并组建项目公司。[①] (3)项目进程的保障者。公共基础项目的实施不仅仅包括公共部门与私营部门,还有其他利益相关者的参与,庞杂的主体关系加上规模宏大的项目建设,涉及范围广泛,因此,在项目建设过程中需要协调的事项与部门繁多,仅靠项目公司的力量是难以保障项目的顺利进行的,政府在其中便充当协调者的身份。除此之外,政府部门需要在财政支出、税收优惠、收费政策等方面对项目的相对人给予支持,从而保证基础设施的政策运行与项目的收益。(4)项目的监督管理者。私营企业作为项目的主要参与方,由于其本身亦追逐私人利益最大化的天然属性,难以保障社会公共利益的实现,因此需要政府对基础设施的建设进行有效和必要的监督。当前,政府对PPP项目的监管主要包括市场准入、服务质量、价格监管3类。依据《招标投标法》,政府在市场准入角度设置的标准主要从专有技术、设备、投资渠道、生产规模、业绩等资质方面进行审核;而公共产品的质量和价格监督方面,政府的监督责任在于保证在公共产品质量提高的前提下,使公共产品的价格趋向于合理,公共事业的市场化改革并非以牺牲公共产品服务和质量为代价而降低向消费者收取的费用,而应该注重提高公共服务产品和服务供给的效率,

① 参见赵银科:《PPP模式在中国运用的法律风险》,载《审计与理财》2015年第2期。

从而实现在低廉的收费状态下提供可持续的优质公共产品与服务。①

三、PPP 模式运行中出现的问题浅析

以 PPP 模式为典型的公共事业市场化改革,其根本目的是在不触动深层次体质矛盾的前提下,有限度地放松管制,放松终端价格规制,调动地方积极性,吸引社会投资的参与,增加公共产品与服务的供给能力。但渐进式改革的弊端在于改革进程缓慢,政企合一的行政性垄断依旧未能打破,竞争的引入方式并未改变国有单一投资主体的产权格局,规制部门"寻租"行为蔚然成风,价格形成机制不合理。总之,现实情势中,较为普遍的问题包括政府补贴负担过重,收支不平衡,城市公共基础设施供给需求失衡,运营恶性竞争,秩序混乱,公共事业公共性特征缺失,例如,公共服务定价制度缺失,政府监管措施不到位,政府角色转换不彻底等等,具体分析如下:

(一)政府干预层面出现的问题

首先,融资权责不明,缺乏公平合理的收益补偿机制。PPP 作为一种融资模式,在满足公共基础设施建设投融资等方面具备一定优势,对于弥补政府在基础设施领域对资金的巨大需求具有重大意义。然而,我国传统行政体系模式下的基础设施领域资金的拨付采用单一化模式,对于准经营设施建设的拨款资金来源于财政税收与土地经营收入、发行政府建设债券;对于地铁等公共交通项目的资金可通过发行地铁公司债券,将来由财政部门以未来城市的土地经营收付偿还,对于政策性银行以及商业银行的借款同样也由市财政以未来城市的土地经营收入来还本付息。② 总体看来,政府在公共领域市场化改革中始终摆脱不了"父爱主义"的桎梏,在采用 PPP 模式时角色转变困难,不仅要承担融资及融资模式成本的偿付,给予部分项目一定时期的贴息或补贴,虽然在一定程度上成为吸引私营部门积极参与 PPP 项目建设的激励政策,但政府部门也可能因此变相为私营部门提供融资担保而承担潜在的债务风险,原本政府部门在基础设施建设领域存在较大资金缺口,再加上 PPP 模式承担本不应该的潜在债务,一旦政府债务管理部门失控,将会引发连锁金融市场反应。以水务环境为例,外资机构高溢价并购城市水务项目,签订25~30 年特许权协议,但要求是当地政府必须保证水务项目保证收益,包括该地区未

① 参见王东:《PPP 主体关系中政府:角色定位与行为框架》,载《中国政府采购》2015 年第 3 期。

② 参见杜月秋:《公共工程 PPP 模式之协议法律属性及制度构建》,载《论坛》2014 年第 9 期。

来几年水价或污水价格上调的内容。随后,该外资企业将此协议拿到国际资本市场上融资,由于目前水务项目在市场上比较受青睐,国家资本市场上融资成本可能占到7%,但协议中资本回报可以高达30%,实际上该外资企业不需要花费任何成本可以获得高额收益,那个该项目的融资成本也就转嫁到政府身上,不仅项目包含的污水处理厂,甚至连其配套设施的养护费用也由政府埋单。看似高收益、高回报的项目,政府却不得不面对高额融资成本以及项目建设中的涨价、补贴等要求,痛苦不堪。

其次,政府对民营企业准入设限过多。在传统模式下,城市公共事业企业基本属于地方国有,民用企业进入公共领域面临重重关卡。实质上,公共事业市场化改革遇到的"瓶颈"即为产权结构与管理体制上的行政垄断,以国有资本为主导的体制垄断从未突破,政府部门和国有企业总是试图以保护地方利益、部门团体利益而将民营资本拒之门外。然而资本之垄断性必然导致公共领域结构的封闭性、市场机制的缺乏以及法人治理结构的单一化等弊病。① 一方面,公共财政作为公共基础设施资金的唯一来源,政府时常会面临公共财政支出短缺的情形,如若没有其他融资渠道及时补位,则将极大地阻碍城市公共事业的发展,而城市公共事业市场化的改革也将面临无新鲜血液融入的尴尬境地,从而重新落入传统体制性城市公用事业运营的恶性循环。另一方面,民营资本因为门槛过高而受限严重,政府无法获取赖以监管该行业国有企业绩效的有效参照信息,亦无法为行业内的国有企业提供软预算的约束便利,进一步导致出现经营动力不足、管理懈怠、运营成本过高以及自我积累能力削弱等问题。因而只有引入竞争机制,激活市场调配社会资源的活力,才能放松管制,控制生产成本,提高生产效率。

再次,过多重视私有化配置功能而忽略公益性目的。PPP 模式下的公私合营制度的直接动因是通过融资方式上的创新引进民间资本,实现扩大投融资,减少政府的财政负担,然而该模式所要最终实现的目的即为引入竞争机制,从而提高公共产品与服务的质量,降低公共产品与服务的价格,满足社会公众的公共利益需求。现行 PPP 运行模式中,政府过多重视私有化资源配置功能及市场融资功能,通过资产证券化、资产出让、资产重组、并购等方式实现融资渠道的多样化,填补政府财政空缺,然而资本使用的过程同样需要消耗成本,这些成本并非会自我消解而是最终

① 参见滕燕:《我国城市公用事业市场化改革的经济法规制研究》,西南政法大学经济法专业 2012 年博士学位论文,第 37 页。

转嫁到即期或远期的公共产品、服务的价格或者公共财政补贴上，过量资本投入会造成公共价格压力膨胀。[①] 政府干预所要解决的问题即为城市公共资源领域资源配置的优化利用以致最终实现公共利益，然而，长期以来，我国城市公共事业领域资源配置缺乏明确的目标，各公共事业部门、单位之间缺乏必要的沟通交流，不通有无，相互割裂，系统封闭以致造成大量低水平基础设施的重复建设，公共资源浪费现象严重。此外，在以融资为目的的私有化过程中，政府往往会面临回购的风险，而在公共产品与服务的定价上政府通常会陷于被动地位，凸显出政府监管制度与收费制度的落后。缺乏严格透明的监管制度与合理的价格收费制度，任何产权形式的资本都无法实现自我循环，最终也会导致整个公共领域资源管理的崩溃。

最后，政府监管机构设置不合理，监管职能不明确。为了保障公共利益的实现，不同于一般民商事法律关系，PPP 法律主体中，私人部门必须受到政府行政机关对项目建设以及后期项目运营的全程监管。总体上，政府对私营部门的市场监管分为三个方面，即准入监管、价格监管以及质量监管；社会监管则针对其外部效应以及公共资源的公平分配问题。多数 PPP 模式下，私营部门拥有公共服务与产品的定价权利，而公共价格的高低既涉及私人部门的自身营利又关乎社会大众的公共利益，因而如何对二者进行权衡统一必须由政府实施有力监管。我国目前的监管机构之间其监管权分配不尽合理，不论是从纵向（中央与地方）还是从横向（机构之间）角度来看，监管权分配较为混乱，纵横交织，没有明确的权限分工，例如，定价监管、准入设立监管、投资审批监管、反垄断调查等监管权涉及多部门或多重委托人结构，冗杂的机构设置，事权的相互交错导致行政部门监管政策与法律执行效率低下，并且被监管的私人企业往往承受较高的监管成本，乃至维护既得利益者的政策频繁出现。[②] 行政组织的产生与授权往往缺乏法律牢笼的约束，导致精简—扩张—精简的往复循环。同时，一些地方政府部门甚至出现滥用行政权力限制城市公共事业领域市场化的竞争，阻滞了公共资源竞争机制的引入。

（二）法律层面出现的问题

一切政府权力的运用和行使必须通过法律形式予以确立，受到法律之约束。约束是为了规范政府对经济活动的任意干预，以保护公民之自由权与经济自由权。

---

① 参见洪迪：《基于 PPP 模式的城市基础设施政府监管机制研究》，重庆交通大学管理科学与工程专业 2013 年硕士学位论文，第 23 页。

② 参见滕燕：《我国城市公用事业市场化改革的经济法规制研究》，西南政法大学经济法专业 2012 年博士学位论文，第 33 页。

在城市公共事业市场化改革进程中,欲增进市场机制,发挥市场调配资源优化配置的作用,就必须将政府的干预行为纳入法治化轨道,对其最终控制需通过制度化的参与形式,将一系列的竞争机制、市场转入机制、风险控制机制以及责任分配机制引入城市公共领域,并以法律形式予以确立,才能使城市公共事业实现社会公共利益,维护社会公平的目标。

2012 年发改委、住建部、工信部、国资委等近30 个部、局、委、会、署先后发布了鼓励民间投资的实施细则。同年,财政部设立中国财政学会公私合作(PPP)专业委员会,提出采用 PPP 模式破解地方融资平台的债务问题。2013 年 10 月 30 日,第十二届全国人大常委会公布已明确的 68 件立法项目,《基础设施和公用事业特许经营法》被正式列入立法规划。2014 年 11 月 26 日,国务院发布《关于创新重点领域投融资机制鼓励社会投资的指导意见》(“国发 60 号文”),并采用财政部对 PPP 的定义“政府和社会资本合作”,将 PPP 模式定位为一种创新的投融资模式,更强调 PPP 项目合同的重要性,并要求政府有关部门要制定管理办法,尽快发布标准合同范本,由此规范合作关系保障各方利益。[①] 过去的 2014 年可谓“PPP 元年”,例如,财政部印发了《政府和社会资本合作模式操作指南(试行)》《政府采购竞争性磋商采购方法管理暂行办法》《政府和社会资本合作项目政府采购管理办法》等一系列规范性文件,从 PPP 项目识别、准备、采购、执行、移交各环节操作流程等方面提出操作层面的具体要求;发改委印发了《关于开展政府和社会资本合作的指导意见》和《政府和社会资本合作项目通用合同指南》,从 PPP 模式的遵循原则、适用范围、模式选择、工作机制、项目流程与管理、政策保障、合同管理等方面提出具体指导意见等。除此之外,地方各级政府也纷纷出台关于 PPP 模式的各类地方性规范性文件。自 2014 年始,从中央至地方连续颁布近 29 部法规及规范性文件,可见 PPP 模式的立法规范进程正“如火如荼”地进行。

由此观之,我国当前关于 PPP 模式的法律体系已初见其形。处于金字塔顶端的只有《政府采购法》与《招标投标法》两部基本立法,国务院发布的行政法规也只有《政府采购法实施条例》与《招标投标法实施条例》两部,第三层次则包括国务院、发改委、财政部、住建部等多个行政部门联合或单独发布的各类指导意见或通知或决定等规范性文件。PPP 模式是一项复杂的系统工程,涉及面广,参与部门较

① 参见孟惊雷、樊千:《PPP 模式在中国新型城镇化中的应用研究——基于法律视角》,载《区域经济》2015 年第 5 期。

多,法律关系亦十分复杂,需要有系统的法律规定对其进行规范,然而,我国目前的立法现状是PPP项目的基本法及行政法规屈指可数,反而法律效力较低的第三层次数量庞杂,涵盖内容较为广泛,而我国亟待想要解决的PPP模式运作的具体问题,例如,项目运行过程中的风险管控、争端解决、融资方式、合同管理以及政府财政补贴等细化的问题均存在于政府规范性文件中。由于我国过去的改革模式均是"先行动,后立法",这就造成立法与改革的进程严重脱节,以PPP为典型的市场化改革进行得如火如荼,却缺乏相应法律规制,而立法的过程同样需要消耗时间成本,短时期内不可能一蹴而就,于是大量以指导意见、通知等低法律的效力的规范性文件填补基本法或行政法规、部门规章的空白。尽管这些低效力的规范性文件能够高效率地实现短时期内PPP项目的"有法可依",但其仍存在片面性,缺乏权威性,不规范甚至具有易变性等固有缺陷,因而提高PPP模式的立法层级,建立完善、成熟的PPP法律制度体系仍是当下的应有之义。

其次,规范内容协调性不强。一方面,政出多门——有关PPP的法律文件制度主体包括国务院、发改委、财政部、住建部等多部门,各部门对PPP模式的法律监管并未进行明晰的事权划分,同一方面的内容可能会有多个部门出台不同的规定,例如,发改委发布的《关于开展政府和社会资本合作的指导意见》与财政部发布的《政府和社会资本合作模式操作指南(试行)》的通知内容存在重合,有些地方甚至存在不一致,因而在利益表达上容易产生冲突,协调起来较为困难。另一方面,城市公共事业立法较多的是对被干预主体的规范,缺乏对干预主体——政府本身的规范,尤其是政府不当干预是否应当承担责任的问题被立法所忽略,这就容易为权力缺位、越位、错位找借口。如何正确平衡政府与市场主体之间权利义务的分配,应是PPP立法需要关注的重点问题。

四、PPP模式下的经济法规制路径

公共事业的市场化改革具有双重逻辑性。一方面,公共事业领域引入市场化的竞争机制,能够提高公共资源的利用效力,降低提供公共服务和产品的成本;另一方面,因市场主体逐利性的本质造成社会公平价值的偏废,政府为了保障社会公共利益而行使公权力对市场进行干预,实现资源的再分配功能,却可能导致权力寻租,腐败滋生。国家的强大足以保护公民的经济自由权,但它也可能强大到随时剥夺公民的自由财产,市场的繁荣不仅仅需要合理的制度设置和制度的强有力执行,

还需要一种能够限制国家剥夺公民财富能力的政治基础。[①] 针对公共领域市场化这一复杂的双重逻辑系统,我们必须以整合协同的视角去审视系统中的矛盾对立,而对公共事业领域的法律规制则需要对市场与国家协同规制,兼顾公平与效率,实现公益性与经营性的优化整合。我们不能单独将政府或私营部门孤立对待,进行分别规制,而是应将视野投注到市场与政府二者的相互作用与良性互动上,从法律角度来看,公私合营模式的规范就应该把公法规范与私法规范有机结合起来。市场的优势在于保障充分的竞争,但许多事情市场"做不到"也"做不好",相较于市场机制,政府对于公共物品的供给能够满足公共利益实现社会福祉最大化的目的,然而政府自身也有难以解决的问题,如无法获取完全信息、缺乏竞争、低效率、滋生"寻租"等,在政府与市场之间,要判断哪一个能够更好地实现社会资源的高效率配置并非易事,二者之间的选择不是在完善与缺陷之间,而是在两种同样存在缺陷,只是缺陷程度和类型不同的机制中进行选择。[②] 现代市场经济不是单纯靠一种机制来解决社会资源的分配问题,而是自由竞争机制基础上依靠政府的适度干预,尽管干预本身是一把"双刃剑",我们选择在合理的时机以适当的方式去使用它,从而发挥其自身最大的优势。因此,公私合营模式的法律规制应从如何促进市场与政府的协同角度,以法律手段来保障市场机制的基础性作用,并将政府职能限制在维护市场竞争秩序上,在市场机制与政府适度干预之间寻求一个平衡点,这就必然要求经济法穿梭于不同的经济发展时空,基于经济法领域中存在的具体差异与变化确立政府与市场的有机组合方式和作用边界。

(一)完善公私合营模式化的法律体系

1. 加强公共领域市场化基本立法

公共领域市场化改革类型众多,以 PPP 为模型的公私合营模式只是极具代表性的一类,如若针对每一类型的市场化模式进行单独专门立法,则既浪费立法成本也实无必要。公共领域市场化改革的基本法主要是针对公共事业的基本范围及各组成部分进行外延界定,划定系统内的边界以促进公共事业领域改革的结构相对稳定性。其立法宗旨应该是保障公共事业基础设施建设的公益性,提高公共资源利用效力,降低公共基础消费价格,维护公用市场秩序。而基本立法中包括的法律

① 参见桂玉:《公用事业民营化与政府规制研究》,郑州大学行政管理专业 2006 年硕士学位论文,第 17 页。

② 参见滕燕:《我国城市公用事业市场化改革的经济法规制研究》,西南政法大学经济法专业 2012 年博士学位论文,第 58 页。

主体有政府、私营部门、公共产品的消费者以及其他利益相关主体等,通过权力的设置确立主体之间的关联力度。基本法的功能在于既要规定行业的整体属性,又要关注不同行业的发展个性,统筹划定层次结构,实现整体与部分、共性与个性的有机统一。①

2. 行业单行法规

城市公用事业改革系统按照不同的行业领域可以划分为供水、供热、供电、燃气、电信、污水处理、公共交通等不同的子系统,各子系统具有相同的城市公用事业属性,但不同的子系统在提供的产品或服务种类、投资、定价、监管等诸多方面又有各自不同的特点。单行法规的作用在于"承上启下",是连接高层次的基本法与低层次规范性文件的"中流砥柱",当然,行业单行法规的内容不能与公共领域市场化基本立法相冲突,其内容可以根据市场化类型的不同,如 PPP 模式、BOT 模式、TOP 模式进行单独细化,并根据公共领域不同行业特点,对市场准入、经营模式、垄断控制、产权确定与保护、投融资、定价、监管、补贴等做出具有可操作性的制度安排。②

3. 地方性配套法律规范

此类法律规范主要以地方各级人大、政府或各部门知道的地方性法规、地方性规章为主,其基本功能在于细化基本法和单行法规的原则性规定或上位法授权的规定,并结合各地区经济发展状况,在不违背上位法的前提下,因地制宜在市场准入、质量标准以及补贴收费等方面作出规定。中央和地方的制度安排彼此衔接,以增强城市公用事业改革系统的稳定性和适应性。

4. 政策的制定

公私合营模式的改革进路具有动态演化与涨落有序的特质,因而改革过程中不可避免地会出现及时性、随机性、偶然性事件。推进公私合营模式的改革动力,不能忽视政策在其中起到的作用。立法总是具有滞后性,无法预知未来,立法本身亦具有较高成本,对于随机事件的产生,法律亦不可能针对随机事件进行专门立法予以单向规制,而政策的及时性特点恰好能弥补立法的缺陷,从而针对公私合营市场化改革过程中出现的突发情形或特殊情势予以及时、灵活、有效的调配。

---

① 参见叶秀贤:《韩国 PPP 法律框架对我国的启示》,载《国际经济合作》2012 年第 2 期。

② 参见李霞:《公私合作合同:法律性质与权责配置——以基础设施和公用事业领域为中心》,载《华东政法大学学报》2015 年第 3 期。

(二)完善政府干预与私营部门的经济法规制

1. 政府干预的经济法规制

首先,合理政府职能,优化公共事业领域职能配置结构。在传统管理体制下,公共事业领域以多头、多部门领导为基本模式,例如,对于公共交通的管理,建设部门、城建部门以及交通部门都有相应的管理权,并且存在管理权责重叠交叉的混乱情形,此类管理模式严重破坏了城市经济内部结构,导致政府部门之间权责不明,屡见不鲜的部门之间争权夺利或是推职委责带来的是公共资源的浪费与公共事业领域行政效能的低下。以事权性质来划分行政职能,要求上至中央下至地方,纵向上政府各部门之间进行权责的合理均衡配置,划分各部门专门管辖领域。具有外部性特征的城市公共事业领域可以由上一级政府负责审批与监管,辐射范围较广,跨省的基础设施建设领域由中央统一负责,而省级、市级、县级城市公共事业服务、基础设施则由对应行政级别的省、市、县级人民政府部门负责管理,省际、区际政府机构之间的协调则由中央与地方政府共同完成。依据事权的不同性质,可将行政权力分为决策权、审批权、财政权、撤销权、许可权、协调权、监督权、奖惩权等等。例如,在公共交通领域,建设部门负责公共交通运营的规划建设,如公交路线设计、运营车辆数量合理分配等等,财税部门负责财政补贴、税收优惠等激励与约束措施,交通部门负责交通公共部门企业及公共交通运营车辆行政审批,审计部门负责行使成本、收益、定价等方面的监管,企业管理部门可以对公共事业运营企业进行绩效评估与奖惩制度设计。总之,高行政效能的政府必须符合科学合理的事权规划与分工体系,遵循政府职能与社会需要和政府能力相适应的原则,才能实现城市公用事业管制权在政府间进行横向的优化配置。①

其次,协调公共领域监管机构的设置,强化对纵横交错监管关系的协调能力。目前,我国对现有城市公共基础设施领域的行政监管采用内部监管模式,多个部门对同一事务的监管权存在交错重叠甚至空缺现象,这种"多头监管"的方式容易形成部门之间争权夺利或者互相推诿两个极端。另外,以内部监督组织监督的行为缺失独立性,其监督行为往往受制于主官部门,最终流于形式上的监督,造成权力空置的尴尬局面。而部门之间鲜少进行信息交流与协同合作,乃至容易形成"部门

① 参见李陆昕:《论PPP模式中政府部门和私营部门的权利义务配置》,华东政法大学法律硕士专业2013年硕士学位论文,第33页。

保护主义"。[①] 凡此种种弊端益发显露出现有行政监管体系低效能化,监管效益流失严重,阻滞公共领域市场化改革的进程等问题。对此,我们可以考虑设置全国性与行业性相结合的监管机构,全国性监管机构以其独立性地位负责跨部门的公共事业领域监督权责,既承担负责监督具体事项,更多的责任在于协调中央与地方的监管权,促进信息交流与协同合作,搭建中央与地方机构之间沟通的桥梁从而形成监督合力;地方各行业部门则负责对具体行业内的公共事务进行监督。

最后,创新公共事务领域管理策略方式。具体就 PPP 模式的市场规制而言,政府首先需要与私营部门建立长期合作的信任机制,基础良好的信任机制有利于协调冲突,增进合作成员之间的互信,从而降低协商成本和对相对方的监管成本。通过良好的沟通机制能够建立全社会的信用关系,随着交往的增进,合作一方对另一方逐渐了解,声誉在其中起到的重要作用,无论是政府部门还是私人部门都需要依靠良好信誉来加强合作强度,双方亦愿意在合作中承担风险,甚至会为了长远利益放弃眼前利益。[②] 此外,要想私营部门参与到公私合营模式中,政府的激励机制不可谓不重要,关系的私营部门投身于公共基础设施建设的积极性。激励机制的发挥受到多重因素之影响,就政府角度而言,主要包括税收减免、财政补贴、技术支持等多种方式,此种外部激励收益策略能够达到提高私营部门经营收益,降低私营投资者生产成本,甚至提高私营投资者的社会责任意识的效果,即便在 PPP 项目预期经济收益不足的情况下,有效的政府激励收益机制也能够弥补私营投资者自发的努力水平偏低的情况,从而提高私营投资者的总体努力水平。然而,注重激励机制的同时,也需要考虑到约束机制的作用,若政府过度的外部激励机制策略给予私人部门在项目建设过程中的利益收入甚至超越项目运营所带来的投资回报,就容易滋生私人部门的惰性,建设公共设施的积极性大大降低,无法保障公共基础设施建设的效率与质量等负外部性效益,因此,建立合理的合作收益机制同样是政府需要创新的策略之一。合作双方在满足个体理性和整体理性的同时,还要满足收益的对称性及未来收益的机会获得所谓均等性。政府往往会预估社会的和经济的收益给政府形象或财政带来的影响,而私营业主考虑的是股东的利益获得。在 PPP 合作中获益较少的一方应从在合作中获益较多的一方(包括政府)那里得到利益补

---

① 参见滕燕:《我国城市公用事业市场化改革的经济法规制研究》,西南政法大学经济法专业 2012 年博士学位论文,第 79 页。

② 参见王东:《PPP 主体关系中政府:角色定位与行为框架》,载《中国政府采购》2015 年第 3 期。

偿,同时,获益者在补偿受损后的获益仍应比合作前的收益有所提高。[①] 由于PPP模式合营模式属于长期合营,私营企业具有私人信息,政府在市场上无法完全获知其信息,只能依靠企业在项目进程的不同阶段的产出绩效所带来的经济与社会效益参数进行考察,但不管是经济效益还是社会效益,都存在不确定性因素的风险印象,由于合作双方存在信息不对称的现实性弊端,由此引发的风险亦不可预知,政府需建立事前预测、事中控制以及事后防范的风险监控机制。事前预测的目的在于产生"锁定效应",明确合作双方在PPP长期合作所获取的长期利益远大于短期投机收益;同时,投机行为一方不仅不能获得较多收益,还需承担相应违约责任等,以促进合作与制约伙伴关系的构建;事中控制在于对项目建设过程中出现的问题及时防控,将其消除在萌芽状态从而减少投机行为带来的种种不利后果;事后防范在于公私合作双方自我管理,明确PPP合作协议双方的权责与争议解决方式,以协调双方之间可能存在的纠纷与争端,并对投机方或违约方以法律方式予以惩戒。[②] 事后防范的有效实施取决于政府监督机构能否获取及时监督信息,缩小双方之间的信息不对称以及法律对投机方的惩戒机制给投机者造成的损失与机会收益的对比。

2. 私营部门的经济法规制

政府与经营者的权利义务关系中,私营部门所享有的权利如下:(1)投资权。即在符合市场准入标准的前提下,无论其所有制形式,经营者都有平等地进入市场的权利,平等参与公私合营经营活动,规制主体不得以国有资本和民营资本的"身份差异"而进行差别对待。(2)经营权。私营部门以营利为导向,其权利体现在对生产经营过程中人、物、财的管理与支配。关于经营权的具体内容约定在合作双方的合约中,但不同于传统民法意义上合同中平等主体之间的财产关系,公私合营合同中的经营权受制于政府的行政管理,因而私营部门并非完全享有而是基于公益性目的作出一些限制,如定价权方面的限制等,此为经济法意义上的一种制度安排。(3)补贴救济权。在公共基础设施建设项目建设及特许权时间范围内,经营者面对政策性亏损或未达到预期收益时有权获得政府财政补贴;当政府出现违约行为、情势变更提前解约,因公共目的而中断合约等情形而给经营者造成损失时,私营部门有权通过合法救济手段获得赔偿。(4)特殊权利。基于公共服务的目的,参

---

① 参见邓敏贞:《公用事业公私合作合同的法律属性与规制路径》,载《现代法学》2012年第3期。

② 参见王东:《PPP主体关系中政府:角色定位与行为框架》,载《中国政府采购》2015年第3期。

与公私合营模式的私营企业可以根据公共服务的需要依法授权获得某些特殊权利，其权利根源于合作企业所从事的服务的公务性质，甚至具有某些“权力”特征，亦为权力社会化在公共事业领域的体现。企业享有此类特殊权利时，更多的是具有一种“准公共机构”之性质，如依法授权并通过合理补偿“征用”其他市场主体的财产，以及为了设施建设而进入他人的土地或房产等，行政部门依法授权私营部门享有此类特权之目的最终仍是保障公私合营建设项目的顺利开展，以实现公用企业为社会公众提供充足与连续的公共服务。①

有权利必有义务，权利人生来喜好追逐利益的天性在没有牢笼的桎梏下越来越膨胀其经济性目的，从而一再抑制社会性目的的实现。由此，基于公共事业公益性特征私营部门所享有的权利必须在遵循公法秩序的前提下行使，并需要承担相应的公法义务——享有特定公用事业权利的对价。为了维持公用企业所提供的产品与服务的公益性，满足市民需求，私人部门在提供公共服务获取报酬时，必须承担较其以纯粹民事主体的身份从事生产经营时更多的责任，这种责任更多的是一种社会责任，包括普遍服务不可歧视性对待、持续性经营、价格合理、服务优质、遵循政府监管、依法缴纳税金以及安全生产等。② 此外，私营部门仍需承担部分原属于政府的公法义务。政府以合同方式将公共事业的建设与运营业务一部分转移给合作企业后，把本应当由自己履行提供公共产品与服务的职责委托与私营部门，为防范政府公法义务的缺失，合作企业接受履行公共服务的委托后亦应承担由政府原应承担的与公共企业的公共性密切相关的公法义务，例如，信息公开，履行正当法律程序，自由裁量权在经营决策过程中需接受法律监督，等等。

① 参见滕燕：《我国城市公用事业市场化改革的经济法规制研究》，西南政法大学经济法专业2012年博士学位论文，第98页。

② 参见邓敏贞：《公用事业公私合作合同的法律属性与规制路径》，载《现代法学》2012年第3期。

供给侧改革的立法完善

科技成果转化激励机制的政策比较及其立法吸纳
——以武汉东湖和北京中关村文化科技企业的视角

石东坡* 潘贤芬**

在实施创新驱动国家新型工业化战略，迈向"中国制造2025"的进程中，科技成果转化对于转型升级具有源头变革和引领传动的重要意义。然而，学校创新积极性不高、企业主导作用不强以及中介组织功能不全面等原因导致目前转化率较低。近年来，国家或者地方均出台了相关法律法规，以促进科技成果处置和收益权改革，加强信息传播的科学技术成果，加强企业参与科研组织实施程度，但效果仍不够显著。对此，有观点认为，建立创新型国家需要增强科技立法的可操作性，强化科技立法的法律责任。① 在实践中，有学者认为需要建立长期投入、长效利益激励机制，形成协同联合激励机制。② 国外有学者认为可以借鉴硅谷成功模式，通过"孵化器"与建立科技园区等举措来落实激励政策。③ 尽管学界已经十分重视这一问题，并做了诸多研究，但遗憾的是，对于激励机制的法律化尚缺乏引申研究，对激励政策的碎片化情形如何在立法中加以防范有所忽视，激励政策绩效的研究与科技成果转化促进法的立法之间的研究也略显脱节。目前，修订后的《促进科技成果转化法》已开始施行，对北京中关村与武汉东湖两大自主创新示范区中文化科技企

---

* 法学博士，教授、硕士研究生导师，浙江工业大学文化与法制研究中心主任，学术期刊社主任。

** 华东政法大学硕士研究生。

本文系国家社科基金重大项目(14ZDC008)、国家社科基金项目(12@ZH007)、浙江省本科院校中青年学科带头人学术攀登项目(PD2013033)阶段成果。

① 参见倪正茂:《创新型国家建设和科技法制保障》，载《政治与法律》2006年第2期。

② 参见胡振亚:《论科技成果转化的实施主体、转化模式和激励机制》，载《求索》2012年第12期。

③ See Yasser Mattar, "Post-industrialism and Silicon Valley as models of industrial governance in Australian public policy", *Telematics and Informatics* 25, 2008, pp. 246 – 261.

业的科技成果转化激励政策比较,考察评析《促进科技成果转化法》的内容与走向,思考和澄清激励机制在法律规范设计中的法理依托和内在规律,基于文化科技企业能动性充分发挥的立足点对本次修法作出评价,具有重要的理论价值和迫切的现实意义。

一、京汉两地文化科技企业激励政策法规比较

文化科技产业是文化创意和科技创新融合的产物,具有高知识含量、低资源消耗、高附加值以及对传统产业的改造提升等特性,正逐步成长为经济增长的新亮点。[①] 作为科技成果转化的主要核心,其发挥着越来越重要的作用。新近时段以来,武汉东湖已经建立了国家级文化与科技融合示范基地,示范区内文化科技企业创新能力突出,产业类型不断高端化。北京中关村建立多媒体创意产业园文化科技高端人才培养基地,积极推进北京的文化科技产业人才聚集与影响力。国家文化产业创新实验区建立,重点发展创意设计业、动漫游戏业等八大产业。

(一)文化与科技融合

当今时代,科技日益交融渗透到文化产品的创作、生产、传播、消费的各个环节,成为推动文化产业结构优化升级和催生新型文化业态的重要支撑与引擎。[②] 文化与科技的融合即文化与科技相互作用,相互影响,最终形成科技产品的过程。从文化和科技各自的含义来看,文化更看重精神内涵,而科技更看重技术呈现。[③] 二者的融合,事实上是以文化为核心,以科技手段为外在表现形式的融合。这种融合不仅仅是双方各自需要,也是各种因素工作作用的结果。文化资源为科技创新提供新的灵感,而数字化等新媒体技术不断刷新我们对文化产品的认识。

北京市人民政府在2015年5月发布了《北京市人民政府关于加快首都科技服务业发展的实施意见》,指出促进科技文化融合发展,加快国家级文化和科技融合示范基地建设,围绕文化产品与服务的创意创作、设计制作、展示传播、消费体验等环节,开展关键技术攻关与科技成果推广应用。提高对重点文化领域的科技服务水平,培育一批特色鲜明、创新能力强的文化科技企业。武汉东湖也在2015年3月发布《省人民政府关于推进文化创意和设计服务与相关产业融合发展的实施意

---

① 参见李惠武、郁宏辉:《企业科技与文化融合创新、智力资本对资源获取的影响研究》,载《广东经济》2015年第4期。

② 参见江光华:《推进北京文化产业与科技融合的财政政策研究》,载《科技管理研究》2014年第4期。

③ 参见于平:《城镇化进程与文化科技融合创新》,载《中国文化报》2014年8月27日,第4版。

见》,提出促进文化与科技融合,加快数字内容产业发展。推动文化产品和服务的生产、传播、消费的数字化、网络化进程,强化文化对信息产业的内容支撑、创意和设计提升,加快培育双向深度融合的新型业态。由此看出,两地已经着眼于对文化科技产业的融合发展,不断加大支持力度。在修改后的《促进科技成果转化法》中,鲜见文化科技融合字眼,对于云终端、众筹、互联网金融、车联网等新兴业态也并未给予充分关注,这显然不利于科技创新与成果转化。

(二)文化科技企业的主体地位

有学者曾指出,要实现科研成果的转化,企业是重要的载体。在此阶段,学研机构可以为企业提供技术指导与咨询,并根据市场变化进行后续研究开发,从而实现技术的持续创新,提升企业竞争力。[①] 2014 年北京中关村国家自主创新示范区创办科技型企业 1.3 万家。中关村现有各类创新创业服务机构 800 余家,以众创、众扶、众筹为特征的分享经济新模式不断涌现,去哪儿网在线旅游、乐视互联网电视等文化科技型企业的出现成为北京经济新的增长点。目前,这些产业在引导创业和拉动经济增长中,起着举足轻重的作用。2013 年北京市网络及计算机服务成为对文化创意产业贡献最大的领域,创收 4587.7 亿元,占行业 37.1%。[②] 在武汉东湖拟培育 50 家产值过亿元的骨干企业,构建 10 个以文化创意和设计服务为先导的产业链(产业集群),将武汉打造成中部地区文化创意和设计服务与产业融合发展高地。在实践中,我国企业一直以来存在专利实施率不高的问题。国家知识产权局对 2716 家企业调查显示,2000 年以来,企业专利的实施率有一半以上小于 30%。[③] 我们不难发现,文化创意已经成为实体经济的灵魂,促进经济又好、又快发展,需要关注创意和科技资源的开发利用。

对于产业的发展,需通过政府规划与引导,形成文化与科技融合的文化与产业特色,展示该产业独特文化标识和竞争优势。一方面,文化科技企业发展具有高投入、高风险的特征,这会使得准入门槛提高,导致很多有项目无资金实力的企业很难进入该领域;另一方面,按照规模效益理论,也会使小企业的平均成本要高于大企业的平均成本,而不可能形成对大企业的竞争威胁。[④] 因此,在目前,需要政府给

① 参见孙玉红:《技术创新中的企业知识产权战略论》,载《河北法学》2008 年第 6 期。

② 参见《关于推进文化创意和设计服务与相关产业融合发展行动计划(2015~2020 年)》,载北京朝阳文化创意产业网:http://www.chycci.gov.cn/news.aspx? id=10018,最后访问日期:2015 年 5 月 18 日。

③ 参见冯晓青:《我国企业知识产权运营战略及其实施研究》,载《河北法学》2014 年第 10 期。

④ 参见江光华:《推进北京文化产业与科技融合的财政政策研究》,载《科技管理研究》2014 年第 4 期。

予其税收及金融等方面的倾斜政策支持力度,建立面向文化与科技融合企业的服务体系,以稳固文化科技企业的主体地位。然而,修改后的《科技成果转化法》并没有正视文化科技企业的主体地位。

(三)协同创新与成果收益

从市场主体来看,文化产业既与科技日渐融合,又与金融有所关联,促进文化科技企业科技成果转化,需进一步将向产业"协同"要"效益"提上日程,这就要求高校、科研机构与地方政府、企业无缝对接,密切合作,以便达成共赢,即实现文化科技产业的协同创新。① 《促进科技成果转化法》修改以前,高校、科研机构对科技成果转化的定义不够明确。许多企业对科技成果转化积极性不高,对科技工作者评价不到位,注重理论成果而忽略了科技成果转化运用,从而使许多智力成果未发挥出应有的作用。北京中关村与武汉东湖在这两方面作出相关的政策规定仍是值得借鉴的。

2014 年北京中关村就在"京校十条"中指出支持高等学校建设协同创新中心,支持高等学校校际之间以及与企业、科研机构共同建立协同创新中心,联合开展科研项目攻关和科技成果转化;同时,也汇聚了一批创新人才,推动了知识创新和技术创新。在成果收益方面,对科技成果完成人和为科技成果转化作出重要贡献的人员,科技成果转化所获收益可以按照不少于 70% 的比例给予奖励,用于人员激励支出的收益部分不纳入工资总额基数。这样的利益分配能够充分调动科研工作者开展科技研发和科技成果转化的积极性。

武汉东湖在成果收益上同样规定了收益中至少 70% 归成果完成人或团队所有,对于专利技术转化起主要作用的个人或团队可以按照转让或许可合同金额的 2% 给予奖励。另外,还设立了首批 5 亿元股权激励代持专项资金,对股权激励团队和个人给予股权认购、代持等支持。科技领军型人才和团队可以获得科技型企业 3 年内的分红等。

修改后《促进科技成果转化法》中吸收北京市、武汉市相关规定,从科研机构及高校主管部门、单位、科技人员三个维度,完善促进科技成果转化的评价导向;同时,提高了对科技人员转化科技成果最低奖励力度,对现金和股权奖励最低比例从 20% 提高到 50% 。对于奖励和报酬的支出也不再纳入本单位工资总额基数。但对具体金额,奖励形式等未作明确规定,这样各级政府部门执行力度就会减弱,也缺

① 参见范周:《重视文化产业的协同创新》,载《经济日报》2013 年 10 月 7 日,第 6 版。

少相应的跟踪监督机制，在地区未作明确规定的情况下财务 20% 的法定比例，这个比例在现在看来也是太低了，仍然未起到调动积极性的作用。

在科技成果转化所得收益分配制度方面，修改后的《促进科技成果转化法》看似解决了科技成果转化审批难、上缴额高等问题，允许科研单位及高校自主决定转让、许可和作价投资，获得的收入全部留归本单位，除了奖励和报酬以外纳入本单位预算，但是这一部分资金具体如何投入，如何分配到接下来的科学技术研究开发与成果转化工作中又是一个大问题。从推动科技成果转化的长远角度来看，还需要进一步细化资金运用方向，否则，在实践中又将出现科研资金流失，难以监管的现象。

（四）文化科技成果转化平台

国家知识产权局正在全面深化实施“全国专利技术展示交易平台计划”。根据该计划，在全国很多城市和地区建立专利技术展示交易中心，并建设网络化的展示交易平台，以加快技术成果的商品化、产业化和商业化。① 北京中关村在“京校十条”中提出建立国际化科技成果转化合作平台，重点是采取两项措施：一是将联合北京市属高校对引进的高层次人才给予一定的经费支持；二是借鉴香港科技大学吸纳全球人才，充分发挥一流人才的带动作用和影响力，进一步提升高校利用国际化资源搭建国际化科技成果转化合作平台的能力。此外，北京仍积极探索建立面向全国的新技术、新产品采购平台，加强展示发布和推广应用。建立首都科技大数据平台，促进资源优化配置和行业跨界融合，搭建行业领军人才交流合作平台。②武汉东湖积极打造创新创业孵化平台，整合各类资源，打造一批文化创意和设计服务企业创业孵化平台；不断完善各项优惠和扶持政策，引入科技成果交易服务、投融资服务等中介服务机构；加快构建完善的创新创业服务和支持体系，推动文化、智力资源及科研成果顺利转化。

为了使科技成果转化具有更加良好的环境，在不断探索和总结的基础之上，修改后《科技成果转化法》增加以下三个方面的规定：第一，国家培育和发展技术市场，鼓励创办科技中介服务机构，为企业、科研院校的技术交易提供场地、网上平台和科技信息分析、评估等多项公益服务。第二，国家支持科技企业孵化器、国家大

① 参见冯晓青：《我国企业知识产权产业化转化平台和交易平台建设研究》，载《河北法学》2013 年第 6 期。

② 参见《北京市人民政府关于加快首都科技服务业发展的实施意见》，载首都之窗网：http://zhengwu.beijing.gov.cn/gzdt/gggs/t1388602.htm，最后访问日期：2015 年 6 月 20 日。

学科技园等科技企业孵化机构发展,为初创期科技型中小企业提供孵化场地、创业辅导与管理咨询等服务。第三,对现行法律中科技成果信息资料库制度做了一定的修改与完善,新增了国家建立、完善科技报告制度和科技成果信息系统,及时向社会公开科技项目实施情况和科技成果的进展相关信息,给予企业成果信息查询、筛选等免费服务。

二、科技成果转化激励机制的设计理念与原则

北京中关村和武汉东湖文化科技产业激励机制成功经验的内在机理是什么?提升至全国层面,在《促进科技成果转化法》中,将怎样更加周全和科学地进行法律规范的设计?这方面还没有更为深入的挖掘和更有针对性的论证。目前现有的关于激励的法律规范的研究更多的是在行政法范围内提出的,在激励立法方面的研究仅局限于其概念、功能、作用等,而激励立法又是真正能为科技进步作出贡献的。为此,笔者认为,应当澄清科技成果转化激励机制设计理念,进而为相应法律制度规范的设计确立所遵循的基本原则。

(一)设计科技成果转化激励的法律规范的前提

从知识产权法到科技成果转化法,实践表明激励,特别是通过法律制度确认、保障和实施的针对科技成果转化的各个环节和相关主体的适宜的激励,是引导和激发科学技术向着现实的生产力转化的重要机理和有效机制。当然,激励法与奖赏法是两个关联概念,但又有所区别。一切奖赏法都有激励作用,都属于激励法的范畴,但并非一切激励法都是奖励法。激励的本质,是尊重、促进和保护行为主体在一定的利益赋予、权利保障和受益预期之下,激发和维系内在的积极性、主动性与创造性,并因此实施符合国家和社会公共利益的外在行为。奖励,是激励的一种手段和方式,是激励的实现媒介之一。

首先,作为人的价值及其尊严的集中体现,人才智慧是有效激励的根本指向。当今世界已经步入知识经济时代,知识产权法是通过这种"为天才之火浇上利益之油"的激励机制,鼓励人们不断进行发明创造,产生出更加创新的知识产品。现在科技创新成果的大量涌现,科技人才起到了巨大的促进作用,知识产权制度的建立就是通过合理地确定人们对科技成果的权利,来调整人们在创造、运用知识产权过程中的利益关系,鼓励创新,推动经济发展和社会进步。韩国认识到这一点,着力完善科技人才培养机制,早就出台了"大力培养科技人才,实现创新人才强国战略"

实施计划,颁布实施《理工科技人才培养支援基本计划》。[1] 在欧洲,他们也正致力于建设一批"研究型大学",吸引和培育的每一代的科研最优秀的人才,建立一个欧洲研究人员流动的无障碍空间。[2]

其次,利益资源配置是激励机制的调整对象。庞德认为,有个人利益、公共利益和社会利益三类不同的利益,法律的功能在于调节、调和与调解各种错综复杂有时甚至尖锐对立的利益。激励是有内在原则的,平衡公众与激励向对方之间的利益关系,就是激励法在立法时必须遵循的原则。在我国专利法实施过程中,曾出现它在激励专利权的同时如何保护公共利益的争论,因为我们将更多的目光放在权利人的相关权利上,进而致使权利人滥用权利。[3] 因此,在《促进科技成果转化法》的实施中,应科学处理权利人与社会公众之间的利益平衡问题,这样才能既激励智力成果创造、传播与应用,又能促进科技进步与经济发展。

最后,主体行为目的与公共利益之间的一致性是激励的必要条件。有学者指出:"激励机制中最大的激励因素是利益,一切的激励机制都可以说是围绕着利益内化构建的。"[4]但是,在对被激励者予以利益保障和利益增值之际,被激励者的行为在其利益导向与利益获取上,必须与国家和社会公共利益相一致,否则就不属于激励的范围和对象。只有激励法所倡导的公共利益与广大社会成员(高校、科研机构、企业)达到一致才能真正发挥激励法的作用,唯有这样才能使社会成员对其具有认同性,为他们所接受。这也是为什么国家和社会对科技成果转化予以肯定进而激励的根本所在。

(二)科技成果转化的激励法律规范设计的基本要素

1. 激励目标

人的行为是由一定的目标引导的,目标是行为的方向,是行为所要争取的,人们以自己的行为来换取结果,满足需要。因此,需要科学合理地设置明确的目标,以便最有效地鼓励人的行为动机。使用目标激励时,要特别注意目标融合和目标适宜难度。"目标融合"即指的是设置目标时,把工作目标与满足个人需要的目标融合在一起,把整体目标与个人利益协调起来,使目标具有双重意义,从而达到激

---

① 参见倪正茂:《激励法学探析》,上海社会科学院出版社 2012 年版,第 267 页。

② See Katrien Maesa et al., "Universities, research and the 'Innovation Union'", *Procedia-Social and Behavioral Sciences* 13, 2011, pp. 101 – 116.

③ 参见倪正茂:《激励法学探析》,上海社会科学院出版社 2012 年版,第 290 页。

④ 同上书,第 150 页。

发其工作热情的目的。而将工作目标、组织目标强加给个人,则不但调动不了积极性,反而还容易引起抵触,导致对抗。

激励立法也要根据激励对象的需要,逐级提高实施奖励,根据目标的适当难度,逐级提高激励要求。日本科技进步方面的激励性立法就有这方面的成功经验。日本政府在 1956 年颁布了《机械工业振兴临时措施法》,鼓励机械工业的发展与壮大;接着,在 1957 年颁布了《电子工业振兴临时措施法》,原定实施 5 年,由于效果显著,后来多次延长适用年限;1970 年根据新形势,颁布了《特定机械情报产业振兴临时法》。① 这一系列法规内容有联系,操作措施具有连续性,都是在前一措施取得相当效果后又针对一个领域实行激励,人们为了达到所设定的激励要求,会不断提高自身实力。

2. 激励内容

按照奖励的标的不同,有物质性奖赏的激励法和精神性奖赏的激励法。物质激励与精神激励是相互依存、互相转化的。受到物质激励者,其实也受到了精神激励。依奖励法获得物质奖励者,一般都有较高的精神境界,作出了非凡的努力。对其获奖,人们看到的不仅仅是物质,而是对其能力、品格的奖励。同样的精神激励不仅仅是精神激励而已。

物质激励是有效激励的基础,是职工为组织努力工作所应得到的最基本满足。因此,即使对于自我实现为优势需要的人,也要注意其物质需要的一面。但是,当物质需要达到相对的满足时,精神需求的重要性肯定会凸显出来,精神激励则有更大的激励作用,因此,在激励法律规范设计时,应将物质利益与精神利益同步使用,以引发人们不断产生新的工作动力,实现积极性、持续性的良性循环。

3. 激励传导

众所周知,个体间的知识转移受制于知识转移双方的转移能力和意愿,而组织制度直接影响知识转移双方的知识转移动机和意愿,所以组织要实现知识的有效转移必须制定有效的组织激励制度和措施,而要制定有效的激励制度就必须识别影响知识转移的相关制度因素及其相互关系。② 因此,我们在激励法律规范设计时,基于中介效应的组织制度与组织绩效的激励传导研究,应充分考虑人们知识转移意愿、中介组织、知识转移的绩效等因素的密切相关性。这点可以借鉴美国《史

---

① 参见倪正茂:《激励法学探析》,上海社会科学院出版社 2012 年版,第 177 页。

② 参见唐辉、赵富强等:《组织制度与知识转移绩效影响机理研究》,载《中国商贸》2013 年第 9 期。

蒂文森·威德勒技术创新法》,其规定财政资助的科研机构和高校需要设立专门的技术转移机构,并在经费上给予相应的支持,建立和完善适应技术运营需求的技术转移管理系统。

由此,笔者认为,在设计科技成果转化的激励立法时,需要注重人才的培养机制建设,协调好个人利益、公共利益和社会利益这三者的关系,发挥激励目标应有的作用,逐级提高目标,把整体目标和个人利益结合起来,兼顾物质利益和精神利益,充分考虑到个人、科研机构、科技中介组织三方关系,从而构成有效的激励法规规范。

(三)设计科技成果转化激励的法律规范的基本原则

法律的首要目的是通过提供一种激励机制,诱导当事人事前采取从社会角度来看最优的行动。[①] 关于激励原则体现最多的是在管理学中,对员工的激励原则需要把握好目标结合的原则、物质激励与精神激励相结合的原则、外激与内激相结合的原则等。而在激励法学研究中具体原则包括法定性原则、程序正当原则、公平性原则、诚实信用原则等。[②] 笔者认为,在当下结合科技成果转化的具体进程,利益平衡原则、适时适当原则、公开公正原则是设计科技成果转化激励的法律规范的基本原则。

首先,利益平衡原则。即指涉及在知识产权的生产、专有与成果的接近、应用及其收益的分配之间达成平衡的权利义务的设定与表现。科技成果转化中常常存在利益分配不均进而影响转化"成活率"的问题。一线诸多科研人得不到相应的利益体现,就会挫伤其积极性。因此,需要为开发新技术、信息产品和艺术创造中提供充分的激励,并且确保在智力产品的有效分配进入经济中达成平衡。现在修正后的该法第10条对于利用财政资金设立应用类科技项目和其他相关科技项目规定:"在组织实施应用类科技项目时,应当明确项目承担者的科技成果转化义务,加强知识产权管理,并将科技成果转化和知识产权创造、运用作为立项和验收的重要内容和依据。"这就将该类成果的研发及其转化的权益享有与应用义务在项目承担者的主体自身统一起来。

其次,适时适当原则。在企业中常常存在激励失时的现象。有些科技成果已

① 参见张维迎:《信息、信任与法律》,生活·读书·新知三联书店2003年版,第66页。

② 参见丰霏:《从立法技术到治理理念——中国语境下法律激励理论的转向》,载《法商研究》2015年第6期。

经成功转化产生收益或者已经在转化过程中，就应该给予科研人员相应的奖励，一个科技成果的转化需要很长时间，这期间科研人员一直在付出劳动，如果没有持续的激励，他们的积极性就很容易被挫伤，立即执行的奖励比拖延的影响大得多。适当原则即需要根据受奖者的业绩所带来的社会经济效益来衡量。全国多地已经意识到这一点，并纷纷加大了奖励力度，这一点是必要的。

最后，公开公正原则。其是指科研人员的劳动能获得公开、公正、公平地承认，不因为自身原因或者公司的针对性条款而被忽略。我们知道研发人员的一个特性是工作业绩不容易被衡量，这时需要特别关注科技工作者个人的智力劳动和潜能发挥，这些应该被企业和社会考虑作为企业发展的重要的因素而获得相应的奖励。

三、我国科技成果转化激励机制的立法评价

关于科技成果转化激励机制的完善，学界有人主张，在立法上需要完善科技法制体系，增强科技立法的可操作性，强化科技立法的法律责任。① 在实践当中则更加关注补助资金投入，利益分配的合理性，风险防范补偿机制的建立。② 另有学者主张，科学运用利益驱动作为导向机制，实现政策运行的目标协同；在促进型立法中融入约束和评价机制，实现政策之间功能协同。③ 笔者认为，此方面需要完善科研人员激励保障机制，加强科技中介机构的作用，构建政府全方位、多环节服务的激励型监管措施。

（一）完善科研人员激励保障机制

科技人员的工作成果是科技产品，将科技成果转化为科技人员的实际经济收益将会起到对科技人员的激励作用，进而确保科技的不断提升与发展。当前国家非常重视科技人员在科技成果转化中的利益获得，通过相应的鼓励政策和激励机制确保科技人员在科技成果市场化和商业化中的利益。但是在政策和机制的制定与执行上还存在不足与缺陷，这会导致对科技人员的激励不足，进而难以确保科技水平和成果转化。

1. 扩大股权激励范围

在修改后的《促进科技成果转化法》第 43 ~ 45 条中，主要针对国家设立的研究

---

① 参见倪正茂：《创新型国家建设和科技法制保障》，载《政治与法律》2006 年第 2 期。

② 参见胡振亚：《论科技成果转化的实施主体、转化模式和激励机制》，载《求索》2012 年第 12 期。

③ 参见刘华、周莹：《我国技术转移政策体系及其协同运行机制研究》，载《科研管理》2012 年第 3 期。

开发机构、高等院校的职务科技成果转化收入的分配、报酬与奖励进行了增量、充实和细化的规定。在奖励对象上，虽然表述为两类——“完成、转化该项科技成果做出重要贡献的人员”和“科技人员”，但是第45条的规定可以表明，其主要还是针对前者即完成该项科技成果及其转化做出重要贡献的人员给予奖励。该条款并未对股权激励的对象作出明确规定，一则有可能使得在协同创新中的有关参与者、一线普通的实验研发科技人员的应有贡献难以得到体现和激励；二则对股权激励在有关的成果转化应用中并未涉及，这是值得斟酌的。当然，或许对此还需要一个实践的考察和时机的审视。在方向上，则应当鼓励实行比照中关村股权激励政策试点，扩大股权激励范围，对激励对象做出明确界定，鼓励企业加大科研投入。

2. 给予纳税优惠

税收优惠政策在北京中关村主要在四个方面取得了突破：一是将政策的范围从现行仅限于经认定的国家高新技术企业，进一步扩大企业适用范围；二是将股权奖励个人所得税的纳税时点调整到取得分红和转让股权环节；三是明确股权奖励个人所得税的应纳税额可参照现行个人股票期权认购股票所得的税款计算方法进行计算；四是明确企业依法宣告破产，尚未缴纳的股权奖励个人所得税可不予追征的条件和程序。《促进科技成果转化法修正案（草案）》［以下简称《修正案（草案）》］规定：“在取得股份或出资比例时暂不缴纳个人所得税；取得按股份、出资比例分红或转让股份、出资比例所得时，依法缴纳个人所得税。”笔者认为，可以在我国企业目前实施的股权激励的税收优惠措施中，增加股权持有期限的要求，以实现对股权的长期激励。而在修改后的该法中则仅仅以第34条规定为：“国家依照有关税收法律、行政法规规定对科技成果转化活动实行税收优惠。”

3. 设计有区别的激励方式

《修正案（草案）》仅规定了让单位与科技人员协商确定方式和数额，但对具体方式、比例未作出明确规定。而北京中关村与武汉东湖将奖励比例明确调至70%以上，最高可达99%。因此需增加分红激励的规定。针对企业科技成果的4种不同情况，应该设计不同的分红激励形式。建议借鉴国外“享受税收优惠的雇员股票期权计划”，①制订可享受税收优惠的对所有科技型企业都适用的股权激励计划与条件，符合条件的受益人可给予延长至转让日并按20%税率纳税的税收优惠。

---

① 参见薛薇：《我国股权激励税收政策的主要问题与政策建议》，载《中国科技论坛》2013年第10期。

(二)加强科技中介机构的作用

科技中介机构是实现科技成果商品化、产业化活动的重要参与者,它为企业提供技术扩散、科学和技术评估、创新资源配置、创新决策和管理咨询等服务。武汉市在2014年就率先提出了职业科技经纪人的概念,对于其转化成功的科技成果,将给予交易额1%的奖励,最高不超过20万元。① 而在《修正案(草案)》中对这一点并未明确。修正后的该法以4个条文分散式地规定了科技中介服务机构,遗憾的是没有对其奖励予以规定,且这样的规定方式在立法上似乎同样表明对于科技成果转化的市场化及其机制环节的健全没有予以更加重视。可能立法者认为应当是在成果权人和科技中介服务机构之间的契约合意事项。而笔者认为应突出强调科技中介机构在科技成果转化中的重要地位与作用,重点是也要完善职业科技经纪人的制度规范。对此我们可以参考其他国家的经验,制定有利于中介服务机构形成和发展的政策,促进社会科技成果转化机构的发展,特别是应对职业科技经纪人分享激励并按照某种标准得到奖励。

(三)构建政府全方位、多环节服务的激励型监管措施

在科技成果转化过程中,政府对环境营造起到主要作用,其不但只是起到管理、指导、协调与服务的作用,更体现在如何促进上。所以政府需要做到全方位统筹规划,制定有助于成果转化的各项政策法规,扶持科技中介服务机构的不断发展,采取多种形式激励保障措施等。政府的促进作用应该贯穿在科技成果转化活动的始终。

1. 多阶段跟踪各转化主体

政府能够向科技成果转化投入的资源包括人、财、物和政策。由于任何资源都是有限的,政府的投入需要有所选择地重点投入,并持续跟踪投入那些重点投入的企业。从短期来看,对科技成果转化的投入激励重点要在成果转化的"上游",即科技成果评价环节和科技成果发布环节;从中期来看,对科技成果转化的投入激励要重点支持"中下游"的科技中介组织和成果使用者(企业)等转化主体;从长期来看,根据各类转化主体和转化渠道模式的效率,按比例持续稳定地增加投入激励的额度。

2. 鼓励建立技术许可办公室等专门机构

技术许可办公室这一机构在国外早已存在。1980年美国颁布《贝多法案》,在

---

① 参见《四高校尝鲜职业科技经纪人》,载楚天金报网:http://epaper.cnhubei.com/html/ctjb/20140922/ctjb2440116.html,最后访问日期:2015年6月10日。

此之后，麻省理工学院(Massachusetts Institute of Technology，MIT)设立了技术许可办公室，专利技术许可也成为MIT技术转移的主要模式。① 类似地，韩国技术转移中心作为韩国全国技术转移的中枢，各公共研究机构已建立了地区技术许可办公室联合体和大学工业技术团网，以便加强公共研究机构进行技术转移的能力。修正后的该法第20条规定："国家设立的研究开发机构、高等院校应当建立符合科技成果转化工作特点的职称评定、岗位管理和考核评价制度，完善收入分配激励约束机制。"这就是一个在此转化环节的补强，促进研发与应用之间无缝对接。在此前后，北京市政府有关职能部门和中关村科技园区管理委员会共同研究制定了《北京市高等学校、科研机构设立科技成果转化岗位实施细则》(京人社专技发〔2014〕244号)。在武汉地区，大多数高校都设立了技术转移服务机构。2015年10月31日，湖北省人民政府《关于推动高校院所科技人员服务企业研发活动的意见》(鄂政发〔2015〕66号)发布实施。其都着力进行着相应的创新链条与产业链条之间的弥补。笔者认为，在当下需要学校、企业、科研机构三者联动进行科技成果转化这项工作确实在现实中存在困难，因此建议加大投入力度，促使高校技术许可办公室等专业机构与相应产业界之间的信息共享机制等的建立健全。与此同时，需要注重培养不同的专业技术背景的负责推广转化的工作人员，以便开展更有成效的工作。

3. 维护激励性监管措施的廉洁性

在科技成果转化激励的实施中，可以看到是以公共资金等的资源注入来牵引或撬动有关的科技成果转化环节利益相关者在转化上的加快和提质的。为此，就存在政府机关及其工作人员在资金分配、项目审核以及绩效评价等方面谋单方或合作取私利的可能，这就会导致激励机制的失灵。而制度廉洁性评估作为有效提升和健全激励机制的重要技术手段，应当在法律修改的规范设计论证中加以运用，在科技成果转化过程中，加大对科研人员的激励力度，无须审批，转化收益全部留归本单位等新规出台，因而地方可支配资金额度增加，资金流动性加快，没有及时对制度廉洁性评估的确立和强化来对政府行为进行规制就容易引发"权力寻租"。② 因此，一方面，要增强激励实效；另一方面，也要规范、廉洁和公正，保持底线羁束。

① 参见黄亚生、张世伟等：《〈贝多法案〉与美国科研成果转化制度》，载《中国经济周刊》2015年第12期。

② 参见石东坡：《论法律规范设计中的制度廉洁性评估——以〈立法法〉修正案(草案)为指向》，载《甘肃理论学刊》2015年第1期。

四、结语

综上所述,通过北京中关村和武汉东湖科技新区的激励政策比较,表明在克服我国科技成果转化过程中的体制机制障碍的过程中,地方政策试验分别有着其问题导向上的针对性和制度设计上的适应性,与此同时,也为国家层面的科技成果转化法律规范的重塑提供了社会实验意义的方案比较和绩效检验,因此,在京、汉两地富有代表性的科技成果与科技人才集聚的能量释放与转化激发的政策背后,分别蕴含对于促进科技成果转化的研发体制和转化机制上的传导机理与运行生态的判断和描述,在很大程度上代表和揭示了我国在科技成果转化症结与诱因上的普遍问题与典型阻滞。那么,汲取京、汉两地体现在促进成果转化方面的利益资源配置变革和利益调整机制疏浚的相对合理性和现实针对性的共性成分,将其在法律修改中予以转换和应用,则是我国在立法自身的重整与升级中的有益路径。① 这表明,不仅在改革开放初期,法律试行的方式和试验的理路有着其历史的必要性,而且在改革深化与转型发展的中期,保持中央与地方的政策与立法上的"先行—提升"与"互动—完善"的实践贯通,仍然是必要的。这样就使可复制的科学合理的制度得以确立,进而在全国其他地方得以示范和推广。基层开辟与顶层设计之间是不可割裂的。在《促进科技成果转化法》的修改中如此,在《促进科技成果转化法》的实施中继续克服阻碍因素上,同样如此。毕竟,人才激励措施、投入激励措施、利益激励措施、责任激励措施、社会激励措施等都是不可或缺的、持续发展的。并且也只有诸多方面协同整合成一个完整的体系,才能联动、持久地促进科技成果转化。对此,《促进科技成果转化法》第5条规定的两款在强化促进科技成果转化的政府积极行政应秉持政策协同②的目标导向和职责义务之际,以"创造良好环境""结合本地实际,可以采取更加有利于促进科技成果转化的措施"的表述方式蕴含赋予综合型权能的意义,因此,促进科技成果转化的激励理念、激励机制和激励法律规范应当也必将在包括但绝不局限于北京中关村、武汉东湖等地的能动性、创造性实践中得以贯彻和发展。

---

① 参见戴菁、石伟:《实施创新驱动发展战略加快建设创新湖北》,载《学习时报》2016年3月24日,第1版。

② 在我国严格意义的法律范围及其文本中,"政策协同"首次出现于《促进科技成果转化法》(2015年修正)。在规范性法律文件中,首次出现于2014年2月26日的《国务院关于推进文化创意和设计服务与相关产业融合发展的若干意见》(国发〔2014〕10号)。

法定资本制改革：逻辑与抉择

臧俊恒*

为顺应全球资本制度改革的潮流，并更好地促进我国市场经济的发展，2013年12月28日，全国人大常委会对《公司法》进行了重要修订。修订的内容主要包括废除一般公司的法定注册资本最低限额的要求，资本缴付上实行完全的认缴登记制，取消相关的验资要求。目前，学术界主流观点对本次法定资本制①改革的认识，主要有两种进路与范式。

第一种是激进化进路。此种进路认为，上述改革举措具有完全的正当性，②但法定资本制改革是系统性改革，而本次修法仅仅是在法定资本制框架内偏重于出资环节的改革，还应当跟进相应的配套措施。具体体现为借助相关配套制度和商业实践来弥补认缴登记制的立法漏洞，③通过公司治理、公司财务以及信息披露等方面加强对公司资产的规范化管理，④至于可能大量出现的"资本显著不足"现象，应当对公司法人人格否认制度的适用条件及相关法律责任予以健全，⑤股东出资后的责任并未因实行认缴登记制而改变，⑥尚未到履行期的未出资股东应对公司债权

* 中南财经政法大学法学院硕士研究生。

本文系中南财经政法大学研究生创新教育计划资助项目(2015S0629)阶段性成果。

① 法定资本制(legal capital rules)指公司法对出资、分配、回购等各种公司与股东间资本性交易的规制，法定资本制在广义上包括公司设立阶段股东出资和公司运营阶段公司对股东的分配两个方面，在狭义上仅指设立阶段的股东出资环节。本文将从广义上理解法定资本制。

② 参见黄辉：《公司资本制度改革的正当性》，载《中国法学》2015年第6期。

③ 参见刘燕：《公司法资本制度改革的逻辑与路径：基于商业实践视角的审查》，载《法学研究》2014年第5期。

④ 参见施天涛：《公司资本制度改革：解读与辨析》，载《清华法学》2014年第5期。

⑤ 参见胡改蓉：《"资本显著不足"情形下公司法人格否认制度的适用》，载《法学评论》2015年第3期。

⑥ 参见赵旭东：《资本制度变革下的资本法律责任：公司法修改的理性解读》，载《法学研究》2014年第5期。

人承担补充赔偿责任,[①]解决抽逃出资的规则困境不可以抛弃抽逃出资概念或诉诸侵权法,而应重构抽逃出资规则的公司法基础。[②]

第二种是保守化进路。这种进路从国民收入水平、实际注册资本、实收资本金等角度分析,认为法定最低注册资本数额并没有成为公司设立难以逾越的门槛,相反,面对信用基础脆弱的商业实践,严格法定资本制可以过滤大量可能侵害债权人的违法行为。[③] 并且由于我国缺乏发达国家那种系统性的法律配置及商业文化,所以改革不应亦步亦趋。[④]

上述对法定资本制改革争议的焦点实质上集中于改革时间点的抉择,即法定资本制改革是否可以拆分进行?改革是应等到我国成熟的商业实践形成之后实施,还是在目前信用基础、各项配套制度不完备的当下进行?易言之,法定最低注册资本限额、实缴登记制、验资制度在目前商事交易活动中是否仍有存留之必要?

一、逻辑基础:为什么进行法定资本制改革

本次法定资本制改革的三项举措令很多人质疑的主要理由是,面对我国脆弱的信用环境,债权人的利益会受到影响,偏重于出资环节的资本制度改革于债权人利益保护不周。但是在全球资本制度改革的潮流中,上述三项改革内容早已被广为接受,为何在我国还存在如此大的争议呢?为此,笔者试解析此三项措施的逻辑基础,从理论上回应现实中的质疑。

(一)废除法定最低注册资本限额

传统观点认为,公司成立并开始运营需要具备一定的资金条件,股东投入公司的资产将永久地成为公司的资本,它作为债权人的信赖利益基础,同时也是该公司运营的物质基础和信用基础。[⑤] 法定最低资本标准的存在是给投资者进入市场设立一个门槛,避免出现公司滥设行为的发生。如此一来,法定最低资本构成了公司的商事外观基础,每一个从事商事交易的经营者都须拥有最低的注册资本。法律规范为维护债权人利益预先设定了强烈的制度关怀,但实践中却呈现“有心栽花花

① 参见梁上上:《未出资股东对公司债权人的补充赔偿责任》,载《中外法学》2015 年第 3 期。

② 参见刘燕:《重构“禁止抽逃出资”规则的公司法理基础》,载《中国法学》2015 年第 4 期。

③ 参见蒋大兴:《质疑法定资本制之改革》,载《中国法学》2015 年第 6 期。

④ 参见甘培忠:《论公司资本制度颠覆性改革的环境与逻辑缺陷及制度补救》,载《科技与法律》2014 年第 3 期。

⑤ 参见冯果:《论公司资本三原则理论的时代局限》,载《中国法学》2001 年第 3 期。

不开,无心插柳柳成荫”的现象。法定最低注册资本限额非但没有对债权人利益的保护起到实际的作用,相反,较高的限额标准却阻碍了投资者的投资创业热情。

有学者认为,实践中公司的实收资本都远远高于法定最低注册资本,并且国民收入水平满足最低注册资本额并不困难,大多投资人更倾向于用更高的注册资本设立企业以彰显良好的信用基础。[①] 然而,该论断所依据的数据是经过平均化了的数字,并不具有普遍性意义,倘若如此,那么废除一个“对于债权人保护不会起到太大作用,而对认真的企业家又构不成负担”的法定最低注册资本限额则更具实践价值。因此,在商事活动中,设立公司需要多少资本应当由当事人自主决定,法律不应当进行强制性的干预。

(二)实行完全的资本认缴登记制

以往股东在公司设立时需要实际缴纳各自认缴的出资额的一部或全部,本次改革取消了这一要求,出资的缴纳时间完全由股东或者发起人自行在公司章程中约定(募集设立的股份有限公司和法律法规有其他规定的公司除外),不必在公司成立之初就缴纳出资。实缴登记制存在的基础也是为了债权人的利益考量,但实际上公司的资产始终处在不断变化中,注册资本不过是一个抽象的数额,并不代表公司的实际清偿能力。交易相对人在确定公司的注册资本表明的责任范围后,往往还需分析公司的财务报表确定其实际财务指标。借助严格的实缴登记制并不能实现维护债权人利益的目标,相反,作为一个商业判断问题,“刻舟求剑式”的资本实缴登记制妨碍了股东设立公司的便捷性和自治性,即股东何时出资并非保护债权人利益的关键因素,因为对于债权人而言,股东承担责任的前提是认缴出资。[②]

也许会有人担心,实行认缴登记制可能会导致股东设置较长的缴纳期限并不实际缴纳出资,尤其是在我国商业信用基础脆弱的前提下,或将导致损害债权人利益的案件大量攀升。但无论是实缴登记制还是认缴登记制,股东的出资义务并未有所改变,退一步说,现行破产法的规定即可解决人们的担忧。同时,为顺应商事交易简便迅捷的要求,政府需要进一步完善企业信息公示系统,为交易相对人提供充分完整的企业信息。

---

① 参见蒋大兴:《质疑法定资本制之改革》,载《中国法学》2015 年第 6 期。

② 参见刘燕:《公司法资本制度改革的逻辑与路径:基于商业实践视角的审查》,载《法学研究》2014 年第 5 期。

(三)取消强制验资的要求

强制验资与实缴登记制相联系,完整地理解实缴登记制,就是在实质上即法律对资本的缴纳进行直接干预,形式上体现为登记机关对非现金出资的管制。① 《公司法》取消实缴登记制的同时,强制验资程序也就没有了存在的必要。但是资本真实的要求并不会因此而改变,取消强制验资程序仅仅是改变了资本真实的实现方式,执法机构应将执法重心从公司设立时严格的市场准入控制转变为公司成立后营运阶段的管理和监督。

综上,前述法定资本制改革的三项举措均符合法理基础和既有经验及实践需求。虚幻的资本要求对于债权人利益并未发挥其应有的制度价值,相反,还阻碍了投资者的投资创业热情,过高的资本要求也导致了资源的浪费。如果说法定资本制在公司营运阶段的改革因机体的不适还存在争议,那么其在出资环节上的改革是不应存在争议的,甚至可以说本次改革还略显保守,还需要进行大刀阔斧的改革以适应不断发展的市场经济的要求。

二、问题症结:认缴登记制下债权人利益的保护

资本制度作为平衡公司股东与债权人利益的支撑点,必须考虑不同性质所有人的权利与风险相对应的问题。② 公司资产负债表上的财产来源于股东的自有投资和对债权人的负债,即资产 = 负债 + 所有者权益。作为一项会计恒等式,公司必须安排好自己的资产结构以平衡股东与债权人之间的利益。债权人利益保护是在有限责任的前提下存在的,股东作为公司的所有者,如果公司资产不足以偿还公司债务,则股东的最大损失仅限制在其认缴出资的范围内;若公司盈利,则全部利润归股东所有。相反,债权人在公司盈利时只能实现其债权,亏损时其债权则可能存在无法实现的风险。所以,对于股东来说其损失是锁定的,而收益可能是无限增长的;债权人却与之相反,其对公司的经营行为的后果只能被动地承受,以致成为了公司经营风险的主要承担者。因此,维护债权人的利益成为公司法的一项重要任务。

(一)资本信用下的债权人利益保护

在传统公司法中,公司对外经营的信用基础是公司资本,以资本来昭示公司的信用程度。《公司法》在资本制度部分规定了法定最低注册资本额、缴付时间、出资

---

① 参见施天涛:《公司资本制度改革:解读与辨析》,载《清华法学》2014 年第 5 期。

② 参见朱慈蕴:《公司资本理念与债权人利益保护》,载《政法论坛》2005 年第 3 期。

形式等内容，作为交易相对人的债权人通过登记信息可以判断是否与公司进行交易，判断的根据就在于公司法对资本缴付的压力，债权人对注册资本的信任源于对法律的信任。借助严格的公司资本奠定公司的责任能力，从而实现债权人利益保护的目标。在资本信用时代，注册资本的高低与公司信用成正比，注册资本越高代表公司越有信用。

（二）从资本信用到资产信用

然而，现实中许多债务人拥有达到法定限额的注册资本，为何却经常不能偿付其欠债权人的债务？众所周知，公司的注册资本实缴不过是表明了股东已经按照其出资额履行了其对公司的出资，随着公司经营活动的展开，公司的资产会不断流动变化，但就实际清偿能力而言，注册资本对于债权人并没有产生实际的保护作用，注册登记和营业执照上静态的公司资本信息并不能反映处于动态变化中的公司资产结构。相反，我国法定资本制的实践表明，公司资本不仅没有对债权人起到担保作用，其僵化的资本限额反而还阻碍了投资者投资创业的热情。公司资本具有偿债及经营两种功能，经营功能理所当然居于核心地位，而偿债功能则是次要的，但“法律家长主义”把偿债能力当作资本的重要功能，甚至超过了公司运营这一核心功能。为了满足假设的资本信用条件，整个社会付出了巨大成本，换来的却是虚幻的担保。

公司的实际清偿能力则是由会计报表上的实际资产决定的，体现在财务报表上的公司资产是公司现实存在的资产，尽管资产也经常处于变动之中，但资产对负债的担保关系却不会发生任何改变。实践中，交易相对人更多地通过分析公司的资产负债表为其交易提供参考信息。

（三）资产信用下的债权人利益保护

最低资本限额是一种经验性规则，即表明市场上所有的企业都是经过法定最低资本限额筛选过的优质企业，但像所有的经验性规则一样，最低资本限额并不是基于逻辑的必然性，而是基于累积的观察。其适用自然会受到不断地检视、证伪和修正。因为最低资本限额是基于经验性的判断，因而它注定要经历持续不断的进化过程。随着知识经济时代的发展，应该废除其中不适应时代发展的部分，例如，法定最低资本限额对债权人保护并未产生实际效用，却反而阻碍了投资活动的发展。

因此，法定最低资本限额存在的价值并不在于它的每个因素是否能与现实世界准确契合，而在于其能作出有用的预测，更重要的是能为我们观察到的东西提供有意义的文字说明。那么,法定最低资本限额这一标签到底有什么用?从实践来看,公司达到法定最低资本限额,只不过是用一种简便的表达方法来表明,我们无须调查分析对方当事人的财务结构,就可以根据其存在对其合法性予以判明。

债权人利益保护是一项复杂的规范性体系,法定最低注册资本限额和实缴登记制的取消并未增加债权人的交易风险,二者的存在与否对于债权人利益并不会产生实质性影响。关键问题是债权人利益规范体系本身并不健全,法定资本制改革给公众带来的债权人利益保护的担忧,只不过是将此前人们所忽视的其他规范存在的问题暴露于公众面前了,本次法定资本制改革则推进了债权人利益保护规范体系完善的进程。

三、配套措施:债权人利益保护体系的完善

20世纪70年代,美国法定资本制改革为维护债权人利益设立了两种路径:一种是通过商业实践暴露出的问题不断完善法定资本制;另一种是直接废除法定资本制,通过完善破产法、会计法、合同法等配套制度实现债权人利益之维护。但美国那种基于成熟的商业实践上的法定资本制改革,完全依靠事后的双重能力清偿标准并辅之以欺诈性转移规则及"揭开公司面纱"规则并不符合我国目前的商业实践。[1] 因此,我国立法机关采取了一种渐进式的改良措施,相应的配套制度也应集中于完善法定资本制层面。

(一)强化公司资本信息披露义务

废除法定最低注册资本限额和实行认缴登记制之后,登记主管机关对公司的监管转移到了营运阶段,即借助信息披露制度实现对公司营业的监管,因此,公司应及时主动披露与企业信用相关的信息,其核心内容包括公司注册资本的实际缴纳情况更新与企业年报的公布,在认缴登记制下资本信息应当是持续不断地披露,工商总局的企业信息公示系统将发挥至关重要的作用。然而,笔者通过登录该系统查验,显示许多企业只公示股东姓名,其他出资信息则由企业自行公示,在经营者异常信息名单中大部分的企业未及时或者未按要求提供年报。尽管企业信息公示系统内容设计得相当全面,但由于公示系统并不具有强制性,导致现阶段通过公示系统所能获得的公示信息对债权人的帮助并不大。所以当前在资本管制放松的前提下,市场监管部门应当积极执法,严惩不实披露信息的企业。

---

① 参见刘燕:《重构"禁止抽逃出资"规则的公司法理基础》,载《中国法学》2015年第4期。

（二）健全公司财务会计制度

只有健全的财务会计制度才能防范财务欺诈行为的发生，为交易相对人提供交易决策的基础。财务会计制度是公司运营过程中保障债权人利益的重要技术手段。财务会计报告就是公司运营情况在纸面上的反映，完备的财务会计报告不论是对公司内部治理，还是对股东所有者权益都具有积极作用。财务会计报告提供了交易相对人了解公司财务状况的工具，通过分析资产负债表，计算公司的资产负债率，通过利润表分析公司的经营发展状况及盈利能力，而现金流量表则直观地反映公司的净现金，计算其速动比率，这些具体的财务指标成为交易相对人了解公司实际偿债能力的重要参考信息。但是目前，大多数非上市公司还无法做到财务会计报告的公开，为保障债权人利益需求，法律可以赋予债权人在债务人无力清偿债务时对其财务进行审计的权利，债务人公司应当配合财务审计。

（三）适用法人人格否认制度

由股东自由决定出资的期限及出资的多少，很可能产生公司的资产与实际经营的业务所承担的风险不相吻合的情形，即认缴登记制下出资人不实际履行出资义务，导致公司的资本显著不足。除在破产法中增加衡平居次条款之外，法人人格否认制度同样也是债权人利益的有力保障。现行《公司法》第 20 条规定了法人人格否认制度，但该项制度的原则性与现实商业实践的复杂性形成了鲜明的对比，可操作性不强。尤其是在法定资本制改革以后，股东不实际履行出资现象频发，对法人人格否认制度提出了制度性需求。应该如何正确判断股东未实际履行出资义务？笔者认为，关键在于判断公司是否有足够的资产应对所从事业务的商业风险，如果公司自成立之后并没有太多的资产却从事高风险的商事交易，则此种情形应当属于法人人格否认的适用范围。

四、补足漏项：法定资本制改革的争议处理

通过梳理各国法定资本制的改革进程，以美国加州公司法修订为起点，过去 40 年间各国对法定资本制进行了重大修订，其中废除法定最低资本限额与实行认缴登记制是各国法定资本制改革中最具共识之处。美国《修订示范公司法》甚至完全放弃了资本维持原则，实际上是宣告公司法退出了传统的资本管制领域，把此类问题交由破产法甚至商业实践解决。[①] 我国此次法定资本制改革仅侧重于股东出资环节,相较于其他国家而言,仍略显保守,例如,有关公司出资形式的规定并没有承认劳务出资,在出资管制方面仍然保留了强制评估的要求,不允许折价发行股票,等等。即便如此,认缴登记制在现实中仍存在较大的争议,为此法律需明确法定资本制改革后有关争议问题的处理路径。

(一)"一元公司"导致的欺诈问题

《公司法》废除了法定最低注册资本限额,实践中可能会出现注册资本为1元的情形。如前所述,鉴于注册资本对公司的实际清偿能力只是发挥观念上的作用,公司成立之后,股东的实际出资即成为公司营运资产的基础,交易相对人是否与公司进行交易由其自行判断,在公司注册资本公示的情况下,相对人有足够的理性判断是否与公司进行交易,法律没必要代替当事人进行选择。[②] 虽然资本越雄厚,公司的信用可能就越好,相对人更可能与之发生交易,但当今互联网产业、高科技产业发展迅速,即便成立初期的注册资本是1元,由创新带来的盈利前景仍将产生巨大的福利收益。

但"一元公司"中,资本是否实际缴付对于债权人来说风险是同样的,即便完全履行了出资义务,股东也仅以其认缴的1元对外承担责任。在此情况下,交易相对人与之进行交易时就应当谨慎。"一元公司"侵害债权人利益主要通过两种途径进行:第一种是通过股东与公司之间设立财产担保,此种情形下,公司破产应借鉴国外的衡平居次条款确认其担保无效,将股东的抵押财产劣后赔偿;第二种是公司实行商业诈骗,这种人为的资产转移和流失应当成为公司人格否认的适用范围,[③]通过完善公司法人人格否认制度维护债权人的利益。

(二)认缴登记制下未出资股东的责任

与"一元公司"相比较,实践中更可能发生的情形是,股东设定了数额巨大的注册资本和超长的出资期限,即"天价出资,百年期限"的情况,股东并不实际缴纳出资。由此带来的疑问便是,当公司不能清偿债务时,公司章程规定的股东出资期限尚未届至,债权人可否请求其提前出资?《企业破产法》提供了问题的解决路径:在公司破产时,管理人有权依法要求出资人缴纳所认缴的出资且不受出资期限的限

① 参见刘燕:《公司法资本制度改革的逻辑与路径:基于商业实践视角的审查》,载《法学研究》2014年第5期。

② 参见施天涛:《公司资本制度改革:解读与辨析》,载《清华法学》2014年第5期。

③ 参见赵旭东:《从资本信用到资产信用》,载《法学研究》2003年第5期。

制。我国《公司法》中并没有直接依据支持债权人相同的利益诉求,那么债权人只能依据《企业破产法》来实现自己的债权吗?不得不说,破产程序对于公司、社会、债权人自己都是一种经济成本很高的机制。

法定资本制的逻辑基础在于,股东承担责任的界限是其在公司章程中的认缴出资,而非实缴出资。股东何时出资是股东和公司的商业判断问题,影响的是公司的经营和股东之间的权益平衡,未出资股东不按期出资不仅会占用其他股东的资源,在享受股权时还会产生股东之间权利义务的不平等,公司也会因资金的缺乏而产生负面影响。为此,《最高人民法院关于适用〈中华人民共和国公司法〉若干问题的规定(三)》第13条第1款规定了公司及其他股东的救济渠道。但该条规定的第2款与第1款规范的是两种不同的法律关系,必须对第2款的"未履行或者未全面履行"进行扩张性解释,包括尚未到履行期限的出资。在股东与债权人的外部关系中,股东之间关于出资期限的约定不产生约束债权人的效力,只要存在股东未实际履行出资义务的情形,在公司清偿不能时即可请求股东在其未出资本息范围内承担责任。如果不承认债权人的这种权利,待到出资期限届至时,则债权可能已过诉讼时效,债权人将无法通过司法程序实现自己应有的利益。随着政府放松公司准入的门槛,投资者投资兴业设立公司将更加便捷,股东在获得权利的同时应承担相对应的义务。

(三)关于公司抽逃出资问题

抽逃出资就是在公司成立之后,股东将实际缴纳的出资抽回,仍保留股东的身份并继续享受其股权。在认缴登记制下还会产生抽逃出资责任吗?

认缴资本产生的是股东的出资义务,实缴资本则产生股东的出资责任。认缴登记制下,股东履行了出资义务之后,股东实际缴纳的出资就成为公司的财产,如果股东将其抽回,就构成对债权人、公司和其他股东利益的侵害。而在我国当前的商业文化下,缺乏公示程序的认缴资本将成为投机者实施商业欺诈的工具。因此,应当将公司实缴资本情况进行公示,否则,利害关系人就无法获取公司实缴资本的客观事实,无法知晓资本信息并依此主张股东抽逃出资的责任。在我国当前信用基础脆弱的情况下,确保资本的真实可靠,只依靠企业自律是不够的,难以达到改革的目的,还必须依靠国家机关的公示系统和后期严格监管。

在认缴登记制下,由于公示系统并不完善,抽逃出资更可能是股东私下隐秘的行为。如何有效减少抽逃行为成为政府监管工作的重点,鉴于现代市场经济的发展、信息沟通传播的要求,我们必须充分利用企业信息公示系统——虽然目前该系统还未达到我国证券交易系统那样完善的程度,但其所包含的项目已经可以达到正常交易的条件,该系统的更新还应保证及时性、便捷性及有效性。

五、结语:法定资本制改革仍在继续

能否找到适合自身特点的资本制度,对于一个国家市场经济的发展至关重要。近代以来,中国一直在模仿国外的制度规范,鲜有中国特色的制度创新。而资本制度只是一种制度工具,法律人很容易陷入制度中心理论,认为制度完善了,问题就解决了——其实不然,除了制度本身之外,更应当根据商业实践的发展调整不适应的制度规范。法定最低注册资本限额和实缴登记制是各国商业发展启动阶段的重要工具,其不合理的制度设计将随着商业发展的成熟稳定而逐渐被人们抛弃,美国大部分州甚至直接废除了法定资本制。此次法定资本制改革是符合我国目前的经济发展状况的。

就更长远的经济发展阶段而言,很多质疑此次法定资本制改革的人所担心的问题将会随着商业的发展而得以廓清。深圳就是最好的例证。深圳作为中国经济发展最快的城市之一,也是各项社会制度试点的先驱,发端于深圳市的法定资本制改革并未出现机体不适现象;相反,制度变迁释放的鼓励投资创业的改革效益进一步带动了该市的经济发展。深圳的实践表明,法定资本制改革的道路应继续深入下去。

供给侧改革中的司法问题

司法权威与责令重作双同禁止条款的实践反思

黄先雄*

新《行政诉讼法》第71条规定,人民法院判决被告重新作出行政行为的,被告不得以同一的事实和理由作出与原行政行为基本相同的行政行为。旧法第55条也作了基本相同的规定。本文中笔者将这一条款概括为"责令重作双同禁止条款"。我国为什么要作出这一具有"中国特色"的规定?根据当初的立法说明,是"为了防止有的行政机关不按照人民法院的判决改变原具体行政行为,致使原告的权利得不到保护"。[①] 笔者认为,这一条款目的的达成有赖于司法的权威性,也有赖于法院正确定位司法权与行政权的关系等。如果司法的权威性不足或者司法过于介入行政,则都可能招致行政机关对法院判决的漠视或者抵制,使责令重作双同禁止条款被虚置,反过来又会进一步减损司法权威。本文根据中国裁判文书网和媒体报道的相关案例,试图梳理责令重作双同禁止条款的实践困境,解析行政机关漠视责令重作双同禁止条款的原因,并就如何确保该条款的正确适用和维护司法权威提出建议。

一、责令重作双同禁止条款的尴尬处境

责令重作判决是行政诉讼中附属于撤销判决的,被告败诉的判决形式之一,法院在通过撤销判决行使消极否决权的同时,对行政机关发出重新作出行政行为的

* 法学博士,中南大学法学院教授、研究生导师。

本文系国家社科基金一般项目"司法与行政互动的法律规制研究"(项目编号:15BFX013)的阶段性成果之一,并系法治湖南建设与区域社会治理协同创新中心平台建设阶段性成果。最新版本已发表于《中南大学学报》(社会科学版)2016年第3期,题为《行政诉讼中禁止重复条款的实践反思》。

① 相关内容参见1989年《行政诉讼法》在全国人大讨论通过时王汉斌同志所作的《关于〈中华人民共和国行政诉讼法(草案)〉的说明》。

积极指令。这种积极指令的实现取决于行政机关的主动配合,如果行政机关予以拒绝,司法的权威就会遭遇严峻的考验。人民法院判决被告行政机关重新作出行政行为后,行政机关以同一的事实和理由作出与原行政行为基本相同的行政行为的,属于藐视法律、变相拒绝执行法院的重作判决;如果法院在判决书中明确指出行政机关违反了责令重作双同禁止条款,行政机关依然"我行我素",再行违反这一条款,那么就不仅仅是对法律的藐视,更是对司法权威的挑战了。这一听起来非常恶劣的现象在实践中并不少见。

在中国裁判文书网和相关网站上,笔者搜集到有关行政机关违反责令重作双同禁止条款的判决书和案件报道共 75 件。① 这其中,行政机关因为违反责令重作双同禁止条款被判败诉的 34 件,占比 45.3%,主要涉及两大类行政案件,即工伤认定案件(15 件)和涉土地房屋类案件(16 件)。这 34 件案件在中国裁判文书网公布的 13 万余份行政裁判文书②中虽仅占极小比例,但在原告认为被告涉嫌违反此条的案件中占了将近一半。换言之,此类案件将近一半原告的主张获得了法院的支持。这是一个值得深思和关注的问题,尤其是其中一些非常极端的个案,凸显了司法与行政的紧张关系,更说明了责令重作双同禁止条款的尴尬处境。兹简要列举四例以佐证。

【案例 1】谢某诉人社局工伤认定案。王某系某大学教师,2014 年 5 月 15 日,王某课后约其学生在学校篮球场附近指导毕业论文,在等候学生期间参与打篮球,不料却在篮球场上猝亡。其妻谢某提出工伤认定申请,人社局对王某作出不予认定工伤死亡的决定,谢某不服诉至法院。法院一审、二审均认为应当认定王某为工伤死亡,并判决撤销人社局不予认定工伤决定书,责令重新作出认定,但人社局再次作出了不予认定工伤的决定。谢某再次诉至法院后,法院一审、二审再次判决人社局败诉。该二审判决书明确指出:人社局前后两份《不予认定工伤决定书》,"系以同样的事实和理由作出相同的行政行为,违反了《行政诉讼法》第七十一条的规

① 在中国裁判文书网上,以"全文检索:同一事实和理由""案件类型:行政案件""法律依据:《中华人民共和国行政诉讼法》第五十五条"相结合,共检索出最近 2 年的行政裁判文书(含一审、二审、再审)65 份;以"法律依据:《中华人民共和国行政诉讼法》第七十一条",其他检索条件不变,共检索出最近 2 年的行政裁判文书 9 份;去除不相关的、重复的案件 4 份,加上网络上搜到的同类案件报道 5 件,65 + 9 - 4 + 5 = 75(件)。这一检索数据的生成日期是 2016 年 1 月 23 日。

② 笔者于 2016 年 1 月 23 日,以"案件类型:行政案件" + "案由:行政案由"为检索条件,且分别以"判决书""裁定书""调解书"为"文书类型",共搜得裁判日期落入 2014 年、2015 年的裁判文书 134,051 份。

定,应当予以撤销”。该案争议的焦点主要在于王某当时是否在工作岗位。法院认为,王某到达篮球场是以为学生指导论文为目的,该时间和地点应为王某的工作时间和工作地点。但被告认为,王某当时发病时在打篮球,他本身不是体育老师,学校里当时也没有安排篮球比赛等相关活动,打篮球完全是自己的娱乐行为,肯定不属于在工作岗位状态。被告认为法院判决扩大了工伤保险条例的解释范围。[①] 据笔者了解,该案的最终结果不容乐观。

【案例2】周某诉县政府宅基地确权案。该案自1984年至2004年经法院3次一审、3次二审,历经20余年,法院先后作出了6份判决书,其中3份终审判决均认定县政府的相关决定应予撤销,并责令县政府重新作出宅基地确权决定,县政府也先后重新作出了3次决定。但从县政府的这3次处理决定来看,第一次的决定与最初的决定完全相同,即违反了责令重作双同禁止条款;第二次在后来颁布的法律文书合法有效的情况下,又在以前已无效的产权证明书基础上作出处理决定;第三次则有罔顾事实、完全偏袒一方之嫌。此案涉案情节“历史悠久”,甚至牵涉到1974年革命委员会时期民政局的批复。法院三次判决撤销的主要原因在于县政府没有查清或故意回避查清当初确定和后来变更宅基地四至的相关事实。[②]

【案例3】刘某诉房产局拆迁补偿款争议案。为讨要持有房屋自营许可证的房屋的拆迁补偿款,刘某从2001年始,历经6年,14次庭审,6次一审,5次二审,6份生效判决书,行政机关4次作出行政裁决,到2007年年初房产局所有裁决都被撤销。其中两次,房产局坚持认为法院对地方政府规章的理解有误,作出了与原裁决基本相同的裁决。最后一次法院作出撤销判决后,不知何故,没有再在判决书中要求行政机关重新作出裁决,使得原告的胜诉判决几乎没有实际意义。本案中,房产局在答辩状中称:“在事实清楚、程序合法、法律依据正确的情况下,如果我局重新裁决,法院永远会‘以同一事实和理由,作出同样的处理结果’为由,撤销我局新作的裁决。如果我局改变事实、程序、法律依据,那样又处在违法的境地。”[③]

【案例4】王某诉乡政府宅基地确权案。王某自1998年至2002年,为了讨回被占用的宅基地,在不服乡政府确权决定的情形下,将乡政府告上法庭。法院先后

---

① 参见王逸群、姜文婧:《大学教师球场猝死人社局拒认工伤法院四次判败诉》,载搜狐新闻网:http://news.sohu.com/20151125/n428056239.shtml,最后访问日期:2016年2月24日。

② 参见马守敏、贺丹:《谁在制造行政诉讼难的怪圈》,载《人民法院报》2004年6月15日,第2版。

③ 崔世海:《六年十四审冲不破行政诉讼怪圈》,载新浪网:http://news.sina.com.cn/c/2007~05~09/151612948166.shtml,最后访问日期:2016年2月25日。

3次撤销乡政府的确权决定或者处理决定,乡政府先后3次作出与原决定基本相同的决定。此案除了因为所涉问题涉及历史遗留问题,政府缺乏相关证据资料的原因外,不排除领导干部干扰的因素。乡政府敢于罔顾法律规定、藐视法院判决,这让法律、法院"情何以堪"?![1]

司法最终裁决原则是法治社会的基本原则,只要是法院的生效判决,行政机关就应当不折不扣地执行,即便有不同意见,也只能在执行判决后通过其他途径去反映、解决。上述案例中,先不论什么原因导致行政机关敢于违反责令重作双同禁止条款,仅就结果而言,行政机关似乎并不惧于违反这一条款,有的甚至还"振振有词"。这一现象,除了凸显我国司法的无奈感、无力感之外,还充分说明了责令重作双同禁止条款的尴尬现状,该条款试图"保护原告权利"的立法目的难以达成。

二、责令重作双同禁止条款被漠视的原因解析

我国行政机关为什么敢于违反责令重作双同禁止条款、"藐视"法院判决呢?个中原因很多,司法地位不高是根本原因,但除此之外,司法制裁手段不足、司法谦抑度不够、少数行政案件过于疑难复杂、对行政权的民意制约乏力等因素,也"难辞其咎"。

(一)司法地位不高

"法院拥有的判决权力的权威性在于(取决于)法院在整个国家机构中的真正位置。"[2]司法地位不高,是我国行政机关敢于违反责令重作双同禁止条款,"藐视"法院判决的根本原因。我国各级人民法院院长的政治地位远低于同级人民政府首长、常务副首长。在这种权力格局下,法院行使行政审判权的活动和结果,对行政机关而言,自然很难有什么权威性。在极端的个案中,行政机关甚至敢于召开"判决"性质的协调会,以会议决定否定生效的法院判决。[3] 在现实中,越往基层,法院越是被同级政府视为其一个工作部门,政府相关工作部门一般也不太把法院"当回事"。前述案例即是明证,行政机关屡屡违反责令重作双同禁止条款,"藐视"法院判决,法院也无可奈何。二十多年的行政诉讼实践中,我们几乎没有听说过法院因

---

① 参见杨昌平、于海波:《农民告状6年5次胜难讨公道　政府为何制诉讼怪圈》,载中国法院网:http://old.chinacourt.org/html/article/200410/21/135754.shtml.,最后访问日期:2016年1月22日。

② 江必新、梁凤云:《行政诉讼法理论与实务》,北京大学出版社2009年版,第1138页。

③ 参见王文志、肖波:《陕西国土厅否定法院判决事件调查》,载法制资讯网:http://www.legaldaily.com.cn/zbzk/content/2010~08/31/content_2272582.htm,最后访问日期:2016年2月24日。

为行政机关藐视行政判决而依法制裁行政机关及其工作人员的事例。[①]

（二）司法制裁手段不足

行政机关违反责令重作双同禁止条款的，法院有什么制裁措施？《行政诉讼法》第96条（旧法第65条）规定了行政机关拒绝履行判决、裁定、调解书的，第一审人民法院可以采取5项制裁措施，包括将行政机关拒不履行的情况进行公告、向相关机关提出司法建议、对行政机关负责人处以罚款甚至拘留乃至追究刑事责任等。但适用这5项措施的前提是“行政机关拒绝履行判决、裁定、调解书”，行政机关违反责令重作双同禁止条款是否属于拒绝履行判决、裁定、调解书？这一点，法律规定并不明确，实践中也有争议。囿于不同机关功能的差异性、司法权一般仅为否决权的特性以及现行法律规范限制，我国法院一般不会在判决主文部分直接对行政机关发出内容具体明确的重作指令。既然如此，法院责令行政机关重新作出行政行为，行政机关确实重新作出了行政行为，尽管违反了责令重作双同禁止条款，但从形式上判断，行政机关并没有拒绝履行法院生效裁判文书。在中国裁判文书网上公布的，涉及责令重作双同禁止条款的70余份行政裁判文书中，笔者也仅发现一份判决中将此种情形定性为“拒不履行法院生效判决”。[②] 实践中，针对此种情形，法院用过的制裁方式就是司法建议，即向被告的上级行政机关及有关监督部门提出司法建议，[③]但这种方式往往苍白无力。因为相关机关对司法建议往往不予理睬或者敷衍了事，法院对此也缺乏相应制裁措施。司法制裁手段的不足，使得法院面对行政机关违反责令重作双同禁止条款的情形时，常常束手无策，非常无奈。在前述案例3中，在被告两次违反责令重作双同禁止条款的情况下，法院再次作出撤销判决时干脆不再要求行政机关重新作出裁决，使得原告的胜诉判决等于一纸空文。[④]

---

① 参见江必新、梁凤云：《行政诉讼法理论与实务》，北京大学出版社2009年版，第1303页。

② 即山东省青岛市中级人民法院2014年1月23号作出的（2013）青行终字第405号行政判决书，判决书中说：“原审被告再次以李淑芳发生交通事故死亡时已经超过法定退休年龄为由认定该不属于劳动争议、不应按工伤处理，并作出本案被诉青即人社伤终字（2012）第JM000898号工伤认定终止决定，属于无视职工合法权益的做法，且违反了《中华人民共和国行政诉讼法》第五十五条、《最高人民法院关于执行〈中华人民共和国行政诉讼法〉若干问题的解释》第五十四条第三款的规定，其行为已构成不履行法院生效判决，本院应予纠正。”

③ 参见中国裁判文书网上公布的（2015）晋市法行初字第8号判决书。

④ 参见崔世海：《六年十四审　冲不破行政诉讼怪圈》，载新浪网：http://news.sina.com.cn/c/2007-0509/151612948166.shtml，最后访问日期：2016年2月25日。

(三)事实难以查证使行政机关勉为其难

我国《行政诉讼法》规定,被告对作出的行政行为的合法性负有举证责任,应当提供作出该行政行为的证据和所依据的规范性文件。这一规定被解读为行政案件中实行"原告主张、被告举证"的举证责任分配规则。在依职权作出的行政行为案件中严格适用这一规则问题不大,但在依申请作出的行政行为案件中则可能让行政机关面临举证不足甚至不能的困境。在这种困境下,如果法院要求行政机关重新作出行政行为,则行政机关很有可能难以补证,而不得不违反责令重作双同禁止条款。

如前所述,被告违反责令重作双同禁止条款的行政案件主要是工伤认定案件与涉土地房屋类案件,其中涉土地房屋类案件多涉及年代久远的事实查证问题,被告被责令重作后常常勉为其难。前述案例4中,被告工作人员就指出:"由于农村宅基地有些是生产队分的,有些是自己买的,有些是村集体划拨的,缺乏相关的证据材料,这些历史遗留问题使得这类纠纷极难解决。"[①]在(2014)浦行初字第16号判决书所涉土地确权案中,两原告以持有1962年土地证为由,要求将争议土地归还其使用,从而引发土地权属纠纷。在(2015)浔行初字第18号判决书所涉案件中,涉及20世纪60年代"四固定"时期的鱼塘确权问题,被告主张:"被告穷尽了调查收集证据的权力和手段。对原告和第三人争议'琴表塘'的所有权,被告曾于2011年6月8日作出浔政决字(2011)17号处理决定,但该决定已被贵港市中级人民法院于2012年4月23日作出的(2012)贵行终字第11号行政判决予以撤销。被告依法重新进行调处,在当事人均不能提出新证据的情况下,被告只能对所知道的知情人进行调查、复核,已经穷尽了法律赋予被告的职权及手段,仍无法取得毫无疑问的书证证明在'四固定'时固定给旺龙14队或旺龙15队。而被告必须对该土地权属纠纷进行裁决,唯有对已有证据及所掌握的国家政策、法律,作出判断。"在(2015)永中法林行终字第24号判决书所涉案件中,原告与第三人均提供不出争议山林在土改、合作化、"四固定"时期的权属证书,被告只能按现实管业、兼顾双方利益的原则作出行政处理决定,但法院认定违反责令重作双同禁止条款,仍然再次撤销并责令重作。[②]

---

① 杨昌平、于海波:《农民告状6年5次胜难讨公道 政府为何制诉讼怪圈》,载中国法院网:http://old.chinacourt.org/html/article/200410/21/135754.shtml,最后访问日期:2016年1月22日。

② 判决书内容来源于中国裁判文书网,下文中未说明出处的案例亦同。

在法院认定行政机关违反责令重作双同禁止条款的案件中,除了因涉及年代久远的事实查证问题,导致被告难以重新查证、补证的情形外,证据掌握在原告一方或本应由原告提供而原告拒绝提供,也是行政机关违反责令重作双同禁止条款的原因之一。

对此类行政案件所涉事实难以重新查证、补证的情形下,法院无能为力,行政机关往往也无能为力。法院责令行政机关重作,必然让行政机关处于两难困境。在(2015)邯市行终字第31号宅基地边界确权判决书中,法院认为:为彻底化解纠纷,本案审理过程中,本院协调政府及相关部门对李××与米××之间的土地使用权权属争议做了大量的调解工作,但截至目前未果。在此,本院建议:一是政府及相关部门进一步做好争议的调解工作,争议当事人应积极配合,争取从根本上解决问题。二是政府应做好争议当事人思想教育、法律释明、心理安抚等工作,防止出现矛盾激化。从这一判决内容中,我们不难看出行政机关重新作出行政行为时可能面临的困境。

(四)法律解释存有争议时行政机关坚持己见

行政机关与法院都是法律规范的适用机关。当法律规范的条文含义不明时,行政机关要对法律规范进行解释后才能作出处理决定。法院对该决定引发的争议进行司法审查时,对该含义不明的法律规范有可能给出不同解释,进而否决被诉行政决定。行政机关如果认为自己的解释更合理或者说也没有什么错,在权衡后果后,常常会“固执己见”,不惜违反责令重作双同禁止条款。前述案例1和案例3就属于这种情形,实践中不少工伤认定案件都属于这种情形。案例1涉及《工伤保险条例》中对“工作岗位”的界定问题。法院从保护劳动者角度出发,对“工作岗位”进行了宽松解释,将其解释为“工作地点”,即王某在篮球场附近等待学生时,篮球场及周边区域都属于“工作地点”;行政机关则从严格控制工伤保险基金支出的角度出发,对“工作岗位”进行了严格解释,将其解释为“工作岗位状态”,即王某当时发病时在打篮球,他本身不是体育老师,学校里当时也没有安排篮球比赛等相关活动,打篮球完全是自己的娱乐行为,肯定不属于在“工作岗位状态”。从某种意义上来说,行政机关的解释可能更有道理。因为按照《工伤保险条例》,本案中如果要认定王某为工伤,王某必须符合《工伤保险条例》第15条“视同工伤”中“工作岗位”要求,而此要求应当严于第14条“一般工伤”的“工作场所”要求。案例3涉及法院应否尊重规章制定机关对其规章条文的补充解释的问题。被告之所以敢于违反责令重作双同禁止条款,就在于其持有市政府对其制定的规章相关条文的补充解释。①

(五)对行政权的民意制约乏力

行政机关违反责令重作双同禁止条款,既是对法院判决的藐视,更是对原告权益的漠视。行政机关敢于漠视原告权益,说明"原告"所属群体的地位不高,缺乏对行政机关强有力的制约手段。在我国现有体制下,普通民众对行政机关负责人及其工作人员的选举权、罢免权或者监督权等权利,还没有得到很好的制度保障,使一些行政机关的负责人及其工作人员"唯上不畏下"。前述案例2中,其实并非完全是因为所涉事实距今太过久远、行政机关难以查证,导致其不得不违反责令重作双同禁止条款,实际上,报道该案的记者仅花了两天半的时间,就找到了足够多的、有分量的人证支持原告的主张。县政府没有查清或故意回避查清相关事实,可能背后另有隐情。

三、责令重作双同禁止条款的困境突围

从前述统计信息来看,行政机关违反责令重作双同禁止条款的情形似乎并不普遍,但其透射出的法律困境及对司法权威的致命影响不容忽视。我们必须正视这一现象,采取切实可行的措施,确保行政机关自觉遵循责令重作双同禁止条款,以维护相对人的合法权益,节约公共资源。

(一)切实提升法院地位以增强其判决的权威性

在我国要树立法院行政审判的权威性,必须切实提升法院在国家权力架构中的地位层级。一方面,可以考虑从提升各级人民法院院长的地位入手,保证各级人民法院院长的政治地位不低于同级政府首长,以显著提高法院的地位层级;另一方面,尽快修改相关法律,深入推进行政审判体制改革,确保法院尤其是行政审判组织的人、财、物不受制于政府系统,并得到充分的制度保障。就后者而言,当下正在

① 本案中原告以《哈尔滨市城市房屋拆迁管理办法》(即哈尔滨市政府第51号令)第22条中关于"非住宅房屋"的规定为其主张之依据。该条规定:"'非住宅房屋'是指被拆迁房屋的合法所有权或者合法租赁使用证明房屋使用性质为非居住用房的,或者具有市房产管理部门签发的房屋自营许可证、租赁经营许可证,并实际作为生产、仓储、办公、商务服务及公益事业等用途的房屋。"刘某有房屋自营许可证,因此,应属于拆迁补偿范围内的非住宅用房,应当给予相应补偿。而房产局则是依据哈尔滨市政府2002年《关于解释市政府第51号令第22条第3款规定的函》中所提到的"还必须具有房屋所有权证或租赁使用证明"作出裁决的。参见崔世海:《六年十四审 冲不破行政诉讼怪圈》,载新浪网:http://news.sina.com.cn/c/2007-0509/151612948166.shtml,最后访问日期:2016年2月25日。

进行的行政审判体制改革尚不足以提升司法地位;跨区设立法院受理行政案件只能在直辖市展开,范围非常有限;系统性改造以便跨区受理行政案件的铁路法院在全国布局不均,数量有限;异地集中管辖制度因"法官"不能随案走,导致集中管辖法院"案多人少",且造成当事人诉讼不便等。这些改革举措偏于"碎片化",全局性与前瞻性不足。笔者认为,唯有通过修改相关法律,构建行政法院系统,并确保行政法院系统的政治地位和法律地位,方有可能走出现有行政审判体制困境,切实提高司法地位,增强法院判决的权威性。只有法院地位提高了,法官们也才可能敢于行使《行政诉讼法》第96条所赋予的针对行政机关及其负责人的5项制裁措施权。

(二)完善对行政机关违反责令重作双同禁止条款的配套制裁措施

1. 明确违反责令重作双同禁止条款的行为性质

法院撤销被诉行政行为并责令行政机关重新作出行政行为后,行政机关为什么不干脆拒绝重新作出行政行为?为什么宁肯违反责令重作双同禁止条款,也要重新作出行政行为?个中原因可能在于行政机关试图规避被法院认定为拒不履行判决、裁定罪的风险。实质上,行政机关违反责令重作双同禁止条款就是拒不履行法院判决。因为被诉行政行为之所以被法院撤销,要么因为法院否定了行政机关所确认的事实,要么因为法院否定了行政机关就相关法律条文涵摄所认定事实的解释。① 如果行政机关仍然以同一事实和理由作出与原行政行为基本相同的行政行为,那么这既是对法院裁判文书所认定内容的漠视,也是对法院责令重作判决的变相拒绝。因此,有权机关可以通过法律解释,将违反责令重作双同禁止条款的情形明确定性为"拒不履行判决"。

2. 明确法院在判决主文部分可直接发出明确指令的情形

传统观念认为,司法权必须恪守权力分立原则,其对行政权只能行使否决权,而不能对其发号施令,尤其不能发出具有明确行为内容的指令。随着与行政权不断扩张相适应的控公权以保私权观念的强化,以及出于节约公共资源的考量,在域外这一传统观念已经被突破。比如法国,其"最高行政法院过去十分错误地认为,三权分立原则禁止它向政府部门下达命令,让其做什么、不做什么。1995年2月8日法律部分地结束了这种状况。尔后,法官可以向政府部门发布命令,不过,仅限于对既决案件的执行问题发布命令。比如命令式地向政府部门指明应采取的措

① 违反法定程序的情形不受责令重作双同禁止条款的约束,在此不论。

施……这就是对判决内容传统概念的一个重大修改”。[①] 又如德国,《德国行政法院法》第113条第5项规定:“拒为或怠为行政处分违法,并因此侵害原告之权利时,如事件已达可裁判之程度,法院应判决行政机关有作成原告申请职务行为之义务。如未达可裁判之程度,法院应宣示,行政机关依法院裁判意旨对原告做成决定的义务。”[②]即在课予义务诉讼中,如果裁判时机已经成熟,德国行政法院可以直接责令行政机关作出满足原告请求的决定。再如英国,法院的撤销令不仅可以要求行政机关重新作出行政行为,而且可以附有必要的指示,指示的内容就是如何重新作出行政行为。对于法院此类判决,有关行政当局必须履行,否则就将面临蔑视法庭的后果。[③] 我国法律对责令重作判决中能否发出明确指令缺乏相关规定,但理论界已经有了诸多研究,[④]实践中也有很好的个案。[⑤] 有权机关可以通过法律解释,对理论与实践中已经达成共识的做法予以认可,并作出具体规定。需要明确的问题是,法院应当在判决书的主文部分(即最后的判决内容)还是“本院认为”的说明理由部分作出明确的指令?前述案例1中,先后多份生效判决书的说明理由部分都明确指出,被告应当认定王某死亡为工伤死亡,原认定决定适用法律错误,但法院就是不在判决书的主文部分指明,结果导致循环诉讼。笔者认为,鉴于当下行政诉讼实践状况,可以明确规定:法院在裁判时机成熟的时候,可以在判决主文部分对被告直接发出明确指令。

3.强化法院制裁行政机关违反责令重作双同禁止条款的责任

在前述案例3和案例4中,法院数次明确认定行政机关违反责令重作双同禁止条款,但每次仍然作出撤销判决并责令重作,而不采取任何有效的制裁措施,让原告求助无望,严重贬损了司法权威。我们应当在明确违反责令重作双同禁止条款行为性质的前提下,强化法院制裁行政机关违反该条款的法律责任,要求法院遇

---

① [法]让·里韦罗、让·瓦利纳:《法国行政法》,鲁仁译,商务印书馆2008年版,第854页。

② 《德国行政法院法逐条释义》,陈敏等译,中国台湾地区“司法院”2002年印行,第1223页。

③ 参见张越编:《英国行政法》,中国政法大学出版社2004年版,第788~790页。

④ 参见马怀德:《行政法制度建构与判例研究》,中国政法大学出版社2000年版,第319页;石佑启:《判决被告重做具体行政行为探析》,载《上海市政法管理干部学院学报》2001年第5期;张宏、高辰年:《反思行政诉讼之重作判决》,载《行政法学研究》2003年第3期等。

⑤ 比如1999年的刘燕文诉北京大学颁发博士学历、学位证书案。该案中法院作出如下判决:(1)撤销被告北京大学学位评定委员会不授予原告刘燕文博士学位的决定;责令北京大学学位评定委员会于判决生效后3个月内对是否批准授予刘燕文博士学位的决议审查后重新作出决定。(2)撤销被告北京大学为原告刘燕文颁发的博士研究生结业证书;责令被告北京大学在判决生效后两个月内向刘燕文颁发博士研究生毕业证书。法院判决的两个指令中,一个内容非常明确(学历),一个不明确(学位)。

此情形,应当在首次作出撤销判决并责令重作时,依照《行政诉讼法》第 96 条的规定,采取相应的制裁措施,否则构成司法的不作为。

(三)在特定类型的行政案件中法院应充分尊重行政机关的决定

我国从事行政审判的法官大多数没有接受过系统的行政专业知识、技能的教育或者培训,也很少有人在行政机关长期从事过行政工作,因而缺乏相关的行政经验。这方面类似于美国法院承担司法审查职能的法官。美国法官考虑到自身行政专业知识、技能与经验的缺乏,在司法审查中发展出了一系列司法谦抑的原则与标准。① 例如,充分尊重行政机关对立意模糊的法律条文的解释,先后提出了斯基德摩标准(Skidmore)、切佛伦标准(Chevron)和米德标准(Mead),只要行政机关的解释没有违反法律的意旨,且合理、前后一致等,一般都给予尊重。至于行政机关所制定的行政法规,只要其不是出于臆测,而是充分体现了专业知识范围内的判断,法官也予以尊重。在行政机关的事实认定方面,只要该认定有相关的证据,且不相互矛盾,也不是基于武断、任性、反复无常而作出的,法院就予以尊重,等等。我们可以借鉴美国法官的这些做法与经验。以前述案例 1 为例,行政机关对"工作岗位"的解释是一种可以予以尊重的合理解释。因为《工伤保险条例》的立法宗旨主要在于给该条例第 14 条中"因工受伤"的职工提供法律保障,而第 15 条中"视同工伤"的情形应视为例外,对例外情形作出严格解释符合立法的意旨,该案中被告作严格解释,且合乎情理,如果没有出现解释前后不一致的其他案例,法院就应当予以尊重。这样做,法院就可以避免行政机关"抗法"、挑战其权威的可能性,也能给原告作出合理解释。在行政裁决类案件中,如果当初行政机关作出决定时,相关证据由原告一方提供更为合理而原告拒绝提供的,法院就不应作出责令重作判决,而可径行驳回原告诉讼请求。

(四)不断推进民主建设,强化对政府的民意制约

司法不是万能的。要让行政机关服从法律、尊重法院判决,单靠法院单方面的努力和司法改革是难以奏效的。有学者曾指出,英国蔑视法庭罪能够起到震慑政府机关作用的根本原因,在于其法治的权威与议会民主制等——"就中央政府部门而言,部长责任制、法治的权威以及议会民主制是根本的原因。由于部长责任制,一旦中央政府部门被认定为蔑视法庭,则部长要直接承担责任;在法治的至上权威下,蔑视法庭就是蔑视法治;而在议会民主制下,如果政府蔑视国民信以为权利与

① 参见黄先雄:《司法谦抑论——以美国司法审查为视角》,法律出版社 2008 年版,第 104~133 页。

自由的最后屏障的法治,是可忍孰不可忍。"[①]美国为了促使行政机关服从法律,在司法审查制度之外,还建立了对行政机关有效的政治、议会监督专员(Ombudsman)、财政、公共舆论等监督机制,假如法院宣判行政机关的决定是不合理的、非理性的,那么,行政机关一般不会一意孤行,其重新作出的行政决定在一定程度上都会有利于原告。[②] 在当下我国,要让行政机关不违反责令重作双同禁止条款、尊重法院判决,最根本的途径在于深入推进民主建设,强化对政府的民意制约,在民主政府之下实现法治政府蓝图。

"罗马不是一天建成的",司法权威的树立也不是一蹴而就的。即便在法国这样行政法治非常成熟的国家,行政法院自20世纪中叶以来,为了使政府部门服从判决,也一直在进行不懈的努力。[③] 因此,一方面,我们应当客观理性地看待当下行政机关违反责令重作双同禁止条款的现象,不要悲观;另一方面,我们要采取切实可行的措施,日积跬步,不断树立司法权威。

---

① 张越编:《英国行政法》,中国政法大学出版社2004年版,第788~790页。

② 参见余凌云:《行政诉讼上的显失公正与变更判决——对〈中华人民共和国行政诉讼法〉第54条第(4)项的批判性思考》,载《法商研究》2005年第5期。

③ 参见[法]让·里韦罗、让·瓦利纳:《法国行政法》,鲁仁译,商务印书馆2008年版,第854页。

行政案件摆脱异地管辖困境的技术性变革之道

王仰文*

在我国的《行政诉讼法》及其司法解释，以及行政诉讼法学的传统理论分类中并没有明确行政案件异地管辖的规范化表述。根据《行政诉讼法》第23条和《最高人民法院关于行政案件管辖若干问题的规定》的规定，行政案件的异地管辖是一种以指定管辖为基础的管辖制度，它是指有管辖权的基层人民法院不适宜管辖的第一审行政案件，经原告申请、基层人民法院提请或者中级人民法院决定，由中级人民法院将案件指定到本辖区内其他基层人民法院管辖审理的制度，其实质就是移转管辖的一种连续使用。① 行政案件异地管辖着眼于减少行政审判工作的外部干扰，刹住权力的"任性"，是实行司法管辖与行政区划适当分离的有益尝试，是推动行政审判工作机制不断健全和完善的重要举措，也充分体现了中央的改革精神。推动行政案件异地管辖制度变革，旨在解决实践中"县法院审不了县政府"的难题，确保人民法院依法独立公正行使审判权，让人民群众在每一个司法案件中感受到公平正义。这一改革的模式探索从初创开始，在步步维艰、起伏跌宕中已经走过了近15个春秋。如今，在党的十八届三中、四中全会精神的感召、引领下，这项初创于浙江台州的实践变革在经历了较长的沉寂之后在河南、贵州等地波澜再起，势头正劲。行政案件异地管辖改革探索的得失成败，现在判断可能为时尚早，但是，这一制度变革的现实成效初步判断却是"喜忧参半"，处于困境的行政案件异地管辖制度改革依然需要更多的理论指导和制度规范。

* 聊城大学法学院院长助理，副教授、硕士研究生导师，苏州大学法学博士，复旦大学政治学博士后。

① 参见马怀德主编：《行政诉讼法学》，北京大学出版社2015年版，第103页。

一、行政案件异地管辖的制度化演进背景

规范与控制行政权,维护相对人的合法权益,是行政诉讼制度赖以构建的基本价值和承载的重要使命。25年前,《行政诉讼法》的正式颁行,标志着"民告官"的朴素愿望从梦想变成了现实,不仅实现了思想理念的重大飞跃,也让人们期待着政府权力受民众制约的光明前景——法治逻辑不再是停留在纸面的庄严宣示,更应体现为司法公正的指南。① 作为这一程序法的重要组成部分,行政案件管辖制度更直接地体现出国家法律对民众行政诉权保护的权威姿态和理想程度。但是,《行政诉讼法》设计者的"良苦用心"并未获得应有的回报。由于人民法院传统体制和权力运行机制的原因,行政诉讼中所确立的"原告就被告"一般地域管辖原则,也让行政诉讼制度历来备受质疑和诟病。世事境迁,人心思改。以此为"切入口"的行政审判制度碎片化改革相机而动,却一路充满着坎坷与艰辛。

首先,"原告就被告"管辖模式的固有弊病是行政案件异地管辖改革的内生动力。行政诉讼中的管辖不仅仅是行政诉讼案件的管理与分配,其设计程序和运行结果影响着司法的公正与效率。在我国传统政治权力结构上,人民法院依法独立行使审判权是《宪法》第126条赋予的法定权力。由于法院系统是与行政区划对应设置的,司法辖区与行政辖区具有高度的同一性,地方法院的人、财、物基本上受控于地方政府。在掌控了法院的人、财、物也就掌控了法院意志的政府面前,法院无力做到超然中立而更可能在审判权运行中异化为"暗箱操作"。② 尤其是与其他诉讼类型相比,行政案件与地方政府的关系更为密切。这种密切的关联,既可以滋生轻微的不当影响,也可以发展为赤裸裸的暴力干预。由此,同样的"民告官"案件,不同的法院受理之后会产生不同的结果,行政审判的独立性令人怀疑。加之,在1989年出台的《行政诉讼法》中也没有异地管辖的周详规定,为政府机关不当干预行政案件提供了极大便利,严重的司法地方化和法院行政化的不良局面难以避免。正如有学者指出的那样,"地方保护和行政干预,是行政诉讼制度运行不畅、行政审判困难重重的重要原因"。③

在《行政诉讼法》未能及时回应这一批评与质疑的前提下,最高人民法院以

---

① 参见廖奕:《当代中国司法改革窘境与均衡路径》,载《南京社会科学》2014年第3期。

② 参见张显伟:《行政诉讼级别管辖制度之完善——基于行政诉讼目的的角度》,载《河北法学》2009年第6期。

③ 袁杰主编:《〈中华人民共和国行政诉讼法〉解读》,中国法制出版社2014年版,第58页。

《关于行政案件管辖若干问题的规定》(以下简称《管辖规定》)为标志,开始了行政案件异地管辖改革试验的最初努力。这一以行政案件异地管辖方式实现对管辖制度的重大调整,赢得了较为坚实的民意基础和热切的实践回应,不仅有利于从制度上防止当地政府对行政审判的不当干预,畅通行政纠纷的法律救济渠道,消除人民群众"官官相护"的顾虑,缓解基层人民法院面临的审判压力,也有利于解决提级管辖改革导致中级人民法院审判力量不足的问题。① 显然,这一改革对于克服地方和部门保护主义,保护行政相对人合法权益,更好地发挥行政审判功能,提升司法权威和司法公信力,促进行政机关依法行政,推进法治中国建设进程等无疑都具有重要的积极意义。

其次,纾解信访维稳的政治压力是行政案件异地管辖改革的外在动因。行政案件异地管辖是对行政诉讼"原告就被告"模式的制度修正。这一制度创新在一定程度上将司法权对行政权的依附关系割裂开来,打破了基层人民法院对当地政府的过度依赖。这一制度变革在实行之初,看似一个偶然的地方创意,其实带有一定的必然性。2005 年《信访条例》修订后,随着社会转型期的到来,我国每年涉及行政争议的信访案件达到 400 万~600 万件,大大超过行政诉讼案件和行政复议案件的数量,形成了"大信访、小复议、中诉讼"的行政争议解决格局。

究其原因,一方面,在于严重的司法地方化挫伤了民众依法维护合法权益的积极性,行政诉讼的提起不但不能解决问题,反而可能招致行政机关的打压报复,为正当权益的保护埋下隐患。另一方面,"司法功能的有限性与信访功能的扩张性之间已呈现出博弈之势"。② 尽管经过近两年的实践,诉访分离、依法治访的改革局

---

① 例如,根据浙江省台州市中级人民法院统计,2002 年 7 月至 2003 年 6 月,一审审结被告为县级政府的行政案件 72 件,政府败诉 45 件,败诉率 62.5%。而此前一年,台州市一审审结同类案件 107 件,政府败诉 14 件,败诉率为13.1%。参见袁定波:《行政诉讼案异地管辖制度将破茧成蝶——"民告官"案管辖改革背景调查》,载《法制日报》2007 年 9 月 5 日,第 5 版。根据河南省高级人民法院的数据现实,自 2013 年河南省法院实行行政案件异地管辖改革以来,赴京上访率 5 年来首次下降,降幅 16%。有些市县异地管辖案件实现了"零上访"。参见陈斌:《异地管辖,让民不怕与官斗》,载《南方周末》2015 年 11 月 25 日。在 2014 年 7 月至 2015 年 6 月的 1 年间,河南全省法院一审审结异地管辖案件 3638 件,依法判决原告胜诉 1039 起,一审案件原告胜诉率为 28.6%,比 2013 年高出 18 个百分点,有效增强了社会公众对行政审判公正性的信心。参见冀天福:《打破"主客场"摒弃"小算盘"——河南法院行政案件异地管辖工作记事》,载《人民法院报》2015 年 9 月 6 日,第 1 版。实行行政案件异地管辖的甘肃省法院系统,自 2015 年 1 月至 10 月,全省法院新收一审行政诉讼案件 1705 件,同比上升 47.8%,其中只有 259 件案件由被告所在地法院审理,行政诉讼案件异地管辖率为 84.8%。参见潘静:《甘肃行政案异地管辖率 84.8%》,载《人民法院报》2015 年 11 月 29 日,第 1 版。

② 刘伟丽:《推进我国涉法涉诉信访法治化的思考》,载《中州学刊》2015 年第 4 期。

面正在逐步形成,但是,"现有的涉法涉诉信访法律制度仍存在不科学性、不完整性和不对称性"。[①] 在"摆平就是水平,搞定就是稳定,无事就是本事"的庸俗官场哲学和"信大不信小,信上不信下,信访不信法"的朴实基层民意共同作用下,不少民众将信访视为"一座正义的灯塔",把自己的命运寄托在高级领导或上级部门对地方政府的干预中。由此导致的结果就是,不但败诉方信访,而且胜诉方也信访。败诉方的目的则是推翻案件的判决,反败为胜;而胜诉方的目的则是催促执行,实现权利。而且不但结案后开始信访,有的在诉讼前或诉讼中就开始信访,甚至在立案阶段就信访。其信访目的在于向法官施加压力,营造社会舆论,促使法官作出有利于己方的判决。法官则基于维稳的政治压力和趋利避害的本能考量,大多选择风险较小的解决对策,对于本应属地管辖的行政案件或者抬高门槛不予受理,或者推诿管辖搪塞民众,这反而助长了拦车告状、越级上访等事件的发生。法院承受的巨大信访维稳的政治压力,促进了行政案件异地管辖的实践变革。

最后,行政案件异地管辖的地方性探索推动了这一改革举措的制度化发展。由于历史传统和制度惯性的原因,行政案件异地管辖的制度文本显然充斥着浓郁的保守色彩和某种明显的"硬伤"。尽管,在最高人民法院的司法解释和指导性文件中,可以看出最高人民法院回应行政审判实践变革诉求的积极姿态。(见下表)但是,最高人民法院以《管辖规定》出台为标志的持续表态,并没有在法律规定之外为法院设立新的权限,这一制度的现有设计不过是以回避制度为依托而对法律程序和条文的进一步细化,虽然有利于体现程序正义的法律价值,但相对于已经处于管辖困局而难以自主的基层人民法院而言,这样改良式的渐进探索总体上依然过于保守。[②]

当然,简单的制度变革并不能成为包治百病的灵丹妙药。在多种因素的制约和阻断之下,最高人民法院持续、积极努力所取得的阶段性成果或许依然并不乐观,但这一自上而下制度性推动思路和方向无疑是正确的,孕育了巨大的希望和能量。也正是在最高人民法院司法文件的指引和鼓励下,山东济宁、浙江台州等地较早响应"各地法院要大胆探索,勇于实践,通过指定管辖、异地审理,排除各种非法干扰,依法公正审理行政案件"的精神,开拓性地去寻求具体的实施办法,在2001

---

① 浙江省人民检察院课题组:《涉法涉诉信访工作改革的法治化研究》,载《法治研究》2015年第2期。

② 参见何才林:《夹缝中的变革——以行政审判管辖权为视角的叙事》,载《北大法律评论》2009年第2辑。

年开始相继开展了行政案件异地管辖制度的试点,并分别积累了有益的经验。[①] 尤其是行政案件异地管辖的"台州模式"和"台州经验"在浙江省高级人民法院和最高人民法院的重视和推广下,行政案件异地管辖改革尝试在上海、重庆等地法院系统此起彼伏,几乎没有停止过。在此地实验取得初步成效,转而逐渐陷于进退两难之时,却又在不经意间竟然花开彼岸。

如今,在党的十八届三中、四中全会司法改革与依法治国的号角声中,行政案件异地管辖犹如"蝴蝶效应"般地在行政审判领域再次形成一股改革的"风潮",在江苏、河南、甘肃、黑龙江等省市相继刮起。行政案件管辖基本形成了"当地基层法院管辖为主导、异地基层法院与本地区中院管辖为补充、其他法院管辖为例外的格局"。[②] 最高人民法院的积极姿态和地方的狂热实践,引发了学界的讨论及立法者的关注,使本来作为一种补充情形的异地管辖成为一种正常状态,甚至有颠覆法定管辖地位的势头。有学者表示:"行政诉讼异地管辖探索取得的积极成效,昭示了行政诉讼异地管辖强大的生命力,为该制度的全面推行提供了实践样本。"[③]在党的十八届四中全会和新《行政诉讼法》实施的起点上,行政案件异地管辖的制度探索已经成为跨行政区划法院进一步深化改革和可持续发展的重要工作。

---

① 资料显示,山东济宁的试点开始于2001年,台州的试点开始于2002年,但主流媒体认为行政案件异地管辖的试点率先在浙江台州进行。台州市中级人民法院明确基层人民法院将当地政府为被告的案件和原告、第三人为10人以上的集团诉讼案件,作为重大、复杂案件,交由异地基层人民法院审判。由原告直接向中级人民法院起诉,中级人民法院审查后,认为符合立案条件的,作出立案受理并确定由被告所在地之外的基层人民法院审判的裁定。具体操作步骤是:(1)由中级人民法院直接受理。基层人民法院立案庭停止受理此类案件,告知起诉人向中级人民法院直接起诉。中级人民法院审查后认为符合立案条件的,作出立案并移交被告所在地之外某基层人民法院审判的行政裁定。(2)由受案基层人民法院发出立案通知。受案基层人民法院依照中级人民法院裁定取得管辖权后,按立案程序办理有关手续,并发送中级人民法院行政裁定书及立案通知书、传票等,再将案件移交该法院行政庭审判。(3)通常采取就近原则和随机指定异地法院原则,以方便原告和防止滋生新的干扰。实行这一制度,有效地"切断"了行政干预的途径,又巧妙地避开了中级人民法院与基层人民法院审判资源分配问题。虽然案件在中级人民法院受理,但还是移交给基层人民法院审判,故中级人民法院实际上没有增加什么工作量。基层人民法院依然审判这些案件,只是换了个地方而已。参见李飞、余建华:《公正比路远更重要——台州行政诉讼个案异地管辖制度调查》,载《人民法院报》2007年12月4日,第8版。

② 冯一文:《管辖选择权:行政案件管辖制度改革之一剂良方——基于行政诉讼中"官官相护"滋生"告状难"现象的分析》,载《河北法学》2012年第4期。

③ 李文发:《我国行政诉讼管辖制度改革探究》,载《信阳师范学院学报》2015年第5期。

行政案件异地管辖的制度推进脉络表

法律文件	施行时间	基本作用
旧《行政诉讼法》	1990 年 10 月 1 日	确立了异地管辖制度,但是并没有规定具体的操作程序
最高人民法院《人民法院第二个五年改革纲要(2004~2008)》	2005 年 10 月 26 日	提出了改革和完善行政诉讼管辖制度,从制度上排除干预行政审判的各种因素的目标任务
江苏省高级人民法院《关于行政诉讼案件管辖若干问题的意见(试行)》	2005 年 11 月 10 日	较早地明确行政案件在情况复杂的情况下可以实行异地管辖的内部规定
中共中央办公厅、国务院办公厅《关于预防和化解行政争议健全行政争议解决机制的意见》	2006 年 9 月 4 日	明确要求积极稳妥地推进行政诉讼改革,通过探索完善行政案件管辖制度改革等措施,保障人民法院依法独立公正地行使审判职能
最高人民法院《关于行政案件管辖若干问题的规定》	2008 年 2 月 1 日	通过专门对法律条款的解释,从制度层面极大地推动了管辖改革步伐,增强了可操作性
最高人民法院《关于行政诉讼撤诉若干问题的规定》	2008 年 2 月 1 日	在一定程度上缓解了法院不愿受理、不敢判决的管辖难题
最高人民法院《关于依法保护行政诉讼当事人诉权的意见》	2009 年 11 月 9 日	强调要求各级人民法院完善工作机制,认真执行《关于行政案件管辖若干问题的规定》
最高人民法院《关于开展行政案件集中管辖试点工作的通知》	2013 年 1 月 4 日	要求在全国范围内开展集中管辖试点工作,各高级人民法院根据实践,指定部分中级人民法院进行集中管辖试点
中共中央《关于全面深化改革若干重大问题的决定》	2013 年 11 月 12 日	明确改革司法管理体制,探索建立与行政区划适当分离的司法管辖制度
中共中央《关于全面推进依法治国若干重大问题的决定》	2014 年 10 月 30 日	明确要完善行政诉讼体制机制,合理调整行政诉讼案件管辖制度,切实解决行政诉讼立案难、审理难、执行难等突出问题

续表

法律文件	施行时间	基本作用
最高人民法院《人民法院第四个五年改革纲要(2014~2018)》	2014年7月9日	指出通过提级管辖和指定管辖,确保行政案件得到公正审理
河南省高级人民法院《关于行政案件异地管辖问题的规定(试行)》	2014年5月27日	明确要求全省法院的行政案件实行异地管辖
黑龙江省高级人民法院《关于行政案件异地管辖若干问题的规定(试行)》	2014年9月1日	县、市政府为被告的一审行政案件,由这个政府所在地之外的基层、中级人民法院异地管辖审理
甘肃省高级人民法院《关于行政案件异地管辖的暂行办法》	2014年11月13日	全省法院实行行政案件异地管辖,推进行政案件集中管辖试点
宁波市中级人民法院《关于宁波市两级法院行政诉讼案件管辖的规定(试行)》	2015年5月1日	由基层人民法院管辖的行政诉讼案原则上实行"异地交叉管辖"
《行政诉讼法》	2015年5月1日	为行政案件跨行政区划集中管辖提供了明确的政策依据和法律依据

二、行政案件异地管辖制度实践困局的形成

以法治促善治,是立法的原旨和初衷。但是,过于完美的世界犹如镜花水月,理想和现实总是存在一定的差距。虽然,行政案件异地管辖改革尝试的价值追求毋庸置疑,也在相当程度上取得了明显成效和局部成功。但是,有关这一模式的质疑与否定也从来就没有停止过。行政案件异地管辖在媒体的渲染和学者的鼓噪之下,没有湮没在溢美之词的绚烂之中,也无力成为解决行政审判各种问题的法宝。随着这项改革的持续施行,制度本身所暴露出来的弊端也日趋明显,立足于维护司法公正的改革努力在运作实践中甚至步入了异化困局。

首先,行政案件异地管辖逐渐演变为管辖异地之间的利益互惠。行政案件异地管辖制度的确立,其主要功能即在于保证行政诉讼过程的公正性和行政裁判结

果的可接受性。作为一项改革探索和制度尝试,这一举措力图在确保行政诉讼两审终审的审判体制不变的前提之下,寻求一种较为公正的制约行政权的管辖途径,无疑是符合中央司法改革基本方向的。现行《行政诉讼法》第18条关于法院跨区管辖行政案件的规定,也试图吸收司法实践中的有益做法,从立法层面推动行政案件司法辖区和行政辖区的有限分离。

但是,由于法律及司法解释并没有对异地管辖、集中管辖的具体操作方法作出明确规定,使得异地管辖的地方实践运作颇为复杂和混乱。例如,在河南,按照《河南省高级人民法院关于行政案件异地管辖问题的规定(试行)》及其补充规定的要求,河南把以县政府和市政府为被告的案件以及环保类案件,采用"结对"和"推磨"相结合的方式交由相邻县市的基层人民法院与中级人民法院立案审理。在甘肃则是根据《行政案件异地管辖暂行办法》和《全省中级人民法院行政案件异地管辖分工方案》规定,全面实行行政案件异地管辖,并由兰州铁路运输两级人民法院跨行政区划集中管辖部分行政案件。①

从现有试点来看,无论是浙江台州还是河南、甘肃,行政案件异地管辖基本限于中级人民法院之下的基层人民法院之间,即按照行政区划,发生在地级市范围以内。这种相对固定"一刀切"式的异地管辖分工方案,尽管可以有效避免人们对法院选择性地移送管辖所造成的猜疑,各法院也普遍建立了"干预案件"登记报备制度。但是,随着时间推移及实践探索的深入,由于工作需要和地缘关系的原因,地方党委政府仍然可以利用政策空间和策略性智慧左右案件的裁判结果,新的政府干预和地方保护几乎不可避免,从而逐渐形成地方政府间的相互支持和利益互惠。

---

① 2014年5月20日,河南省高级人民法院印发了《关于行政案件异地管辖问题的规定(试行)》。该规定明确三类案件实行异地管辖:一是以县级人民政府为被告的案件,除依法应当由中级人民法院管辖的以外,由被告所在地之外的基层人民法院管辖。二是中级人民法院管辖的以同级人民政府为被告的案件,由被告所在地之外的中级人民法院管辖。三是环境保护行政案件。2015年4月27日,河南省高级人民法院通过《关于行政案件异地管辖的补充规定》。该补充规定在2014年出台的试行规定基础上,对行政案件异地管辖制度进一步深化。主要内容如下:一是调整全省中级人民法院异地管辖分工,18个中级人民法院分成6组,实行推磨方式管辖,其中平顶山、许昌、漯河为一组,平顶山市中级人民法院管辖许昌市政府为被告的一审行政案件,许昌市中级人民法院管辖漯河市政府为被告的一审行政案件,漯河市中级人民法院管辖平顶山市政府为被告的一审行政案件;二是对基层人民法院管辖的所有行政案件实行异地管辖,省直行政机关和省辖市市直行政机关作被告的案件除外。参见冀天福:《打破"主客场"　摒弃"小算盘"——河南法院行政案件异地管辖工作记事》,载《人民法院报》2015年9月6日,第1版。在甘肃也已经形成绝大多一审行政诉讼案件由被告所在地意外法院审理的格局。参见潘静:《甘肃行政案异地管辖率84.8%》,载《人民法院报》2015年11月29日,第1版。

换言之，最高人民法院在《关于认真贯彻执行〈关于行政案件管辖若干问题的规定〉的通知》中明确的"防止法院之间固定对应管辖"具体要求，实际上并没有得以严格遵循。由此，行政案件"异地管辖减少地方干扰的本意被地域性的不正当交易所打破，使之成为徒有虚名"。①

其次，行政案件异地管辖实则有悖"两便原则"的法律设计初衷。按照法律规定，便于当事人进行诉讼，便于法院正确、公正、有效地行使审判权的"两便原则"是行政诉讼确定管辖的一个重要依据。但是，无论是河南省法院系统的"转圈推磨"还是贵州省法院系统的"循环交叉"管辖制度，都难以实现管辖确定的"两便原则"。

第一，行政案件异地管辖提高了当事人诉讼成本。作为原告的当事人只能被动接受指定的异地管辖，而不能自行选择管辖法院，与原有管辖模式相比必然会增加原告在起诉、质证、应诉等方面的困难，而且行政案件原告付出的物质成本，尤其是交通费和住宿费等也会大大增加。同时，作为被告的政府机关在应诉、协调中的诉讼成本也相应有所增加，管辖制度中的"便民原则"在一定程度上被削弱。尽管比起路途遥远，不公正审判更让民众担心，而且"多年的审判实践表明，异地审理是受欢迎的"。② 但是，并非每个当事人都愿意接受诉讼成本的增加。

第二，行政案件异地管辖有违诉讼证据制度的基本原理。行政案件管辖制度的确定必须考量诉讼证据制度的基本原理。一般而言，证据距离越近，越容易查明和发现事实真相，这也是"原告就被告"的原则得以确立的基本原因。行政案件异地管辖会使法院远离行政诉讼证据的形成地或所在地，给案件的事实认定增加难以预见的障碍。

第三，行政案件异地管辖增加了法院取证执行的难度。在行政诉讼中，由于行政机关自身形象的维护和对被告地位的本能排斥，行政机关很少主动提交不利于自己的证据，也很少主动配合法院的执行。尽管现行《行政诉讼法》考虑到这种情形，并规定了相应的执行措施，但是行政案件异地管辖依然会增加不少抗拒裁判的可能性，法院公信力也随之降低。

第四，行政案件异地管辖改革可能让当事人重回原点。行政案件异地管辖的范围仅限于中级人民法院以下的两个层级。这也就意味着，虽然实现了区（县）一

---

① 内蒙古高级人民法院行政庭：《内蒙古行政案件交叉审理新情况》，载《中国审判》2009年第5期。

② 吴尚伟、柴国权：《行政案件指定异地管辖中存在的几个问题》，载《人民司法》2007年第2期。

审法院之间的异地管辖，但二审依然是在本市的中级人民法院，地方不当干预的潜在影响依然难以杜绝。这样的"曲线救国"设计方案不能有效根除行政诉讼的体制障碍，与其说是一种改革创新，不如说是一种阶段性的进步，与实现行政区划和司法管辖的分离预期相距遥远。

最后，行政案件异地管辖逐步诱致相关制度衔接难题。从实践来看，行政案件异地管辖与相关制度之间协调机制不顺畅的问题较为突出，致使带有群体性和敏感性的案件频繁出现个案协调、层层协调，大量引发协调审判管辖问题，部分案件协调难度很大，增加了诉讼成本，浪费了时间精力，也影响了案件的诉讼进程。

第一，异地管辖法院之间的无缝衔接机制缺乏。行政案件异地管辖模式的推行，并不能保证每个当事人都知道这一制度的实施，更无法确保每个当事人都可以正确行使自己的权利。在当事人仍向本地法院起诉的前提下，异地管辖法院之间的案卷衔接以及其他涉及异地取证、质证和执行等方方面面的因素，都需要统筹安排协调，并且需要建立相应的制度来保障这种异地管辖的良好衔接、无缝隙配合。但是，作为异地管辖直接规范依据的则是各省高级人民法院的粗略文本，相关法院之间的沟通配合与制度衔接更多是靠"好事多磨"，给公正司法带来许多困难。

第二，行政案件异地管辖与属地信访化解纠纷机制脱节。信访是具有鲜明中国特色的政府职能，信访制度是纠纷解决和民意表达的特殊机制。[①] "诉访不分"是阻碍涉法涉诉信访法治化的关键性问题。现行《信访条例》总则中将多年来实行"分级负责、归口管理"的信访工作，修改为"属地管理、分级负责，谁主管、谁负责"，强调了信访事项属地管理的优先原则，明确了地方各级政府在处理跨地信访和越级信访时的主导作用。在实行立案登记制和异地管辖之后，涉诉信访问题有所减少，信访稳控压力也得以转移。但是，由于异地管辖法院与信访人所在地的党委政府不在同一县(市)，协调难度加大，有些异地管辖的案件信访压力依然较大，信访甚至恶意信访苗头突出，审理中当事人以信访向法院施加压力的情况还比较普遍。行政诉讼中的信访问题，大多源自官民矛盾，在没有地方政府、职能部门协同配合的情况下，仅凭法院一己之力，无法从根本上解决实质问题。

第三，行政案件异地管辖规定缺乏严格的法律依据。尽管行政案件异地管辖有指定管辖的制度支撑，现行《行政诉讼法》第 18 条"高级人民法院可以根据审判工作的实际情况，确定若干人民法院跨行政区域管辖行政案件"的规定，也可以视

① 参见陈丰:《信访制度变迁:从路径依赖到路径创新》，载《江海学刊》2010 年第 2 期。

为对异地审判管辖问题提供了条文依据。而且从形式上看,推行行政案件异地管辖模式改革,并没有超出上述法律规定的范围,符合党的十八届三中全会关于"探索建立与行政区划适当分离的司法管辖制度",以及党的十八届四中全会提出的"完善行政诉讼体制机制,合理调整行政诉讼案件管辖制度"司法改革精神。但是,这种技术性变革举措的"自发性、分散性、随意性较为明显,缺少必要的价值目标指引和整体规划设计,从宏观审视呈现出零打碎敲、杂乱无章的态势"。① 行政案件异地管辖的具体执行,依然需要靠各高级人民法院规定的实施方案,在被诉行政机关提出管辖权异议的情况下,很难给予有说服力的解释。因此,有必要对异地管辖的启动程序、所采用的方式和形式、异地管辖运作的途径和案件移送等方面的问题作出统一规定。

三、行政案件异地管辖困境的技术性突围路径

诉讼公正与诉权保障是现代行政诉讼制度的基本价值取向。行政诉讼是司法公正水平的最直接的体现,行政诉讼管辖制度的改进是实现行政诉讼公正最主要的技术手段。行政案件异地管辖试点的出现和盛行,无疑在司法改革的洪流中产生了极大的价值冲击,也为其他地方法院行政审判提供了走出地方干预藩篱的可复制示范样本,对于防止和排除不当行政干预,促进提升司法公信力,保护行政相对人诉权,有效保持行政法官队伍的稳定都具有积极意义,值得充分肯定。但是,行政案件异地管辖的制度创新和实践努力本身就充满了纠结与悖论,从行政案件集中管辖的确立、实施到跨行政区域法院的设立,这一制度设计立足于公正审判的价值取向,而在一定程度上也放弃了更准确、更便利认定事实的制度追求。良法才能善治。对于行政案件异地管辖的制度"瓶颈"与实践困境,必须认真分析、理性评价,着手进行探索性改革。改革方案的选择既要考虑有效性,也要考虑可行性;既要有远景规划,也要有近期目标。

首先,规范行政案件异地管辖的适用条件和启动方式。现行的行政案件异地管辖改革从初创开始就是由基层自发产生的,必然受制于现行法律的相关规定,无法展开拳脚;即使有所"突破",也只能"打擦边球"。因此,对这一举措的完善必须从最基础的内容开始。

---

① 夏锦文:《当代中国的司法改革:成就、问题与出路——以人民法院为中心的分析》,载《中国法学》2010 年第 1 期。

第一,严格规范行政案件异地管辖的适用条件。当下,地方权力错综复杂,司法体制不得不纠缠于各种干扰束缚之中,独立性无法保证。为较好解决司法地方化、行政化的问题,行政案件异地管辖的模式获得了探索试行的契机。但是,在现有司法体制下,这并不意味着所有初审行政案件都必须实行异地管辖。事实上,行政案件异地管辖也并不能彻底改变行政机关对司法机关干预和障碍的潜在风险。若将部分争议相对简单、诉讼标的额较小的行政案件也按照异地管辖模式做"一刀切"处理,势必会浪费司法资源,增加当事人的诉讼负担,与"两便"原则背道而驰。换言之,行政案件异地管辖有必要坚守一定的适用标准,应当限定在那些确实或可能对公正司法产生影响的情形,如部分政府领导参与涉案人数较多的拆迁决策等情况,行政案件涉及这种特殊当事人时,才构成异地管辖的理由。我国新《行政诉讼法》及《管辖规定》中的初步规定,已经为解决异地管辖问题提供了制度资源。可以在现有制度基础上改进、完善,实现对异地管辖制度的系统性构建。

第二,赋予原告行政案件异地管辖的选择权。如上所述,司法权过分依附行政权,是法院与外部机构关系不独立的根源。因此,改革地域管辖制度的关键在于摒弃"原告就被告"的一般管辖原则。20 多年的审判实践也一再证明,"原告就被告"原则已成为了制约我国行政诉讼法发展的"瓶颈"与障碍。同时,行政案件异地管辖制度改革,也应当最大限度地将行政争议化解在基层,基层人民法院和中级人民法院是异地管辖关注的重点所在。① 基于此,应当确立原被告辖区相异适用"被告就原告"的原则,不仅有助于改变原被告双方当事人的地位失衡状态,也可以阻断行政主体与司法机关之间的密切关联,消解地方保护主义,符合保护相对人诉权的制度立意;而原被告辖区相同的,则建议借鉴美国的"择地起诉"和"异籍管辖"制度,赋予原告管辖法院选择权。② 原告有权根据自身及案件的具体情况权衡利弊后,选择最有利于自己的法院进行起诉,不但符合"便民原则"的立法初衷,体现"以民为本"的治国方略,也有利于改变传统的行政审判格局,弱化行政机关的权力扩张,有效排除法院在审理行政案件时所招致的潜在风险和外来压力,进而促进行政机关依法行政,维护司法公正。

其次,建立完善行政案件异地管辖制度相关衔接机制。司法审判因独立而公正,因公正而权威。人民法院依法独立审判不受外界干扰,是公正司法的基本前

---

① 参见伊立:《对行政诉讼管辖制度现实问题及重构途径的思考》,载《山东审判》2007 年第 4 期。

② 参见潘丽军:《对行政诉讼一般管辖制度的反思》,载《湖北行政学院学报》2007 年第 1 期。

提。行政案件的独立审判也需要健全的相关配套衔接制度予以有力的外围支撑。

第一,建立完善异地管辖法院之间的协助救助机制。尽管实践中的异地管辖只在相邻的基层法院之间实行,除非特别偏远或者交通不便地区,原被告的额外支出或者微不足道,但毕竟也给当事人带来了不便和负担。因此,在现行异地管辖情况下,为减少畏难、畏诉心理,应当加大司法救助政策支持力度,对残疾人和存在其他困难的群众视法院的判决结果,实行缓交或者减免诉讼费用的特殊扶助。在诉讼程序方面,对于市区法院之间的异地管辖案件,除自行起诉之外,可以由当事人所在地法院代为办理立案、受理以及应诉等程序性事项,切实减少当事人的讼累。

第二,健全改革行政机关执法人员责任追究机制。"异地管辖改革的基本理念是'法官应当在没有压力下裁判',即司法公信力应当是法官在没有压力下裁判的结果,而法官也只有在不考虑内外部压力下所作出的裁判,才会具有司法公信力。"[①]因此,行政诉讼中有效排除地方干预至关重要。但是,一个不可否认的客观现实是,行政审判实践中的地方干预始终如影相随,以致行政诉讼难以成为一种法治常态。少数强势行政机关动辄以服从地方化的"大局观"为由,错误地认为"让行政机关胜诉是支持,让行政机关败诉是添乱",对人民法院的依法审理横加指责和非法干预,甚至出现了判决撤销违法行政行为而不能及时纠正、判决履行法定职责而拒不履行、判决给予行政赔偿而拒不赔偿等现象,以致人民法院的一纸判决往往形成"官了而民不了"的恶性循环。在行政审判中,地方行政干预之所以难以摆脱,与各地大力推行的行政执法责任制不无关系。在行政机关的执法责任追究制度设计中,不以执法人员的主观过错为标准,而是以是否被申请复议或者被起诉为考核评价选项或处分标准。执法人员出于趋利避害的本能反应,往往穷其所能干预法院的独立裁判。因此,全面清理、修订执法过错责任追究制度,改革创新执法纠错问责标准势在必行。

第三,营造良好的行政案件异地管辖的外围司法环境。"司法制度的变革不仅涉及司法制度本身,而且涉及与整个司法制度运行相关联的制度的衔接。"[②]因此,"司法改革必须打包,单项推进会致结构失衡"。[③] 行政案件异地管辖制度改革作为法院内部推行的一项改革,本身就难以得到地方各级政府的配合和支持。而在

---

① 浙江省高级人民法院课题组:《行政案件管辖问题研究》,载《法治研究》2007 年第 2 期。

② 杨建军:《司法改革的理论论争及其启迪》,载《中国法学》2015 年第 2 期。

③ 傅郁林:《单项推进会导致制度结构失衡》,载《新京报》2012 年 7 月 2 日,第 A04 版。

行政审判实践中,“法院的行政诉讼受案范围与信访案件之间存在‘非常可观的重叠’”,[①]导致一方面,相当多原本可以通过也应当通过行政诉讼解决的行政纠纷仍然大量涌向上级党委、人大和政府机关;另一方面,涉诉信访稳定的政治压力也让人民法院已经不堪重负。事实上,按照中共中央办公厅、国务院办公厅《关于依法处理涉法涉诉信访问题的意见》的要求,“诉访分离”是一个基本的原则。一些问题由行政机关处理更妥当(如房屋征收与补偿案件、劳动行政争议案件),人民法院的裁判也无力完满解决所有的纠纷。因此,严格实行诉访分离,对复杂案件、群体性案件、涉法信访案件、政策性强等类型异地管辖案件建立与市(县)委、人大、政府的协调沟通机制,主动自觉地接受党委领导和人大监督,争取政府支持,营造良好的外围环境显得尤为重要。

最后,注重全民法治意识的提升和审判体制机制的创新。当前,司法体制改革已进入深水区,已经成为我国政治改革的重要内容。事实上,“法律一开始就明显不仅仅是法律问题,而同时也是政治问题、社会问题、历史问题和文化问题”。[②] 只有将管辖制度改革纳入司法体制变革的框架之内,管辖制度改革才具有持续性和生命力。当然,这样的制度重构以及体制格局的重大变化不可能一蹴而就,需要一个循序渐进的发展过程。

第一,行政案件异地管辖要注重培养法治意识的点滴培养。理念是行为的先导。以案件异地管辖制度排除地方干预,让行政审判回归本然,只是解决诉讼审判难的第一步。行政案件异地管辖推行以来,各地普遍出现了新情况、新问题。面对行政审判工作的新形势、新要求,行政案件异地管辖的模式变革在应对措施和应对方式方面还存在较大差距。行政案件异地管辖对司法公正的促进,还需要全社会的团结协作和共同努力。公正司法的不当干预,其实质是人民法院依法独立的地位尚未得到真正尊重。因此,在现状没有根本性的改观之前,最大程度地排除地方干预,确保司法公正,需要从关键人群抓起,增强全民法治观念,让法治成为一种信仰和习惯。这既需要司法队伍坚守司法底线,敢于对外部干扰“说不”,也需要全社会能够注重遵纪守法的点滴养成,增强厉行法治积极性和主动性,形成守法光荣、违法可耻的社会氛围和司法环境,使全体人民都成为社会主义法治忠实崇尚者、自

---

① 江必新:《中国行政审判体制改革研究——兼论我国行政法院体系构建的基础、依据及构想》,载《行政法学研究》2013年第4期。

② 梁治平编:《法律的文化解释》,生活·读书·新知三联书店1994年版,第6页。

党遵守者、坚定捍卫者,彻底革除影响法官依法独立审判的各种沉疴痼疾。

第二,行政案件异地管辖困境突围的理想模式是行政法院系统的设立。实践证明,司法制度的深层次改革不可能是既有体制框架下的"技术性改革",而需要在政治改革共识中争取改革的支撑和力量。甚至"行政诉讼法实施中面临的根本就不是技术问题,而是战略问题"。[①] 行政案件异地管辖的改革探索,实质上无非是现行司法体制内进行局部微调的权宜之计,充其量只是增多了不当干预的层级环节,提高了不当干预的经济成本,有着明显的局限性,不仅容易管辖固化形成新的干预,在实质上也并未触及影响审判权独立运行的根本性问题。[②] 也就是说,"这种屈服于行政干预的鸵鸟政策无法从根本上摆脱当前行政诉讼的困境"。[③] 破解行政案件异地管辖的现实困境,还需在司法体制层面作进一步突破与创新,在制度上给法院独立审判以更大的保障。笔者认为:"司法地方化、司法行政化分别是导致审判不独立的外因和内因。"[④]摆脱行政案件异地管辖的现实困境,根本无法从法院内部的变革实现,更无法通过管辖制度的改革来实现,单纯的管辖制度改革也不可能承受实现司法独立的重任。不过,司法是一种实践理性。行政案件异地管辖的模式探索与行政审判体制改革的主要内容具有高度的相通性,对以后的行政审判体制改革具有很好的借鉴意义,也为我国行政法院的建立积累了有益的经验。从法治传统和世界经验来看,切实破除行政管理区划和司法管辖区一一对应的关系,仿效"行政法母国"的法国设立行政法院系统是比较稳妥可行的选择方案。

用发展新理念引领行政诉讼现代化,是一场深刻的反思性和回应性变革。"党的十八届三中全会在对'建设法治中国'做出整体部署的同时,也对深化司法体制改革提出了新的要求,从而启动了新一轮司法体制改革。"[⑤]行政案件异地管辖模式的传承和创新仅仅是审判体制内的修修补补。在这一模式探索风雨前行的15年间,充满了奋斗的艰辛,也记录下岁月的荣光。在"全面深化改革"和"全面推进依法治国"的新起点上,"体制改革是使司法走上正轨的必由之路"。[⑥] 面对接踵而

---

① 包万超:《行政诉讼法的实施状况与改革思考——基于〈中国法律年鉴〉(1991~2011)的分析》,载《中国行政管理》2013年第4期。

② 参见顾培东:《从经济改革到司法改革》,法律出版社2003年版,第23页。

③ 章志远:《行政案件异地管辖热的冷思考》,载《中州学刊》2008年第2期。

④ 解志勇:《行政法院:行政诉讼困境的破局之策》,载《政法论坛》2014年第1期。

⑤ 马长山:《新一轮司法改革的可能与限度》,载《政法论坛》2015年第5期。

⑥ 张明楷:《刑事司法改革的断片思考》,载《现代法学》2014年第2期。

至的挑战和稍纵即逝的机遇，尤其需要广聚社会共识，崇仰法治精神，及时回应人民群众关切，以求真务实的态度审慎判断、深刻反思、客观评价这一治标之策的试错探索与未来空间。在现代司法理念的指导下，对照制度改革的价值目标，对实践和理论误区予以逐步矫正，“确立以问题为导向的改革方法论”[①]和科学的行政诉讼管辖制度，真正做到“法无授权不可为，法定职责必须为”，让人民群众真正能够在每一个行政案件中产生更多“获得感”，我们就离法治社会、和谐社会越来越近！

① 谢勇、王锐：《从审判方式改革到全面司法改革——关于深化司法改革的若干思考》，载《湘潭大学学报》2015 年第 1 期。

检视司法网络舆情应对:主体、路径与理念的改良

——以“雷洋事件”为切入

黄鹏程*

2016年5月7日20时许,北京昌平警方在上级统一部署下前往涉事足疗店侦查卖淫嫖娼事件。当晚21时许,北京市民雷洋因涉嫌嫖娼被采取强制措施,后与警方发生冲突。当晚22时许,雷洋因身体不适被送医院后死亡。5月8日1时许,雷洋家属被告知死亡因由并见到尸体。5月9日下午,网友在知乎网发文《刚为人父的人大硕士,为何一小时内离奇死亡》一文,引发广泛的关注和热议,并迅速成为网上、网下舆论关注的焦点。

“雷洋事件”之所以备受瞩目,至少兼具以下几个特性促使事件的舆情持续升温:(1)地域特殊性,发生在普遍公认执法规范化程度较高的首都地区,具有典型的示范意义。(2)事实争议性,案件发生后出现了“罗生门”式争议,警方、媒体、网民乃至死者家属之间各执一词,引发公众“迷案探究式”的关注热情。(3)议题娱乐性,虽然案件本身具有悲情色彩,然而事件爆发前期即附着抓人眼球的娱乐化标签,由于抓取了当事人的特殊身份以及事件本身所具有的刺激性词句,如“人大硕士”与“卖淫嫖娼”“警察执法”与“不正当死亡”等,继而引发公众的“围观”。(4)角色可代入性,雷洋从一个“农村娃”,通过艰辛求学和努力工作最终融入大都市娶妻生子的求学生活经历,与线上线下推动舆情升温的活跃分子经历类似,如雷洋的部分校友、媒体记者等,使这部分族群容易在同情和悲悯情绪的驱使下产生一定的“移情效应”,加剧他们对公共安全和暴力执法的恐慌。(5)媒体互动性,作为自媒体与传统媒体协作配合的典型案件,该事件遵循了“自媒体引发—传统媒体追

* 福建省莆田市人民检察院助理检察员、福建省莆田市法学会理事。

踪报道—推动自媒体升温—传统媒体深入调查”的交互推动模式,双方的有序推动提升了事件的影响广度和深度。(6)案件同比性,同时期太平洋彼岸的美国也连续发生多起疑似警察执法不当致人死亡案件,引发了学者和公众关于两种司法程序应对上的对比思考。

基于职能定位的趋同以及司法业务的衔接,尽管该案发生在公安执法机关,却足以使整个政法群体借鉴和反思。因此,从司法舆情应对的技术层面出发,检视司法机关在这场关于真相探寻、公正追查以及舆论争夺“零和博弈”中所暴露出来的问题并加以改良,具有紧迫而现实的意义。

一、事件回顾:技术性检视“雷洋事件”的舆论应对

回溯时间轴,5 月 9 日下午,知乎网发布话题争议性极大的网文①后,涉事警方北京市公安局昌平分局当晚即于官方微博“@ 平安昌平”上发布第 1 份通报。② 经过次日一天的舆情发酵引发各大媒体关注追问后,“@ 平安昌平”于 5 月 11 日凌晨又发出第 2 份通报。说明涉事警方对舆情事件的收集和应对较为重视,能够针对网络议题重点进行有序跟进和调整。但此后,昌平警方再未发布任何辩解或者后

① 参见《刚为人父的人大硕士,为何一小时内离奇死亡》,载凯迪社区网:http://club. kdnet. net/dispbbs. asp? boardid = 1&id = 11612391,最后访问日期:2016 年 6 月 30 日。

② 通报内容为:5 月 7 日 20 时许,昌平警方接群众举报称:位于昌平区霍营街道某小区一家足疗店内存在卖淫嫖娼问题,接警后,警方依法迅速开展查处工作。当晚在该足疗店查获得涉嫌卖淫嫖娼人员 6 名。其间,民警在将涉嫌嫖娼的男子雷某带回审查时,该人抗拒执法并企图逃跑,警方依法对该人采取了强制约束措施。在将该人带回公安机关审查过程中,该人突然身体不适,警方立即将其送往医院,后经医院抢救无效死亡。昌平公安分局已经此情况通报检察机关,昌平区人民检察院已介入并开展侦查监督工作。目前,此次抓获的 5 人因涉嫌协助组织卖淫罪被昌平警方依法采取强制措施,警方仍在进一步工作中。参见 http://weibo. com/changpingpingan? from = feed&loc = at&nick = 平安昌平 &is_hot = 1,最后访问日期:2016 年 6 月 30 日。

续事件的通报。[1]

（一）用词不严谨引发信任危机

在媒体舆论“放大镜”的透视下，公开通报中任何的语焉不详或用词不严谨，都容易引发公众对司法机关固有傲慢形象的本能反感以及“阴谋论断”的恶意揣测，即非如此，也至少说明通报是“对公众不够负责任的”，或者“对网民是不够诚意的”。例如，警方第2份通报中所称的“雷某将所持视频拍摄设备打落摔坏”，因执法记录仪是警方的常配设备，容易让人联想是“执法记录仪被打落摔坏”，甚至官方媒体也是如此。[2] 在一些新闻追踪报告显示除非警方采购上出问题，否则执法记录仪并不容易损坏的情况下，警方才纠正摄影设备是手机。也正是由于现场使用手机而非执法记录仪，并不符合执法的一般规范，导致了通报中的含糊其辞。

（二）引导不恰当加深公众质疑

其后的通报和采访中，警方一再强调当事人被带走的缘由是涉嫌嫖娼，似乎是在利用其执法目的正当性为其执法行为的合法性背书。固然，若存在通报中所称当事人在警方表明身份后仍暴力抗拒执法，警方对其采取必要强制性措施理所应当。但是，也许是警方在刻意回避重点，又或许是被前段舆论浪潮搞混了方向，实际上，雷洋事件始终应当聚焦在是否是警方的不当执法导致当事人死亡这一关键

---

① 后续事件轴：5月10日，央视新闻频道以《家属：要求公开执法记录仪视频》为题进行专题报道，雷洋妻子首次接受采访称“不考虑丈夫是否嫖了娼，只在意警方执法是否有问题”；5月11日，《人民日报》独家采访现场执法的带队民警；5月11日，北京卫视采访涉案的“足疗女”，视频中“足疗女承认了与雷洋进行交易的事实”。5月11日1时44分，“@平安昌平”再发通报，主要内容是，民警发现雷某从该足疗店离开，立即跟进，亮明身份对其盘查。雷某试图逃跑，在激烈反抗中咬伤民警，并将民警所持视频拍摄设备打落摔坏，后被控制带上车。行驶中，雷某突然挣脱看管，从车后座窜至前排副驾驶位置，踢踹驾驶员迫使停车，打开车门逃跑，再次被控制。因雷某激烈反抗，为防止其再次逃脱，民警依法给其戴上手铐。在雷某带回审查途中，发现雷某身份不适送医，后经抢救无效死亡；5月17日，雷洋家属向北京市检察院递交刑事报案书；5月19日，“北京检察”微博称已将报案材料移交昌平区检察院审查处理；北京市公安局回应绝不护短；6月1日，北京市检察院第四分院依法决定对涉事民警刑某某等5人立案侦查；6月30日，尸体检验结果显示，雷洋系胃内容物吸入呼吸道致窒息死亡，检察机关已报请对刑某某等2人执行逮捕。参见 http://mt. sohu. com/20160608/n453620842. shtml，最后访问日期：2016年6月30日。

② 参见《北京通报抓嫖命案：雷某付200嫖资执法记录仪摔坏了》，载光明网：http://legal. gmw. cn/2016～05/11/content_20048775. htm，最后访问日期：2016年6月30日。

点上,这是死者家属愤怒的起点,[①]也是公众质疑的焦点,更是媒体关注的热点。[②]嫖娼事件不过是事件发生的缘由,即使嫖娼不成立,最多只是一时失察。警方"顾左右而言他"的舆论应对手段,不仅让人产生对其职业素养的质疑,也间接暴露出警方在执法过程中的确存在合法性上的"软肋",才不得不采取这种混淆重点的做法。

(三)焦点不明确导致决策失误

由于涉事警方在第2份通报结尾言辞凿凿,提出将由第三方在检察机关监督下进行尸检,似乎具有十足的把握。[③] 最终该时期声援警方的政法单位、网络志愿者都集中在平息公众情绪,引导公众静待检察机关启动法律监督程序上,试图通过第三方鉴定来一锤定音。但是随着鉴定结论的最终出台,检察机关认定显示警方在对当事人采取强制措施时采取了不当执法行为。回溯公安机关前期舆论应对,或许是试图通过"缓兵之计",暂时平息舆情矛盾,或许实际上是内部协调存在问题,涉事民警与舆论引导机构存在信息不对称,总之,前期引导对策的失误,不仅导致涉事警方及其他声援司法机关、热心的网络志愿者错失引导时机,而且直接导致当事人向检察机关提出法律监督申请,要求追究涉事民警刑事责任,导致结果越发不可收拾。

(四)执法不规范致使进退失据

虚拟网络与现实生活的高度融合,网络舆情的存在其实就是现实诉求的虚拟化反映。在公众的关注下,作为司法机关,在遭遇被执法对象非正常死亡事件时,基于可能引发信访维稳的压力以及保护干警的需要,慎重考虑网络舆情的应对词句本是正常,但这些绝不能以故意混淆事实真相为手段。在如此重大的舆情关注下,北京检察机关经过初查认定涉事民警执法中存在不当行为,且事后有妨碍侦查的行为,虽尚未经审判机关最终认定是否构成犯罪,但其确实存在执法不规范行为的情况是显而易见的,同样也反证了昌平警方在前期舆情应对中的种种失误。事

① 雷洋妻子首次接受采访称"不考虑丈夫是否嫖了娼,只在意警方执法是否有问题",选自《家属:要求公开执法记录仪视频》,载财经网:http://politics.caijing.com.cn/20160510/4117486.shtml,最后访问日期:2016年6月30日。

② 新华社评论:"即便一个人私德不检,哪怕是犯罪嫌疑人,其基本的人身权利和生命安全也应受到保护,不能不明不白死去。"摘自《雷洋事件:权威发布不能落在舆情后面》,载荆楚网:http://news.cnhubei.com/xw/gn/201605/t3619820.shtml?t=n3=599,最后访问日期:2016年6月30日。

③ 第2份通报表明,为进一步查明雷某死亡原因,征得家属同意后,将依法委托第三方在检察机关监督下进行尸检。

实真相是舆情应对的基础,离开事实真相,空谈网络舆情控制只是无源之水,也是徒劳无功的。

二、问题梳理:网络舆情现状的考察与归类

(一)自媒体时代舆情特性归纳

1. 参与主体的平民化。自媒体对参与的主体没有任何门槛要求,不管从事何种职业,具有何种文化水平,只要具备一定的手机操作水平,都可以自由地发布即时信息,并通过所在组群进行"蒲公英状"传播。①

2. 舆情信息的散点化。由于传播成本的低廉,自媒体的使用族群呈现出爆炸式的发展。在海量的舆情信息中,更加难以预估和判断一些关键舆情的走向和后果,带来舆情预防上的难度。

3. 信息内容的碎片化。由于自媒体的发布带有比较强烈的个人属性和价值判断,使舆情信息相对片面。在传播过程中,为了强化对抗情绪,可能被推波助澜者片面选取其中某些要素,以标签化的描述进行以偏概全。②

4. 传播方式的即时化。随着手机网络、媒介融合的普及,自媒体用户已经可以实现随时在线。舆情处理的黄金时长被缩减,从传统媒体时代的24小时,到网络时代的4~6小时,再到自媒体的1个小时。

5. 舆情后果的不可控化。基于舆情传播速度和方式的不可控,容易导致舆情后果的不可预期,一些网络话题后劲不足,容易被新的话题所覆盖。而一些网络话题具有强劲的生命力,后果难以预知。③

(二)深层次原因甄别与分析

1. 网络传播的自身局限。相对于传统媒体,碎片化、散点式的自媒体网络信息传播并不过于重视信息内容,缺乏理性的论证和正当程序的保障。"社会公众通常运用自身对正义的道德直觉和相当有限的法律知识,对片段、孤立的案件和事实信息进行评价,因此很难避免结论的非理性。"④网络信息的快餐化使得公众难以接

---

① 《中国互联网发展状况统计报告》2016年1月的统计显示,截至2015年12月,中国网民规模已达6.88亿人,全年新增3951万人。其中,手机网民规模达6.20亿人,全年新增6303万人。

② 例如,"雷洋事件"中,前期舆论比较关注其"人大硕士""环保主义者""青年才俊""3岁的孩子父亲"等标签,以形成"无辜猝死""警方执法"的强烈反差,以引发人们的对立情绪,形成阴谋论猜想。

③ "雷洋事件"即是传播生命力强劲的典型事例。

④ 徐阳:《"舆情再审":司法决策的困境与出路》,载《中国法学》2012年第2期。

受对事实真相严谨枯燥、长篇累牍的真相调查,而更加偏好简单问题的结论输出和情绪发泄。而"雷洋事件"碎片化、标签式的简单过程描述,有助于网民快速理解事件过程,而刺激性的过激言论又相对容易抓住网民的情感痛点,使得同一组群、阶层或职业的网民能够以更加真实的情感体验代入中心角色,从而产生心灵上的共鸣,从而利用这种未来可能加之其身的恐惧引发舆情浪潮。

2. 幕后推手的利益驱动。在整个事件过程中,不乏一些自媒体经营者,为了吸引粉丝关注以赚取广告费等经济利益,炮制一定的具有强烈对立情绪以及阴谋论断的话题以博人眼球。当然,只要这些话题制造者所炮制出来的话题具备一定的刑法规定的犯罪构成要件,即可能构成刑事犯罪,反而相对容易打击。[①] 但是,还有其他推手的行为则相对比较隐蔽,通常借以"真相调查"名义,抓住真实事件的标签化特点或一些模棱两可的关键词句大做文章,通过与国外其他似是而非却具有极大误差性的司法案例悬殊对比,加以意见倾向较为激烈的评论性改造,甚至以阴谋论断统合全文。而这却在实际上加深了公众对司法的误解,加大了公众对司法公正的离心力。这也是"雷洋事件"在处置过程中,司法机关需要澄清的主要内容。

3. 舆情应对的应激机制。"当下刑事司法现状总体上不太令人乐观,公众认为刑事司法不透明,无法有效地做到真正的公开、公正、公平,再加上法学精英阶层对刑事司法的反思和质疑,刑事司法俨然成为法治建设中的短板。"[②]加之当前司法机关内部对于舆情事件的处置存在一种"个人承包责任式"评价倾向,一旦发生重大舆情,便容易对涉事当事人采取相对过激的手段,以获取舆情平息和对刑事诉讼制度的和解。然而,这样不仅无助于事件真相的查明,也使得警察群体整体陷入不可预知的恐慌之中,因为自媒体时代的每项执法行为都可能被放大成为舆情中心。"雷洋事件"执勤民警的执法过当行为固然应当承担相应刑责,但是网络舆情后果不应成为事件后果的评判标准,并成为定罪处刑的参酌标准。这种应对的过激反应,又反过来可能刺激网民推动舆情的热情,从而陷入恶性舆情应对循环。

(三)现阶段舆情应对问题总结

1. 应对理念尚未转变。传统的舆情管控,即通过对舆情传播渠道的垄断以及舆情源头即网络议题的设置,实现对传播内容的采编,使得舆情被掌握在一定的范

---

① 例如,在"雷洋事件"应对处置过程中出现的"雷洋曾参与常州外语学校土地污染调查案"以及"雷洋被电击殴打视频"等不实信息。

② 石聚航:《传媒报道渲染刑事案件的策略及其反思》,载《法商研究》2015 年第 4 期。

围之内。然而,新媒体的互联交互打破了这种信息传播的渠道垄断和技术壁垒,消息的传递达到了前所未有的便捷程度。一些司法机关却难以实现从网络管控者到参与者的身份转变,仍以管控者“高高在上”的傲慢姿态应对网络舆情,或者以行政命令强制删帖,或者用一些似是而非的回应蒙混过关。① 网络的虚拟使公众再难以容忍丝毫不够“诚意”的应对行为,这种行为本身就极易激怒公众,从而引发对这种傲慢行为本身的声讨。

2. 内部处置机制僵化。当前,各地司法机关虽然相应成立了专门的舆情收集、管控领导机制,但是基于机关内部行政化处理方式,对于舆情的收集、处置需经过一整套处理流程。有些甚至需要上报省级或国家级主管领导处理,这种做法无疑回避了行政风险,而且经过字字斟酌的回复可以保证最大限度地降低引发二次舆情的可能。但由于网络舆情应对的时长越来越短,甚至被限缩到 1 个小时之内,已经不足以支撑走完整个审批流程,可能导致错过舆情引导最佳时间,而后舆情实况千变万化,对新的舆情处置还需继续上报审批,导致舆情引导处处落后于人,给人造成司法机关应对迟缓、失语落后的印象,或被认为是一种权力傲慢以及无视社情民意的印象。

3. 网评队伍基础薄弱。一是人数占比少,根据 2016 年 1 月《中国互联网发展状况统计报告》的调查显示,2015 年的网民中,党政机关事业单位占比仅为 5.3%,而从每个机关从抽取一定比例人数成立的网评员队伍就更少了。② 二是引导能力不强。一些人本身对于一些新媒体即不够了解,新媒体技术的操作能力不强;有些人则是碍于情面,即使被选任为网评员,却过于“爱惜羽毛”,不敢在网上自由发声。三是积极性不高,大部分网评员都是额外强加的行政任务,除了承担日常宣传的转发、点评任务,对网络议题的参与度内心认可程度并不高,更有甚者从反面进行推波助澜。

4. 部门之间联动失调。行政机关内部长期以来的本位思想,也在一定程度上阻碍了网络舆情的整体应对处置。简言之,政法系统各家单位若抱着门户偏见“各扫门前雪”,就绝对无法凝聚起强大的舆论攻势。尤其是在当前网评员队伍基础薄弱的情况下,更加需要所有部门的网评员以前所未有的姿态接连在一起,借以积极应对舆情危机。除此之外,还需要真正建立起横纵双向的协作配合的联动机制,通

① “雷洋事件”始发之初,即有诸多网民反映其对相关事件的讨论遭到知乎网删帖处置。

② 学生与自由职业者在所有人群中占比最高,分别是 25.2% 和 22.1%。

过强而有力的协调部署进行统一行动。涉事中心的单位,也不能抱着"家丑不可外扬"的心态自说自话,误导其他司法机关。

三、改良思路:舆情应对力量的聚合与驱动

(一)纵向上——组织架构的整合与加强

1. 参与身份的适应。当前,我国社会正处于社会转型期和矛盾凸显期,基于社会深层次矛盾引发的舆情事件往往突发性强、处置难度大、影响面广。稍有不慎就会激化矛盾,甚至使简单问题复杂化。然而,同样应当意识到的是,舆情事件并非总是负面矛盾聚集,舆情事件的发生也是司法机关吸纳民意,改善自身执法行为的有效渠道。对事态的驾驭要及时,尽可能及早介入,及早控制事态的发展,不能因为反应迟、行动慢,使矛盾走向激化对抗。对舆情关注问题的处置要不偏不倚,即注重查明事实真相,不能过分为了平息网络舆情,而加重处置干警,以保护干警的工作积极性。对已查明的确存在执法不规范不合法行为的涉事干警,也要严格依照法律规定,充分尊重和保障其合法权益和基本人权,真正做到以公开倒逼司法公正。

2. 意见领袖的培育。网络意见领袖,[①]主要指微博微信"大 V",或者一些比较著名的公众号或知名网站的版主、名主持人和名评论员等,其在推动网络议题进程、左右议题前进方向上具有较强的引导作用。司法机关要注重挖掘自身人才优势,加强"两微一端"建设,[②]通过年轻干警培育出受众范围更加广泛的非官方色彩的意见领袖,通过在日常妥善经营管理累积人气,或者在舆情尚处萌芽初始阶段,即可凭借自身的话题敏感度,主动介入网络传播。当重大舆情危机来临时,通过意见领袖在关键议题上的评论性引导,借以左右舆论导向和聚焦重点,发挥出正能量的积极作用。

3. 网络志愿者的养成。据统计,"当前的网民中,初中、高中(中专、技校)等分

---

① 意见领袖,根据学者定义,一般具有以下几个特征:一是拥有丰富的信息资源,信息势差形成的舆论优势地位;二是话语具有思想性或评判性;三是具有较强的媒介使用能力,此外意见领袖一般处于较高的社会阶层,拥有维权、反腐、公益等共通价值框架,紧密的圈群关系以及强大的公众黏性。参见戴丽娜:《微博舆论领袖的识别方法与管理策略研究》,载搜狐传媒网:http://media. sohu. com/20121119/n357991673. shtml,最后访问日期:2016 年 6 月 30 日。

② 《2015 年互联网舆情分析报告》指出,"两微一端"已经发展成为网民了解新闻时事的第一信息源,特别是拥有月活跃用户 6.5 亿户的微信,移动智能终端月活跃用户 6.39 亿户的 QQ 成为社会舆论的新引擎。

别占比37.4%以及29.2%”。[①] 根据统一安排，各地也在尝试在中学生中开展网络志愿者活动，[②]但是一方面，中学生的心智并不成熟，社会阅历和判断能力尚浅，无法形成有引领价值的倾向意见；另一方面，年轻人在逆反心理的作用下，行政命令式推广网络志愿者活动，可能造成一定程度上的反弹。因此，应当成立以机关、企事业单位工作人员为主体的网络志愿者，以人数比占多的中学生网络志愿者队伍为补充和后备，引导和争取这一群体，避免其受到不当言论的干扰和影响。同时，也要积极利用中学生人数占比多的优势，密切追踪话题流变性，及时上报次生舆情。

（二）横向上——部门之间的联动和配合

1. 新旧媒体的互补。手机技术的革新为公众提供了摆脱报纸、电视等传统媒体的信息途径，直接导致传统媒体的消费人群大量下降，但是传统媒体多年发展所积累下的政治背景、人脉资源和品牌效应是新兴媒体所无法取代的，而且传统媒体具有更加优质的人才队伍、技术装备以及新闻宣传报道经验等等。新媒体虽然表现出蓬勃的生命力，但是最大的弊病在于网络信息的宣传质量和表现形式仍停留在较为原始的阶段。加之自媒体传播者的信息宣传动机、自身素质等因素，造成网络上新闻鱼目混珠的混乱局面。从“雷洋事件”的报道进程来看，传统媒体基于筛选加工所作出的深度报道、调查报道以及新闻评论等，有力促进了舆情事件进程的深度和广度，不仅引导舆情回归到更加理性的轨道上，而且也促使了检察监督机关的及时介入。传统媒体的优势仍存，且将在未来舆情事件发挥更加深远的影响。

2. 网下的自律与追责。一直以来，传统媒体利用其独有的观察视角，动员其强大的社会资源对许多事件真相进行深入挖掘、追踪报道及引发讨论，且具有强大的社会影响力。但是，其以营利为主的组织属性、相对业余的法律背景知识以及文学叙事的渲染手段，都难免驱使其做出带有意向偏向明显的主观臆断，反而产生更加巨大的破坏力。对于媒体的自律，要求在报道司法事件时应当更加小心谨慎，避免过分使用隐含价值判断类的文学叙事，注重使用就事论事的直述性报道。此外，由于自媒体语境下谣言传播危害性也更大，要在技术手段的支持下精准定位，及时查处网络谣言的传播者和制造者，通过犯罪惩处倒逼其他传媒机构的自律体系建设。

---

① 参见2016年1月《中国互联网发展状况统计报告》。

② 参见李立红：《中央网信办、团中央事实“青年网络文明志愿者行动”》，载《中国青年报》2015年3月3日，第1版。

"从辩证角度上看,新闻自由与新闻自律不可或缺,互相补充,缺乏自律,只能走向混乱无序,只有'自律的媒介最自由'。"①

3. 行业及个人的互动。互联网时代是一个"以人为本"的时代,更加强调人与人、行业与行业之间的尊重和互动,必须重视每个个体或行业的力量。不管是传统行业还是新兴行业,都面临着社会舆论带来的种种影响,在这种情况下,掌握舆论发展的动向就显得十分必需,其中对各行各业意见领袖的团结和把握尤为重要,包括一些知名的时评作者、版主、资深博主等。此外,可以尝试着手编制一张以舆情领导小组为核心,各行业意见领袖以及司法机关自身意见领袖为网络连接节点,人数占多的网络志愿者为丝线的舆论导引网络,辅以线上线下网警及时打击惩处谣言犯罪,传统媒体追踪深度报道,打造整体联动齐抓共管的网络舆情应对模式。

(三)规制上——奖惩机制的确立与执行

1. 临机决断的许可。由于网络舆情的流变性只在瞬间,很可能只是某个节点不被注意,即引发出次生的舆情。因此,网络舆情领导小组应当针对现场态势,在政治方向无误的情况下,及时号召网络志愿者队伍进行流言澄清和情绪安抚,不可因为审批尚未到位而坐失良机。在具体操作上,可由舆情领导小组指定 2 人为具体负责人员,精简舆情应对审批手续,由 2 人小组进行临机决断,以便及时应对可能产生的危机。针对重大的舆情事件,2 人小组应当及时上报应对和处置情况,以备审查。

2. 激励机制的确立。舆情事件作为一种负面的评价因素,问题产生的背后必然是由于某些执法上的不规范所引发的。由于许多网络意见领袖及网络志愿者都是额外参加舆情平息和引导任务,加之舆情引导的关键在于消灭舆情在萌芽状态,难以预估和衡量舆情事件可能造成的后果,造成舆情管控队伍的业绩无法衡量,重要性无法体现的问题。因此,应当以根据舆情事件的大小和可能的结果评估,建立一套相对合理的激励奖赏机制。在具体操作上,针对运营有方的"意见领袖",可尝试给予一定的物质或精神奖励,对于网络志愿者可以尝试按照日常加班工作的标准给予一定范围内的补偿。

3. 意外责任的免除。随着自媒体媒介的日益普及,网络信息传播短板日益暴露,其门槛较低、虚拟场域以及高度自由化、信息碎片化和传布去中心化的特点,深

① 梁平、张蓓蓓:《从舆论监督到新闻法治——基于当代传媒与司法的关系研究》,载《河北法学》2012年第3期。

刻影响了舆情,误导了舆论,一定程度上抵消了主流媒体宣传工作的部分效能。在舆情应对中,由于许多舆情事件后果的不可控性,必然会造成一定程度的损失。对此,应从实际情况出发,实事求是地进行科学分析,正确地对待舆情应对部门的工作失误,及时查明引发舆情矛盾的真正缘由,并采取纠偏方式挽回损失,不可过分归责某个具体个人。

四、未来面向:舆情表象之下的总结与反思

(一)线下处置——平复心态、解决矛盾

1. 处置心态的平复。"我国公共舆论对司法的影响,基本都是'舆论关注质疑—输入政治系统(领导批示)—司法机关执行'这样一个间接迂回的、'政治化'的特殊路径。"①在这种外部舆论激奋、内部要求严厉的双重高压下,许多司法机关往往会采取一些"条件反射式"的过激的手段,进而导致一些冤假错案的发生。因此,如何做到对这种"法外'政治合法性'的合理消除",②是司法机关在面临网络舆情时首先要面临的心理难关。在依法治国背景下,有权的上级机关或领导部门要真正做到信仰法律、相信法律,合理消除自己所可能造成的社会影响。司法机关也要不断健全司法民众参与和民意吸纳的良性机制,使民众通过人民监督员、人民陪审员等社情民意的规范性吸纳制度渠道,理性而有序地进入司法场域。

2. 中心矛盾的解决。网络舆情是现实矛盾的虚拟化反映,舆情监测处置的根本仍在于中心矛盾的解决。在涉法重大舆情事件发生后,应当迅速明确公众的核心诉求,立足冲突事件本身启动法律程序明确责任方,并处置违法人员。同时,及时进行经验的总结和反思,通过完善事件根源的长效处置机制。在具体处置上,在网络舆情爆发前期,应当通过线上合理引导、设置议题,平息公众舆情纷争和过激言行,线下有序进行舆情的应对和处置工作。在具体内容上,引导初期主要以问题表态为主,中期要展示具体措施,并及时通报进展,同时发动意见领袖和网络志愿者全程参与进行释法明理,通过传统媒体进行深入解读。后期再通过其他手段挽回名誉与司法公信。

---

① 马长山:《法外"政治合法性"对司法过程的影响及其消除——以"李和国案"为例》,载《法商研究》2013年第5期。

② 同上。

(二)线上升级——健全机制、更新技术

1. 测评机制的完善。信息情报是司法决策的前提基础。在当前社会矛盾凸显期间,乃至未来相当长的一段时期内,由于新媒体革命引发了传播模式的本质变化,司法机关必将不断提升对网络舆情的搜集和监管能力,以便及时、全面掌握动态舆情信息,做到防控风险、化解矛盾。党的十八届三中全会公报中明确提出"要建立健全网络舆论的引导和管理",因此,形成和制定系统的网络舆情管理机制和办法将是未来一段时期内司法舆情工作的重中之重。当前,司法系统内部尚未建设一套较为健全的舆情管理机制,也未配备相应测评舆情工作人员,职守舆情监测人员能力参差不齐,且主要依赖公安系统存在网警系统,亟须完善相应的管理机制制定及培训制度。

2. 技术手段的更新。互联网海量的信息交互,内容良莠不齐,必须依赖有效技术手段,借以加强涉法领域的网络舆情信息收集、研判和处置工作。特别是在应对突发的负面网络舆情事件时,经常因为不能全面和及时掌握舆情信息而错失应对和引导的良机。政法领域舆情信息工作兼具法律性、专业性与保密性的特点,需要一套专门的舆情监测软件系统,并建立起相关专业性词汇及内容逻辑架构等支撑,形成对特定的政法领域网络舆情信息实现定向采集、监测分析。有条件的司法机关应当逐步考虑在省、市两级配备专门的舆情监测软件系统,通过技术手段强化舆情监测能力,并以此为基础,强化司法机关内部公、检、法司等部门的联动。

(三)理念深化——养成信仰、修复公信

1. 法律信仰的再造。"真正的民主司法永远不会屈从于舆论压力,而只会向一种特殊的民意负责,即经过立法程序整合的理性公意——法律。"①网络舆情的汹涌澎湃,其本质根源仍然是关于法的信仰问题,即关于是否存在法律能够真正起到定分止争,维护正义的信心问题。涉法网络舆情,不过是涉法、涉诉信访矛盾不断的另一种表现形式,同样是试图通过引发社会关注度来倒逼司法机关帮助解决诉求的手段。法律信仰的再造及社会规矩意识的养成,是依法治国方略的根本目的所在,虽绝非一朝一夕之功,却是长远的基本国策。法律信仰再造,并非是大多数"形式化普法宣传",所形成的居高临下式的再造,首先应从掌握行政权力的执法者开始。"雷洋事件"给出的教训是,作为执法者的民警要崇法,严格规范自身司法行为;决策的领导者要尚法,相信法律可依法解决争端,不过分干预事件进程;公众要

① 徐阳:《"舆情再审":司法决策的困境与出路》,载《中国法学》2012年第2期。

信法，相信通过严格的法律制度能够真正解决诉争矛盾。

2. 司法公信的修复。司法机关原本应该是社会公正的最后一道防线，在“雷洋事件”中，司法却成了摧毁社会诚信的主要矛盾。对司法机关本能的不信任，会加剧社会公众之间的隔阂，使人与人之间的关系变得更加对立和紧张，网络舆情监督也朝向更加尖酸刻薄的阴谋论断发展。司法公信与法律信仰事实上不过是一体两面的问题，司法公信的修复不仅需要司法规范、司法公开等多种需要解决的问题，同时也与整个依法治国的大背景直接相关。或许只有等到司法公信真正建立之日，舆论监督才能发挥柔性的、体制外的、评价性的、大小不定的可能作用，回归舆论监督的本来面目。正如有论者提出，若是“有更多的渠道去表达，在人大表达，在媒体表达，在法庭上表达，当一个社会不那么过度依赖网络，不是什么都逼到到网上发个帖子、到微博上吸引关注时，也许网络才不会那么亢奋”。①

当下中国，“政治权威从神龛走向世俗，意味着政治评判有了明确的标准，即民众对政治的态度成为检验政治的主要标尺”。② 由于执政党的自身属性，民意的吸纳和引入是所有公共事件处置乃至国家方针决策发布的政治基础。而强化对以网络舆情为表征的民意的应对，打击错误及虚假谣言，摒弃感性而浅显的杂音，引导得出真正代表民意的理性意见，既是传媒与司法包容性合作发展的题中之意，也是司法网络舆情应对的价值所在。

① 曹林:《别在被放大的网络舆情中误读中国》，载《中国青年报》2016 年 5 月 3 日，第 2 版。

② 石聚航:《传媒报道渲染刑事案件的策略及其反思》，载《法商研究》2015 年第 4 期。

供给侧改革与土地法制

依申请收回土地使用权中房屋征收补偿问题研究

——兼论国有土地使用权收回与房屋征收补偿制度衔接

程 琥*

在城市化进程中,依照法律法规的规定收回国有土地使用权,是政府及其土地行政主管部门的一项法定职责,主要采取行政处理决定和行政处罚决定两种方式进行。收回国有土地使用权是一个比较复杂的法律问题,它涉及《物权法》《土地管理法》《城市房地产管理法》《城镇国有土地使用权出让和转让暂行条例》《国有土地上房屋征收与补偿条例》以及省、自治区、直辖市的土地管理地方性法规、行政规章等。从现有法律法规规定来看,无论是国有土地使用权有偿收回或者是无偿收回,都主要是体现在政府及其土地行政主管部门依职权收回,而依申请收回国有土地使用权的情形极为少见,并且相关法律制度并不明确,迫切需要加强研究并尽快完善。

一、据以研究的案例

2014年10月27日,HB公司向北京市顺义区人民政府(以下简称顺义区政府)提交《收回国有土地使用权及房屋征收申请书》(以下简称《申请书》)。认为HB公司于1999年通过出让的方式,分别取得了用途为“商业服务业”的国有土地的使用权。由于政府及规划修改的原因,HB公司未能建设老年活动中心项目。现案涉土地规划为绿化用地,根据北京市规划委员会顺义分局(以下简称顺义规划分局)的告知,案涉国有土地只能进行原建工程审批,不能进行新建工程审批,故HB公司无法行使“利用该土地建造建筑物、构筑物及附属设施”等商业服务业用途的

* 北京市第四中级人民法院副院长,研究员,法学博士,社会学博士后。

权利,致使土地闲置。根据《土地管理法》第58条第1项、第2项,《北京市国有建设用地供应办法(试行)》第12条以及《北京市收回企业国有土地使用权补偿办法》第2条的规定,申请顺义区政府收回案涉国有土地使用权并依法给予补偿,并根据《国有土地上房屋征收与补偿条例》(以下简称《征补条例》)、《国有土地上房屋征收评估办法》、《北京市国有土地上房屋征收与补偿实施意见》的规定,对上述土地上房屋进行征收并依法予以补偿。顺义区政府收到《申请书》后,按照信访程序将该申请批转到顺义国土分局处理。顺义国土分局作出信访处理意见书,认定HB公司的申请不符合收回国有土地使用权的法定条件。HB公司不服,向北京市第四中级人民法院提起行政诉讼,要求顺义区政府履行收回国有土地使用权职责。

北京市第四中级人民法院经审理认为,根据《土地管理法》第58条的规定,收回国有土地使用权在实体上应当符合该条所规定的5种情形之一,在程序上应当由"有关人民政府土地行政主管部门报经原批准用地的人民政府或者有批准权的人民政府批准"。因此,原批准用地的人民政府或者有批准权的人民政府并不承担直接受理收回国有土地使用权申请的职责。本案中,HB公司如认为涉案土地符合《土地管理法》第58条规定的收回国有土地使用权的情形,应当先向顺义区政府的土地行政主管部门提出申请,政府土地行政主管部门审查同意后,再报经顺义区政府批准收回案涉土地使用权。现HB公司直接向顺义区政府提出收回国有土地使用权的申请,其程序显然不符合上述法律规定。顺义区政府收到HB公司的申请之后,将该申请转交土地行政主管部门顺义国土分局予以审查处理,程序并无不当。故HB公司认为,顺义区政府将本案申请以信访的方式转交其所属部门办理不符合法律规定,并请求顺义区政府履行职责,收回本案涉及的国有土地使用权,并对地上房屋进行征收补偿的诉讼请求缺乏法律依据,不予支持。据此,依照《行政诉讼法》第69条之规定,判决驳回HB公司的诉讼请求。判决宣判后,HB公司没有上诉,判决已经发生效力。

二、国有土地使用权收回的主要类型及法律依据

我国实行土地公有制。根据1982年《宪法》第10条的规定,城市的土地属于国家所有。因此,在保证城市土地所有权属于国家的前提下,国家通过划拨、出让方式将土地所有权的部分权能(规定期限内的占有、使用、收益权)让渡给他人,并受到土地所有权人自始至终的监督和制约。国家作为国有土地所有权人,既可以在一定期限内让渡土地使用权,当然也可以根据法定条件和程序收回土地使用权。

“土地使用权收回，简而言之就是指依据法律、行政法规的规定或土地使用权出让合同的约定，收回国有或集体土地使用权的行为。它既可能存在于两方主体即土地使用权出让人和受让人、土地行政管理主体和相对人之间，也可能发生在土地使用权出让人、受让人和土地行政管理主体三方法律关系之中。”①由于收回土地使用权涉及法律关系极为复杂，可以按照不同标准进行分类。

（一）根据收回土地使用权时是否给予适当补偿为标准，可以将收回国有土地使用权分为有偿收回和无偿收回。从现有法律法规规定来看，两种方式在适用条件、适用范围及表现形式等方面均有所不同

1. 有偿收回。顾名思义，有偿收回土地使用权是政府及其土地行政主管部门在依法收回土地使用权时应当对土地使用权人给予适当补偿法律制度。有偿收回的法律依据主要体现在《土地管理法》《城市房地产管理法》《城镇国有土地使用权出让和转让暂行条例》中。《土地管理法》第58条规定：“有下列情形之一的，由有关人民政府土地行政主管部门报经原批准用地的人民政府或者有批准权的人民政府批准，可以收回国有土地使用权：（一）为公共利益需要使用土地的；（二）为实施城市规划进行旧城区改建，需要调整使用土地的……依照前款第（一）项、第（二）项的规定收回国有土地使用权的，对土地使用权人应当给予适当补偿。”《城市房地产管理法》第20条规定：“国家对土地使用者依法取得的土地使用权，在出让合同约定的使用年限届满前不收回；在特殊情况下，根据社会公共利益的需要，可以依照法律程序提前收回，并根据土地使用者使用土地的实际年限和开发土地的实际情况给予相应的补偿。”《城镇国有土地使用权出让和转让暂行条例》第42条规定：“国家对土地使用者依法取得的土地使用权不提前收回。在特殊情况下，根据社会公众利益的需要，国家依照法律程序提前收回，并根据土地使用者已使用的年限和开发、利用土地的实际情况给予相应的补偿。”

2. 无偿收回。无偿收回土地使用权是指政府及其土地行政主管部门在依法收回土地使用权时，对土地使用权人不给予适当补偿法律制度。无偿收回土地使用权主要包括《土地管理法》第58条第1款第3项、第4项、第5项以及《土地管理法》第37条第1款、《城市房地产管理法》第22条及第26条，违反《土地管理法》第56条规定擅自改变土地用途，《基本农田保护条例》第18条第1款等情形。具体而言，主要包括土地使用权出让合同规定的期限届满，或者虽申请续期但未获批

① 湛中乐：《我国土地使用权收回类型化研究》，载《中国法学》2012年第2期。

准,土地使用权由国家无偿收回;因土地使用者违反了法律禁止性规定,被政府或土地行政主管部门依照法律法规的规定收回土地使用权;土地使用者在没有违反法律法规禁止性规定的情况下,因发生某种法律法规规定应当收回土地使用权的事件,而被收回土地使用权,如单位迁移、解散、撤销、破产等,因自然人使用权人死亡而无继承人,以及公路、铁路、机场、矿场等经核准报废等原因,由国家无偿收回土地使用权。

(二)根据收回土地使用权时是否依法强制收回为标准,可以将收回土地使用权分为强制收回土地使用权和协议收回土地使用权

1. 强制收回土地使用权。原国家土地管理局1997年颁布的《关于认定收回土地使用权行政决定法律性质的意见》规定,收回土地使用权是人民政府及其土地管理部门一项重要的行政行为,主要采取行政处理决定和行政处罚决定两种方式进行。因此,强制收回土地使用权行为是一种行政行为,主要包括处罚性收回和处理性收回两种方式。强制收回土地使用权属于公法上的土地使用权收回,即各级政府及其土地主管部门作为土地行政管理主体,基于公共利益的需要、制裁违法违规用地、明确土地产权等理由,行使公权力收回土地使用权的行为。① 处罚性收回是指土地使用者违反了法律法规禁止性规定,被政府或土地行政主管部门依照法律法规的规定收回土地使用权。这种"收回",首先是因为土地使用者发生了法律法规禁止的行为。并且法律法规规定,对这种行为必须给予无偿收回土地使用权的惩处。这种"收回"是一种行政处罚行为。这主要体现在《城市房地产管理法》《土地管理法》《城镇国有土地使用权出让和转让暂行条例》等法律法规中。《城市房地产管理法》第26条规定,超过出让合同约定的动工开发日期满2年未动工开发的,人民政府或者土地管理部门依法无偿收回出让的国有土地使用权。《土地管理法》第37条第1款规定,已经办理审批手续的非农业建设占用耕地,连续2年未使用的,经原批准机关批准,由县级以上人民政府无偿收回用地单位的土地使用权。《城镇国有土地使用权出让和转让暂行条例》第47条第1款规定,土地使用者未按出让合同规定的期限和条件开发、利用土地的,市、县人民政府土地管理部门无偿收回出让的国有土地使用权。《城镇国有土地使用权出让和转让暂行条例》第17条第2款规定,未按合同规定的期限和条件开发、利用土地的,市、县人民政府土地管理部门应当予以纠正,并根据情节可以给予警告、罚款直至无偿收回土地使用权

① 湛中乐:《我国土地使用权收回类型化研究》,载《中国法学》2012年第2期。

的处罚。《土地管理法》其他一些条款中对于强制收回土地使用权也作出了类似规定。这种强制收回土地使用权的行为主要表现为政府或土地行政主管部门作出行政处罚决定强制收回土地使用权，因此，要严格按照《行政处罚法》规定的程序和要求进行，否则就属于违法处罚，应当承担行政法律责任。

处理性收回是指政府或土地行政主管部门基于法定事由作出行政处理决定，收回土地使用权。《城市房地产管理法》第 22 条第 2 款和《城镇国有土地使用权出让和转让暂行条例》第 40 条规定，土地使用权出让合同约定的使用年限届满，土地使用者未申请续期或者虽申请续期依照法律有关规定未或批准的，由人民政府或者土地管理部门依法无偿收回出让的国有土地使用权。《城镇国有土地使用权出让和转让暂行条例》第 47 条第 1 款规定，因迁移、解散、撤销、破产或者其他原因而停止使用土地，需要依法收回国有土地使用权的，属于行政处理决定。依照该条例第 47 条第 2 款规定，根据城市建设发展需要和城市规划的要求，市、县人民政府无偿收回国有划拨土地使用权的，也属于行政处理决定。属于行政处理性质的收回国有土地使用权决定行为，在《城市房地产管理法》等法律法规中也有类似规定。

2. 协议收回土地使用权。除了政府或土地行政主管部门可以依职权强制收回土地使用权外，还可以依据土地使用权出让合同约定收回土地使用权。《城镇国有土地使用权出让和转让暂行条例》第 14 条规定："土地使用者应当在签订土地使用权出让合同后六十日内，支付全部土地使用权出让金。逾期未全部支付的，出让方有权解除合同，并可请求违约赔偿。"根据此规定，土地使用者不按规定日期全部支付出让金的，土地管理部门有权解除出让合同，恢复原状，收回土地使用权，退换土地使用者已交付的土地出让金，同时还可以请求违约赔偿。该条例第 15 条规定："出让方应当按照合同规定，提供出让的土地使用权。未按合同规定提供土地使用权的，土地使用者有权解除合同，并可请求违约赔偿。"因此，如果土地出让方违约，土地使用者有权解除合同，并可以请求违约赔偿。对于此类行为的性质，长期以来存有较大争议。有学者认为，土地使用权期满后的收回具有民事性质，而非行政性质，无须采取行政处理决定方式。同样，对于违反出让合同约定，在规定的 2 年开发期内未开发使用土地而被政府收回土地使用权的，其性质应该是民事性质，而非行政处罚性质。[①] 对此也有观点认为，此类行为属于行政行为，而非民事性质。原

① 参见金俭：《国有土地使用权收回制度重构》，载《西南民族大学学报》（人文社会科学版）2013 年第 1 期。

国家土地管理局1997年颁布的《关于认定收回土地使用权行政决定法律性质的意见》则将此类行为确定为行政处理决定。

三、依申请收回国有土地使用权的法律适用解释

从《土地管理法》《城市房地产管理法》《城镇国有土地使用权出让和转让暂行条例》等法律法规的规定来看,主要规定了政府或者土地行政管理部门依职权主动收回国有土地使用权,而对于依申请收回国有土地使用权却缺乏明确规定。从HB公司诉顺义区政府要求收回国有土地使用权案来看,HB公司请求顺义区政府根据《土地管理法》第58条第1项、第2项,《北京市国有建设用地供应办法(试行)》第12条以及《北京市收回企业国有土地使用权补偿办法》第2条的规定,收回涉案国有土地使用权,并根据《国有土地上房屋征收与补偿条例》等规定对地上房屋进行征收和依法予以补偿。这里首先分析HB公司申请收回国有土地使用权的法律依据和事实依据。

(一)《土地管理法》第58条的理解和适用

《土地管理法》第58条规定:"有下列情形之一的,由有关人民政府土地行政主管部门报经原批准用地的人民政府或者有批准权的人民政府批准,可以收回国有土地使用权:(一)为公共利益需要使用土地的;(二)为实施城市规划进行旧城区改建,需要调整使用土地的……依照前款第(一)项、第(二)项的规定收回国有土地使用权的,对土地使用权人应当给予适当补偿。"本案中,HB公司协议出让的土地原本规划作为老年活动中心,后来因为城市规划调整,该地块已经被规划为绿地。鉴于规划调整的直接结果,HB公司原来协议受让土地显然不能再按照原定规划进行老年活动中心项目建设。HB公司协议受让的国有土地只能进行原建工程审批,不能进行新建工程审批。如果继续再按照原定规划进行老年活动中心项目建设,显然属于新建工程不符合整体规划调整要求,也难以获得规划许可。由于难以取得规划部门许可,HB公司即便在该地块进行新建工程建设也属于未经规划许可的建设,属于违法建设,显然不受法律保护。同时,由于城市化建设具有周期性,涉案地块真正被征收建成绿地还需要有一定时间周期。如此一来,HB公司的涉案土地无法行使"利用该土地建造建筑物、构筑物及附属设施"等商业服务业用途的权利,致使土地闲置,这种状态对于HB公司显然不利。因此,HB公司主动向顺义区政府申请收回涉案土地使用权也属情理之中。对于本案而言,需要判断HB公司的请求是否符合《土地管理法》第58条规定的条件。HB公司请求顺义区政府

根据第58条第1款第1项、第2项,《北京市国有建设用地供应办法(试行)》第12条以及《北京市收回企业国有土地使用权补偿办法》第2条的规定,收回涉案国有土地使用权,并根据《国有土地上房屋征收与补偿条例》等规定对地上房屋进行征收和依法予以补偿。《土地管理法》第58条第1款第1项规定,为公共利益需要使用土地的可以收回国有土地使用权。应当说,HB公司涉案地块被规划为绿地,这本身确实基于公共利益需要。对于HB公司而言,涉案地块只有被征用为绿地后,其对涉案土地的补偿权才由期待权转化为现实权利。至于何时能够启动国有土地征用程序,则由有关人民政府土地行政主管部门报经原批准用地的人民政府或者有批准权的人民政府批准,收回涉案国有土地使用权,这只能等待城市建设进程需要。在国有土地征用程序启动前,HB公司对协议受让的国有土地只能进行原建工程审批,而不能进行新建工程审批。相应地,HB公司对涉案土地的征用补偿权只能是期待权。《土地管理法》第58条第1款第2项规定,为实施城市规划进行旧城区改建,需要调整使用土地的,可以收回国有土地使用权。该项规定的限定条件主要包括实施城市规划、旧城区改造、需要调整使用土地。从本案情况来看,涉案地块显然不完全符合上述规定条件。因此,涉案地块是否符合《土地管理法》第58条第1款第1项、第2项规定的收回国有土地使用权的法定条件,作为顺义区土地行政主管部门显然具有判断权和裁量权。

(二)国有土地使用权出让合同的性质判定

本案中,有必要分析判定HB公司与土地出让方签订的国有土地使用权出让合同性质。当前理论界和实务界对于国有土地使用权出让合同的性质观点不一,主要有两种观点:一种观点认为,土地管理部门作为出让方与受让方签署的国有土地使用权出让合同系民事合同,出让方解除与受让方之间的国有土地使用权出让合同属民事法律行为而非行政行为,应当适用我国民商事的法律规定。甚至有学者认为:“在《物权法》这样一部基本民事法律中规定建设用地使用权,非常清楚地确认了该权利属于民事权利,代表国家出让建设用地使用权的政府有关部门与取得建设用地使用权的权利人之间是平等的民事主体,二者之间是民事权利义务关系。”[①]特别是2005年《最高人民法院关于审理涉及国有土地使用权合同纠纷案件适用法律问题的解释》第1条规定:“本解释所称的土地使用权出让合同,是指市、

① 程啸:《从物权角度看“无权收回土地使用权”性质》,载《中国国土资源报》2007年11月22日,第5版。

县人民政府土地管理部门作为出让方将国有土地使用权在一定年限内让与受让方,受让方支付土地使用权出让金的协议。”2008年《民事诉讼案由规定》明确将建设用地使用权出让合同纠纷作为民事诉讼案由。据此,有观点认为,此类国有土地使用权合同纠纷应当纳入民事管辖范围。另一种观点则认为,国有土地使用权出让合同本质上属行政合同,应当纳入行政诉讼受案范围。对于上述两种观点而言,应当说第二种观点更符合国有土地出让合同作为行政合同的本质特性。之所以把国有土地使用权出让合同认定为行政合同,应当纳入行政诉讼受案范围,主要有以下原因:

1. 从出让合同目的来看,国有土地使用权出让方与受让方签订国有土地使用权出让合同是行政机关为了实现行政目的,与公民、法人或者其他组织之间,经双方意思表示一致所达成的协议。行政目的完全不同于民事合同目的。

2. 从合同双方主体地位来看,政府或者土地行政管理部门与土地使用者签订合同,政府或者土地行政管理部门作为土地使用权出让方,在合同中具有双重身份,其既是土地使用权出让方、合同当事一方,又是行政机关、监督方。因此,政府或者土地管理部门在出让合同中的双重角色,决定了其既有依据行政职责的权利、义务,又有甲方的权利、义务。而受让人在合同中也具有双重角色,既是行政管理相对人,又是合同当事一方,因此既有作为行政管理相对人的权利、义务,又有作为乙方的权利、义务。因此,在合同中,出让方与受让方在合同签订、履行、解除中并不具有平等的法律地位。而且政府或者土地行政管理部门在合同的履行、变更或解除中具有优益权,对于土地使用者未按合同规定开发利用土地的,有权予以纠正,并可进行行政处罚。并且为了公共利益需要,政府或者土地管理部门可以随时解除土地出让合同。这与民事合同相比有着明显区别。

3. 从合同纠纷救济来看,按民事合同或者行政合同救济对土地受让方合法权益保障力度完全不同。如果按照民事合同纠纷处理,在案件审理中遵循原告诉什么、法院审什么的审理思路,法院一般审查原告诉讼请求是否符合法律规定,而对于政府或者土地管理部门收回行为合法性问题不予审查,这就容易造成一些解除土地使用权出让合同的案件,法院完全基于对原告诉讼请求审查支持政府或土地管理部门的收回行为,而这恰恰不利于土地使用者合法权益保障。而此类纠纷如果按照行政合同纠纷处理,则法院在案件审理中主要审查被诉行政行为的合法性。换言之,法院对政府或者土地管理部门收回土地行政行为进行合法性审查,并且这种合法性审查是全面审查,作为土地使用者的原告不管其诉讼请求、理由有没有提到的问题，法院都要进行审查。因此，法院在行政合同审查中，对政府或者土地管理部门的审查监督是全面的，对作为土地使用者的原告的保障也是全面的。因此，从大量审判实例来说，恰恰因为一些地方把国有土地出让合同作为民事合同处理，才导致了在诉讼中政府或者土地管理部门借助裁判侵犯土地使用者的合法权益。

4. 从对行政权监督来看，把国有土地出让合同作为民事合同根本不利于对行政权的监督。实践中，如果把国有土地使用权出让合同作为民事合同对待，则政府或者土地管理部门经常以民事上的解除合同来代替行政处罚，剥夺了土地使用者获得合法救济的权益，属于程序违法。作为土地出让方的政府或者土地管理部门形式上行使了收回土地使用权行为，实质上却行使了行政处罚权，而又以民事合同为由不允许当事人获得救济，行政机关放弃执法权而运用民事合同规避可能遇到的行政复议、行政诉讼，就很难让当事人获得行政或者司法救济，这不符合现代法治理念的要求，也不符合法律规定。[①] 因此，用解除合同代替行政处罚既不合法，也不公正，应当认定为程序违法。把国有土地使用权出让合同作为民事合同的观点，仅仅从合同形式角度追求意思自治和违约责任承担，并没有真正从实质上关注如何监督政府或者土地管理部门的行政权并保障土地使用者合法权益，从而让土地使用者经常陷入不利境地。

5. 从法律依据来看，新《行政诉讼法》第 12 条第 1 款第 11 项规定，人民法院应当受理公民、法人或者其他组织认为行政机关不依法履行、未按照约定履行或者违法变更、解除政府特许经营协议、土地房屋征收补偿协议等协议的案件。因此，行政协议已经纳入行政诉讼受案范围。并且原国家土地管理局 1997 年颁布的《关于认定收回土地使用权行政决定法律性质的意见》规定，收回土地使用权是人民政府及其土地管理部门一项重要的行政行为。而作为 2005 年《最高人民法院关于审理涉及国有土地使用权合同纠纷案件适用法律问题的解释》和 2008 年《民事诉讼案由规定》应当及时修订，把国有土地出让合同纠纷案件排除在民事诉讼受案范围之外，否则就存在与新《行政诉讼法》以及其他相关规定冲突的风险。

（三）申请收回土地使用权的程序限定

收回国有土地使用权在实体上需要满足《土地管理法》第 58 条规定的 5 种情形之一，在程序上由“有关人民政府土地行政主管部门报经原批准用地的人民政府或者有批准权的人民政府批准”，因此作为原批准用地的人民政府或者有批准权的

① 参见栾秀芳、王磊：《收回土地使用权的行政行为不应适用合同法》，载《山东审判》2009 年第 3 期。

人民政府,并不承担直接受理收回国有土地使用权申请的职责。本案中,HB 公司如认为案涉土地符合《土地管理法》第 58 条收回国有土地使用权规定情形,应当先向顺义区政府的土地行政主管部门提出申请,政府土地行政主管部门审查同意后,再报经顺义区政府批准收回案涉土地使用权。现 HB 公司直接向顺义区政府提出收回国有土地使用权的申请,其程序显然不符合上述法律规定。顺义区政府收到 HB 公司的申请之后,将该申请转交区土地行政主管部门顺义国土分局予以审查处理,程序并无不当。故 HB 公司认为,顺义区政府将本案申请以信访的方式转交其所属部门办理不符合法律规定,并请求顺义区政府履行职责,收回本案涉及的国有土地使用权并对地上房屋进行征收补偿的诉讼请求缺乏法律依据,不予支持。

四、国有土地使用权收回与房屋征收补偿的制度衔接

在城市化进程中,房屋与土地之间属于相互依存关系,我国房地关系无论是"房随地走"还是"地随房走",都可以简单概括为"房地同时走"。因此,在收回国有土地使用权时,需要考虑一并征收该国有土地上的房屋并给予补偿,在国有土地上房屋征收补偿中,要一并收回国有土地使用权。

(一)房屋与土地之间的法律关系

在我国,土地和房屋都属于不动产,不动产所有权人对自己的不动产依法享有占有、使用、收益、处分的权利。土地所有权专属于国家所有和集体所有,而房屋所有权则可以由公民个人享有。《物权法》第 41 条规定,法律规定专属于国家所有的不动产和动产,任何单位和个人不能取得所有权。《物权法》第 59 条规定,农民集体所有的不动产和动产,属于本集体成员集体所有。从上述规定可以看出,除了国家和集体可以对土地享有所有权外,其他任何单位和个人都不得对土地享有所有权。由于土地所有权可以与其使用权相分离,土地使用权人可以根据出让、转让合同以及行政划拨的方式取得土地使用权。在民法上,土地使用权属于用益物权,即在他人之物上得以使用收益而设立的他物权。《物权法》第 117 条规定:"用益物权人对他人所有的不动产或者动产,依法享有占有、使用和收益的权利。"《物权法》第 118 条规定:"国家所有或者国家所有由集体使用以及法律规定属于集体所有的自然资源,单位、个人依法可以占有、使用和收益。"土地使用权作为用益物权,其主体不是所有权人而是使用人,其客体具有永久的不可移动性,其权利经登记公示具有排他性。根据《担保法》的规定,土地所有权不得抵押,土地使用人可以自己有权处分的国有的土地使用权设定抵押权。并且在一般情况下,除法律规定的抵

押人依法承包并经发包方同意抵押的荒山、荒沟、荒丘、荒滩等荒地的土地使用权可以抵押外,耕地、宅基地、自留地、自留山等集体所有的土地使用权不得抵押。而房屋作为不动产,房屋所有权人可以依法对自己的房屋享有占有、使用、收益、处分的权利。因此,房屋所有权人有权对自己房屋的所有权进行抵押。房屋所有权属于民法上的自物权,其权利主体是房屋所有人,其客体具有永久的不可移动性,其权利经登记公示具有排他性。因此,"土地使用权和房屋所有权是两种不同性质、不能相互替代的、各具价值的物权"。①

由于房屋总是建立在一定范围土地上的,土地无疑是任何房产的基础。并且在我国,土地使用权是取得建设工程施工许可证、规划许可证的前提,而建设工程施工许可证、规划许可证又是取得房屋所有权的必要条件。因此,土地使用者只有在取得土地使用权的前提下,才能申请行政许可在该土地上建房,从而依法取得房屋所有权。土地使用权和房屋所有权存在依附关系。正是基于房屋具有依附土地存在的特性,房屋所有权依法转让,必然产生土地使用权是否一并转让的问题;同样,土地使用权依法转让,也会产生该土地上的建筑物是否一并转让的问题。由于房地产的不可分性,我国在处理房地产关系时的一个重要原则就是房地产权利主体一致的原则,即"房随地走"或"地随房走"。所谓"房随地走",就是转让土地使用权时,该土地上的房屋应一并转让。所谓"地随房走",就是转让房屋的所有权或者使用权时,土地使用权同时转让。

(二)国有土地使用权收回中的房屋征收补偿

按照《物权法》《土地管理法》《城市房地产管理法》《土地管理法实施条例》的规定,在国有土地上,新的建设项目需要使用土地的,其基本顺序是先获得建设项目立项批准、建设项目用地规划许可,再在获得建设用地批准后获得房屋拆迁许可。这种土地审批程序允许在尚未改变原土地使用权人、房屋所有权人的情况下,先确立建设项目和建设单位,由国家收回原土地使用权人的土地使用权,再将土地使用权划拨、协议出让或租赁给特定的土地使用权人,其基本逻辑关系建立在国家调拨土地的传统用地方式的基础上。②《物权法》第42条规定:"征收单位、个人的房屋及其他不动产,应当依法给予拆迁补偿,维护被征收人的合法权益;征收个人

① 何志:《房屋产权和土地使用权分别抵押的效力研究——兼谈对〈担保法〉第36条的质疑和完善》,载《法律适用》2006年第6期。

② 参见龚靖:《从土地管理制度分析房屋征收条例》,载《上海房地》2015年第1期。

住宅的,还应当保障被征收人的居住条件。"该法第 148 条规定:"建设用地使用权期间届满前,因公共利益需要提前收回该土地的,应当依照本法第四十二条的规定对该土地上的房屋及其他不动产给予补偿,并退还相应的出让金。"《城市房地产管理法》第 6 条规定:"为了公共利益的需要,国家可以征收国有土地上单位和个人的房屋,并依法给予拆迁补偿,维护被征收人的合法权益;征收个人住宅的,还应当保障被征收人的居住条件。具体办法由国务院规定。"《土地管理法》第 58 条规定:"有下列情形之一的,由有关人民政府土地行政主管部门报经原批准用地的人民政府或者有批准权的人民政府批准,可以收回国有土地使用权:(一)为公共利益需要使用土地的……依照前款第(一)项、第(二)项的规定收回国有土地使用权的,对土地使用权人应当给予适当补偿。"从上述规定来看,收回国有土地使用权事实上是为了对土地进行再开发,必然要求对其上原有房屋进行拆除,也就是收回国有土地使用权与消灭其房屋所有权应当同时进行,并由政府完成有关补偿事宜后才能供应给其他建设单位。但原来的《城市房屋拆迁条例》实际将原本应当由国家收回国有土地使用权时承担的补偿问题交由新的土地使用权人承担。换言之,国家通过拆迁制度,由建设单位对原权利人进行补偿安置,形成拆迁补偿安置关系。① 在实践中,收回国有土地使用权中的房屋征收补偿程序包括建设单位取得立项规划许可,建设单位获得用地批准,由土地管理部门收回土地使用权后,向建设单位供应土地,由建设单位作为房屋拆迁人,凭建设用地批准书等法律文件向房地产管理部门申请房屋拆迁许可证,由房屋拆迁人委托专门的拆迁机构对被拆迁人实施拆迁补偿。

(三)国有土地上房屋征收中的土地使用权补偿

在国有土地上房屋征收过程中,房屋征收的真正目的主要是提前收回房屋所占用的国有土地使用权。《国有土地上房屋征收与补偿条例》第 8 条规定:"为了保障国家安全、促进国民经济和社会发展等公共利益的需要,有下列情形之一,确需征收房屋的,由市、县级人民政府作出房屋征收决定……"该条例第 13 条第 3 款规定:"房屋被依法征收的,国有土地使用权同时收回。"鉴于征收房屋与国有土地使用权收回毕竟属于不同性质的行政行为,需要对以下几个方面问题加以明确。

1. 对房屋征收补偿中是否包含对土地使用权补偿的问题。《国有土地上房屋征收与补偿条例》第 17 条规定:"作出房屋征收决定的市、县级人民政府对被征收

① 参见龚靖:《从土地管理制度分析房屋征收条例》,载《上海房地》2015 年第 1 期。

人给予的补偿包括:(一)被征收房屋价值的补偿;(二)因征收房屋造成的搬迁、临时安置的补偿;(三)因征收房屋造成的停产停业损失的补偿。市、县级人民政府应当制定补助和奖励办法,对被征收人给予补助和奖励。"第19条第1款规定:"对被征收房屋价值的补偿,不得低于房屋征收决定公告之日被征收房屋类似房地产的市场价格。被征收房屋的价值,由具有相应资质的房地产价格评估机构按照房屋征收评估办法评估确定。"从上述规定来看,《国有土地上房屋征收与补偿条例》规定的补偿范围包括被征收房屋价值的补偿,因征收房屋造成的搬迁、临时安置的补偿,因征收房屋造成的停产停业损失的补偿。显然,国有土地使用权补偿并没有明确列入补偿范围。虽然有观点认为,该条例第19条规定的被征收房屋类似房地产的市场价格,是由房屋所有权价格和该房屋占用范围内的土地使用权价格两部分构成的。换言之,对被征收房屋价格的补偿是包含对被征收房屋所占用的土地使用权的补偿的。[①] 因此,《国有土地上房屋征收与补偿条例》对国有土地使用权收回补偿规定确实不明确,也容易产生纠纷。

2. 房屋征收中是否有必要对土地使用权进行单独补偿。国有土地使用权与房屋所有权性质不同,国有土地使用权具有独立的财产价值。国有土地使用权虽然基于国有土地所有权而产生,但并不从属于国有土地所有权,而是一种独立的财产权利。[②] 实践中,对于国有土地使用权而言,有划拨土地使用权和出让土地使用权之别。出让土地使用权与划拨土地使用权的投资成本不同,其补偿标准也不同。由于在取得出让土地使用权时,土地使用者向政府支付了土地使用权出让金,而取得划拨土地使用权时,土地使用者不需支付土地出让金,因此,对出让土地使用权的补偿金额要比划拨土地使用权的补偿金额高,高出的部分就是土地使用权出让金。[③] 因此,在对国有土地上房屋征收补偿时,应当区分划拨土地使用权还是出让土地使用权。划拨取得的国有土地使用权可以收回,出让取得的国有土地使用权应当给予补偿。

3. 房屋征收与土地使用权收回程序如何衔接问题。房屋征收与土地使用权收回的主管部门不同,相关法律文书也应该有所不同。目前,我国《土地管理法》《城

① 参见殷琳:《国有土地上房屋征收中的土地使用权补偿》,载《城乡建设》2012年第9期。

② 参见金伟峰:《论房屋征收中国有土地使用权的补偿》,载《浙江大学学报》(人文社会科学版)2013年第2期。

③ 参见湛念:《房屋征收中的国有土地使用权补偿问题探究》,载《中南林业科技大学学报》(社会科学版)2011年第4期。

市房地产管理法》《物权法》《城镇国有土地使用权出让和转让暂行条例》等对收回国有土地使用权程序作出了明确规定，收回国有土地使用权只能依据收回土地使用权的转向程序和法律。因此，在房屋征收补偿决定中，只能对房屋征收补偿作出决定，而不能对收回国有土地使用权作出规定。当然，为了保证房屋征收与收回国有土地使用权同步进行，房屋征收部门和国土资源管理部门有必要做好以下程序衔接工作：共同完成权属确认工作，不必单独报批收回土地手续，以“平地”为拆除标准，按被征收人意愿落实征收补偿决定，房屋征收、国土资源及财政三部门配合完成资金运作。①

① 参见高舒畅、周航：《房屋征收与土地出让环节如何衔接》，载《中国国土资源报》2011 年 12 月 17 日，第 7 版。

“城市土地属于国家所有”的争议与回应
——兼论农村集体土地所有权

李昌庚*

我国1982年《宪法》第10条规定,城市的土地属于国家所有。当初立法时虽有讨论,但宪法颁布以后并未引起多少争议。之所以如此,土地公有制乃是当时普遍共识。但随着我国城市化进程的加快,地方政府的土地财政愈益凸显,征地拆迁引发的矛盾与冲突愈益频繁,“城中村”现象的出现,以及人们权利及其法治意识的提高等诸多因素,使得《宪法》第10条关于“城市的土地属于国家所有”的规定引起了一些人尤其法学界和经济学界的关注和争议。

笔者仔细梳理了学者们对此问题的讨论,对于有些学者关于《宪法》第10条的解读存有不同认识,并认为有些学者将城市化进程中引发的诸多问题简单归咎于《宪法》第10条关于“城市的土地属于国家所有”的规定有失偏颇甚至存在伪命题。相反,1982年《宪法》颁布之后并未引起争议基于我国现有体制环境实属正常。基于上述认识,笔者认为有阐述该问题的必要性,不仅是为了试图准确理解和把握《宪法》第10条关于“城市的土地属于国家所有”的规定及其宪法解释,而且也是为了试图指出问题的实质及其出路在哪里。

一、“城市的土地属于国家所有”是否是国有化条款

有人将《宪法》第10条理解为“国有化”条款,并以此视角解读《宪法》第10

* 南京晓庄学院教授。

条,通过实体和程序等方面质疑其正当性与合法性问题。① 关于《宪法》第 10 条"城市的土地属于国家所有"的规定,笔者认为,不能单从字面加以解释,更不能从现行的市场经济环境及其价值观,尤其是个人的政治观点好恶诠释这一条款,而应当基于当时的历史事实理解这一条款。

回顾一下历史。1949 年颁布的《中国人民政治协商会议共同纲领》、1950 年颁布的《土地改革法》和《城市郊区土地改革条例》以及 1954 年《宪法》均明确规定保护公民个人的私有财产,包括私人的城市房屋及其土地所有权。到 1955 年之前,我国城市里的私人房地产仍占有较大比重。但这并非是当时中国共产党及其政府的最终想法,而是新中国成立初期为了政权稳定而采取的平稳过渡的权宜之计。当时的意识形态便是包括土地在内的公有制。这一点从 1956 年 1 月颁布的《关于目前城市私有房产基本情况及进行社会主义改造的意见》就足以看出,该意见要求"一切私人占有的城市空地、街基等地产,经过适当的方法一律收归国有"。② 因此,自 1956 年社会主义改造以来,便通过动员私人主动上交、没收、征购、征收等方式逐步对城市私有房地产进行国有化改造了。至于这一时期国有化运动是否具有正当性和合法性问题,有无遵循程序要求、有无合理补偿、有无办理产权变更登记等,不能以今日之法治精神衡量,只能基于当时的体制环境理解。因而,不能因为"文革"结束后城市仍有一些私人房屋或落实政策返还一些私人住宅就认为存在私人土地现象。

总之,基于当时意识形态和政治要求理解,我国绝不可能允许私人土地存在,而只能是土地国有和集体所有两种。只不过当时没有运用法治思维去解决这些问题而已。对此,彭真同志针对 1982 年《宪法》修订讨论时就曾经明确说过:"关于土地所有权,过去宪法和法律没有明确规定,但历来对城市土地是按照国有对待,农村土地是集体所有。"③

其实,从当时意识形态来看,土地国有才是普遍主张,即便土地集体所有也是

---

① 参见王维洛:《1982 年一场无声无息的土地"革命"——中国的私有土地是如何国有化的》(上),载《国土资源》2014 年第 11 期;张千帆:《城市土地"国家所有"的困惑与消解》,载《中国法学》2012 年第 3 期;程雪阳:《城市土地国有规定的由来》,载《炎黄春秋》2013 年第 6 期;程雪阳:《论"城市的土地属于国家所有"的宪法解释》,载《法制与社会发展》2014 年第 1 期;温世扬:《集体经营性建设用地"同等入市"的法制革新》,载《中国法学》2015 年第 4 期。

② 中共中央批转中共中央书记处第二办公室:《关于目前城市私有房产基本情况及进行社会主义改造的意见》(1956 年 1 月 18 日)。

③ 《彭真传》编写组编:《彭真年谱》(第 5 卷),中央文献出版社 2012 年版,第 123 页。

不得不为之的折中做法。这在1982年《宪法》修改讨论时可见一斑。1982年《宪法》修改讨论时，荣毅仁、方毅、钱昌照、胡子婴等人都主张土地国有，废除集体土地所有权，集体只有土地使用权。① 之所以后来保留了集体土地所有权，笔者认为，中国共产党当初革命获得农民支持其中一个重要理由就是实现"耕者有其田""分田地给农民"，如果革命成功后再把土地收归国有，势必会引起农民不满，但其意识形态又不允许土地私有化，加以又受到苏联"集体农庄"的影响，因而借鉴并采取了模糊土地国有和私有的"集体土地所有权"概念。② 即便以此理念推行的"人民公社"以及苏联的"集体农庄"也引起了许多农民不满，更何况农村土地国有化呢？故我国1982年《宪法》采取了慎重态度，并没有采纳土地全部国有的主张，而是保留农村土地集体所有作为公有制另外一种形态的做法。

至于有学者提到，1990年4月，原国家土地管理局回复最高人民法院民事审判庭(90)民他字第10号函时曾提出如下意见："我国1982年宪法规定城市土地归国家所有后，公民对原属自己所有的城市土地应该自然享有使用权。"③因而，有学者认为，在1982年《宪法》颁布之前存在城市私人土地的现象，进而推断1982年《宪法》第10条的规定属于"国有化"运动。④ 笔者认为，首先，无论是最高人民法院的咨询还是原国家土地管理局的回复，其主要阐明的都是原城市私人宅基地是否还享有使用权问题，而并非强调1982年之前还存在私人宅基地所有权，只是承认历史上的私人宅基地所有权。其次，这实际上是最高人民法院和原国家土地管理局关于历史遗留的城市私人宅基地使用权纠纷案件所采用的法治思维表述，但并不完全适应当时的历史事实。也就是说，城市私人宅基地虽然在历史上属于私人，但经过1956年以后的社会主义改造以及其后的"文化大革命"运动等多次国有化运动，当时的政治事实和人们的眼中都早已不承认土地私有了，而只存在土地国有和集体所有。而这一历史事实不能运用后来的法治思维来进行解释。另外，原国家土地管理局和最高人民法院的解释作为规范性文件，基于中国的法治环境均不能完全代表也无权代表当时中国土地所有制问题的宪法回应或解释，更何况其中涉及的主要是土地使用权而非所有权问题。

---

① 参见许崇德：《中华人民共和国宪法史》，福建人民出版社2003年版，第680～682页。

② 正因如此，也给其后的集体所有权概念留下了隐患。后文将详细阐述。

③ 参见《国家土地管理局关于城市土地所有权、使用权等问题的复函》，载《最高人民法院请示与答复》（民事卷），中国法制出版社2004年版，第319～320页。

④ 参见程雪阳：《论"城市的土地属于国家所有"的宪法解释》，载《法制与社会发展》2014年第1期。

因此,一方面,我国1982年《宪法》第10条规定并不存在所谓的"国有化"运动,只是从《宪法》上第一次对土地所有权加以明确规定,是针对当时的土地现实状况进行的宣示性规定。既然如此,就要考虑到集体土地和国有土地的大致界限和范围,因而就有了《宪法》第10条的规定。同样,1986年《土地管理法》进一步明确规定了"土地的社会主义公有制,即全民所有制和劳动群众集体所有制"。因而有学者从城市私有土地无偿概括国有化视角质疑其正当性与合法性就成了伪命题。

另一方面,由于1982年《宪法》第10条只是对人们早已熟知并接受的我国既存土地现实状况的规定,而且土地国家所有与集体所有一直存在所有权与使用权分离的现象,这在城市私有房地产所进行的社会主义改造以及其后的"文化大革命"运动中也不例外。因而,"城市的土地属于国家所有"的规定并不否定或影响到土地上建筑物所有人的土地使用权。这也是长期以来的客观事实。这也正是1982年《宪法》颁布以来并未引起争议的重要因素。对此,国土资源部1995年颁布的《确定土地所有权和使用权的若干规定》第28条进一步明确规定:"土地公有制之前,通过购买房屋或土地及租赁土地方式使用私有的土地,土地转为国有后迄今仍继续使用,可确定现使用者国有土地使用权。"这也是后来从立法上对我国历史遗留的土地使用权纠纷问题的进一步说明。①

然而,有学者却认为,城市的土地属于国家所有只能是名义上的所有权,而不是包含使用权和管理权的实质所有权,这也是1982年《宪法》颁布后并未引起争议甚至社会抗议的重要原因。② 很显然,通过这种方式解释所有权来回应问题是不妥的。已有学者对"名义所有权"提出质疑,认为其在法理上和逻辑上存在困境;③或是极为模糊的概念。④ 笔者认为,"所有权"就是"所有权",不存在所谓的"名义上的所有权"和"实质所有权";"所有权"本身就存在与"使用权"分离的情形,这在土地公有制的中国非常典型。更不可把我国"国家所有权"所作的这种解释的"名义上的所有权"等同于英国、加拿大等某些西方国家所谓的"女王或国王陛下"的这

---

① 这并非如有学者所推论的"政府正式承认1982年之前存在私有土地"的观点,其立法本意是我国后来为了解决历史遗留的土地使用权纠纷问题,开始运用法治思维从立法上对既存土地历史现实的明确规定,而不再单纯运用行政或政治手段解决。而不是说明1982年之前就存在土地私有现象。当初立法者更未想到后来有些学者会做出有违当初立法本意的解读。

② 参见张千帆:《城市土地"国家所有"的困惑与消解》,载《中国法学》2012年第3期。

③ 参见皮协中:《城市土地国家所有的实际效果与规范意义》,载《交大法学》2015年第2期。

④ 参见程雪阳:《论"城市的土地属于国家所有"的宪法解释》,载《法制与社会发展》2014年第1期。

种名义上的土地所有权,后者仅是基于历史传统的习惯说法,其实质就是私人所有权,或还涉及政府法人所有权(即我国所谓的国家所有)。因此,有学者提出的“只有将《宪法》第10条规定的‘国家所有’解释为名义上的所有权,将实际占有和使用土地的权利还给人民的说法”,[①]乃是伪命题,或是“偷换概念”的做法。这在不同于英美法系国家的中国语境下行不通。解决问题的关键在于我国土地所有制改革及其征收制度的法治化问题。

其实,“城市的土地属于国家所有”是否为国有化运动并非问题关键,我国自从1956年社会主义改造以来,土地公有制已经成为历史事实,再来讨论“是否国有化”并无多大意义。笔者之所以费如此口舌,其目的就在于试图说明如下问题:一是这种解释并不符合宪法的文义解释及其历史事实。二是有学者之所以热衷强调1982年《宪法》第10条的“国有化”运动,就在于用自己当今的价值观或法治思维来解读当时的历史事实,以此强调我国当时土地私有的存在、当今城市化进程中是否可以土地私有以及私人财产保护等问题。通过这种宪法解释以达到所希望解决问题的思路在学术上是不可取的,也是不严谨的。三是这种争议并没有完全回应争议背后所涉及的城市化进程中“城中村”改造、征地拆迁等问题的实质。

二、城市的土地可否包括集体所有

随着城市化进程的大力推进,“城中村”的出现与改造、征地拆迁引发的诸多矛盾等问题,有学者开始质疑1982年《宪法》第10条关于“城市的土地属于国家所有”的模糊规定,“城市”与“农村”如何界定?城市的土地可否包括集体所有?为此,有学者认为,1982年《宪法》第10条第1款应当解释为:城市的土地可以属于国家所有,也可以不属于国家所有;城市可以建设在国有土地上,也可以建设在非国有土地上。[②] 有学者质疑这种宪法解释,认为释宪不能解决问题,建议修宪,改为“城市的土地属于国家所有,已经属于集体所有的除外”。[③] 也有学者建议废除1982年《宪法》关于“城市的土地属于国家所有”的规定,允许农村集体的土地进入城市[④]等等。

① 参见张千帆:《城市土地“国家所有”的困惑与消解》,载《中国法学》2012年第3期。

② 参见程雪阳:《论“城市的土地属于国家所有”的宪法解释》,载《法制与社会发展》2014年第1期。

③ 参见温世扬:《集体经营性建设用地“同等入市”的法制革新》,载《中国法学》2015年第4期。

④ 参见傅鼎生:《“入城”集体土地之归属——“城中村”进程中不可回避的宪法问题》,载《政治与法律》2010年第12期。

不管是释宪还是修宪的观点,上述学者均主张农村集体土地可以不通过征收等方式直接进入城市,城市的土地可以包括集体所有。其理由归纳起来主要包括如下几个方面:一是有助于解决城市化进程中的"城乡统筹发展"问题;二是有助于解决城市化进程中的"城中村"和"小产权房"等问题;三是有助于解决城市化进程中的土地资源短缺、政府垄断土地资源等问题;四是有助于减少不必要的征收环节和其中的征收困境;五是有助于充分发挥集体所有土地的效益,维护农民的合法权益;六是避免宪法条款"城市的土地属于国家所有"中的"城市"界定困境等。

笔者认为,不宜将《宪法》第10条第1款"城市的土地属于国家所有"解释为"城市的土地可以属于国家所有,也可以不属于国家所有;城市可以建设在国有土地上,也可以建设在非国有土地上"。因为这种解释不仅违背了宪法条文的文字含义,而且从根本上违背了当初立法者的本意,违背了宪法条文的基本精神;即便作法律条文的扩充解释,也已经超出法律解释的基本要求及其承载范围,所以是行不通的。如果允许农村集体土地进入城市,则唯一可行的做法就是修宪。但问题在于,城市的土地可否包括集体所有?若回答这一问题,必须厘清如下两个问题:

首先,集体所有土地直接进入城市能否有效解决土地,尤其是城市化进程中的土地相关问题?如果直接让集体所有土地进入城市,是减少了土地征收环节,而且从表象上看似让集体土地成员从中直接受益。但如前所述,土地集体所有是特定历史时期的意识形态和为稳定民心而采取的模糊公有和私有的产物,即便如此,苏联的"集体农庄"和中国的"人民公社"等依然激起了许多农民的抗争。这也注定了集体所有权是一个主体模糊的制度设计,这也是其最大的缺陷所在。学术界对此早有论述。集体财产往往是"人人有份,人人无份""谁都应负责,谁都不负责"。[①] 因而,有学者指出,所有制意义上的"农村集体"永远不能成为物权法的主体。[②] 我国《民法通则》和《土地管理法》等规定"农村土地由村、乡(镇)、集体经济组织等集体所有",但村委员、村或乡(镇)集体经济组织又是一个模糊的主体概念,而且它们往往又是我国基层政权的延伸,它们能否真正代表农民利益?[③]

有学者在充分认识到这一问题后,试图在不改变所有制的情况下通过成员集

---

① 王利明:《物权法研究》,中国人民大学出版社2002年版,第299页。

② 参见尹田:《物权主体论纲》,载《现代法学》2006年第2期。

③ 参见李昌庚:《中国征收制度的困境与出路》,载《学习与实践》2014年第5期;李昌庚:《社会转型与制度变迁》,中国政法大学出版社2014年版,第214~216页。

体所有的成员权加以解决。① 这一点在我国后来颁布的《物权法》第59条中有所体现，如“属于本集体成员集体所有”“重大事项应当依照法定程序经本集体成员决定”等。应当说，这是很大的进步。但却没有明确“集体成员权”的性质是什么？如若是共有或合伙性质，则涉及私有话题，而非所谓的“集体”概念；如若排除共有或合伙性质，则所谓的“集体成员权”又回归到“村委会”或“集体经济组织”等，又回归到它们能否代表农民利益的问题。尤其是在那些主要剩下留守妇女儿童老人的农村、“空心村”等地，又进一步凸显了“集体成员权”的虚化以及“村委会”或“集体经济组织”等能否代表农民利益的问题。例如，许多地方农村尤其沿海发达地区农民将土地转给别人承包时，其中经历了再次土地承包，但许多享有土地承包经营权的承包人农民并不知情，既未充分享有再次承包的承包权或转发包权，也未从中收到再次土地承包中的差额收益，而是村委会等与转承包人之间进行直接交易等。此类事情在此暂不一一列举。②

也有学者提出通过村委会与集体经济组织的职能分立，来保障集体经济组织作为集体土地所有权主体的独立法人地位。③ 但问题是，村委会与集体经济组织能否实现职能分立？集体经济组织保持法人地位后，到底是“集体”还是“私有”？如果是“集体”，又能否确保集体经济组织代表农民利益？又能否确保集体经济组织在市场经济环境下的经营活力？而这一直是过去集体经济的悖论。

因此，集体所有权存在主体制度设计模糊的问题。而在这个问题没有解决之前，通过集体所有土地直接进入城市等方式并不能有效解决集体所有权在城市化进程中留下的问题，并不能有效解决集体所有土地上的农民利益保护问题。例如，能否完全确保集体所有土地直接入市流转的决定权和收益权归属农民呢？而且在实践中，相比较而言，“城中村”等情形下的农民通过土地征收获得的收益要比集体所有土地直接入城要相对实惠。这也是当初土地集体所有权制度设计的因素之一。如果说集体所有土地直接进入城市可以解决“城中村”“小产权房”“城乡统筹发展”等问题，那么同样属于公有制性质的“集体所有土地”与“国有土地”的区别又在哪里？是否有必要区别制度设计？同时还意味着未进入城市的集体所有土地上的农民基于同样的土地性质需要解决的同样话题，如类似于“小产权房”话题的

---

① 参见王利明、周友军：《论我国农村土地权利制度的完善》，载《中国法学》2012年第1期。

② 凡是在农村生活过的人或深入农村调查的人便非常清楚地了解中国农村的真实情况。

③ 参见陈小君：《我国农村土地法律制度变革的思路与框架》，载《法学研究》2014年第4期。

农村宅基地问题、城乡一体化问题等。而这不是集体所有土地能否直接进入城市的问题,而是深层次的土地所有制和全体公民国民待遇问题。

其次,现有法律能否回应土地,尤其是城市化进程中的相关土地问题?一方面,可以通过没收、征收和征购制度解决集体土地转为国有土地的问题。我国《宪法》第10条规定:国家为了公共利益的需要,可以依照法律规定对土地实行征收或者征用并给予补偿。我国《土地管理法》第2条也作了同样的规定。2014年颁布的《土地管理法实施条例》第2条则进一步规定:农村和城市郊区的集体土地可以通过依法没收、征收、征购转为国有土地。尤其是其中的征购制度往往更体现了对私有财产的尊重和保护,而且征收制度须以征购制度为前置程序。虽然囿于土地所有制而这规定多具有象征意义,但毕竟是一大进步。但有学者提出"征收基于公共利益需要"限制了土地征收范围,并不能彻底解决土地需求问题,因为城市化进程中的土地需求并非都涉及公共利益需要。笔者认为,目前不宜用国外的私人土地基础上的征收制度来衡量我国的土地征收制度。我国长期以来一直缺乏法律意义上的征收制度,也只是这几年因法治化要求才开始出现了"征收"概念。因为土地集体所有与国家所有都属于土地公有制,所谓的"集体"往往具有主体的模糊性,其更多的是基层政权的延伸,无论官方还是民间一般都理解为政府对土地拥有最终决定权。所谓的"公共利益需要"也主要是政府决定。因此,在我国目前,所谓的"公共利益需要限制了土地征收范围"问题并不凸显。至于征收中存在的问题,如公共利益界定、征收补偿等问题也并非是法律规定问题,而是深层次的土地所有制和国家法治化水平等问题。

另一方面,可以通过相关配套法律法规解决集体土地转为国有土地的问题。1995年颁布的《确定土地所有权和使用权的若干规定》规定:因国家建设征用土地,农民集体建制撤销或其人口全部转为非农业人口,其未经征用的土地,归国家所有。2014年颁布的《土地管理法实施条例》第2条第5项规定:农村集体组织全部成员转为城镇居民的,原属于其成员集体所有的土地,属于国家所有。以上均是对征收制度等方式的有效补充,有助于解决"城中村"等城市扩张中的土地问题。至于这种规定是否有损农民利益,同样也是深层次的土地所有制和国家法治化水平等问题,而不是集体土地直接进入城市就能解决。

综上,由此可见,既然集体土地直接进入城市并不能有效解决土地,尤其是城市化进程中的相关土地问题,而现有立法又能够回应上述诸多问题;至于其中涉及的有些问题又非集体土地能否直接进入城市所能解决,而是涉及深层次的土地所有有制和国家法治化水平问题,故在现有土地所有制和国家法治化水平情况下,强调城市的土地可以包括集体所有并无多大现实意义。这也是我国现有土地制度之所以存在至今的理由。

至于有学者质疑"城市的土地属于国家所有"存在模糊规定,例如,"城市"如何界定等。对此,1986 年颁布的《土地管理法》第 6 条将 1982 年《宪法》第 10 条第 1 款解释为"城市市区的土地属于全民所有即国家所有"。全国人大常委会法工委在解释这一条款时称:这里所讲的市区在实践中一般理解为城市的建成区。① 对此,又有学者质疑"城市市区""城市建成区"无论在时间上,还是在空间上都是不确定的法律概念,并以"城中村"等为例。② 笔者认为,"城市"即指"城市市区",一般理解为"城市建成区",而在土地公有制和国家主导背景下,这些文字表述本身并不重要,只是对国有土地和集体土地的范围界定之一,并不涉及地权变动问题,而其背后的关键在于集体土地是否通过征收等合法程序转为国有土地。因而,所谓的"城中村"并不涉及所谓的"城市"界定困惑。正因如此,在此背景下关于土地国有和集体所有的"法律规定"就显得很重要。例如,1982 年《宪法》和 1986 年颁布的《土地管理法》均规定:农村和城市郊区的土地,除由法律规定属于国家所有的以外,属于集体所有;宅基地和自留地、自留山,也属于集体所有。我国 2007 年颁布的《物权法》第 47 条规定:城市的土地,属于国家所有。法律规定属于国家所有的农村和城市郊区的土地,属于国家所有。我国《物权法》对此不再纠缠于"城市"还是"城市市区"的表述,仍采用 1982 年《宪法》笼统的"城市"表述。

三、问题的实质及其出路在哪里

(一)问题的实质在哪里?

如果把 1982 年《宪法》第 10 条"城市的土地属于国家所有"的规定单纯理解为"国有化",或者从现代价值理念上去做这样的宪法解释,既不符合宪法的文义解释,也不符合历史事实。但如果有学者认为"城市的土地属于国家所有"是一种"国有化"运动,试图"曲线"说明以前城市土地产权是多元化的,或者试图"曲线"说明如何保护私有财产价值理念,则这个问题有值得探讨的现实意义。这是其一。

其二,在现实土地公有制和国家法治化水平情况下,城市的土地可以包括集体

---

① 参见卞耀武:《中华人民共和国土地管理法释义》,法律出版社 1998 年版,第 59 页。

② 参见程雪阳:《论"城市的土地属于国家所有"的宪法解释》,载《法制与社会发展》2014 年第 1 期。

所有并无多大现实意义。但如果有学者试图说明城市的土地可以产权多元化,则这个问题也有值得探讨的价值。而这必须要回应集体所有权及其集体经济组织自身存在的问题。如果无视或回避了集体所有权困惑,则这样的讨论并无多大价值。

综上,城市的土地是否一定属于国家所有?集体所有权是否需要改革?如何改革集体所有权,是否允许土地产权多元化?这些才是问题的实质。这直接关系到修宪问题,而不是宪法解释的问题。如果回避了上述问题,单纯去讨论《宪法》第10条也就没有多大意义,更不能解释并回应我国改革中的现实土地问题。

(二)问题的出路在哪里?

如前所述,如果回顾一下1982年《宪法》修订讨论即知,虽然当时讨论过程中,也有人主张宅基地归私人所有,但以当时意识形态和政治环境来看,土地国家所有是普遍共识;然而,又要考虑到中国共产党当初革命对农民"耕者有其田"的承诺,以及当时农民存在私人土地的现状,为了避免土地国有引起农民的不满,故农村土地采取了模糊土地国有和私有的集体所有权概念。这在当时社会主义国家普遍如此。这本身就说明了集体所有权制度设计的困惑。

虽然土地国家所有权也存在主体相对模糊的问题,但这是任何一个国家均需要加以控制的最重要自然资源之一。笔者主张国家所有权主体政治意义上属于"人民",但其法律意义上的主体属于政府,而非抽象意义上的"全民"或"国家",①"政府"相对于法律定性为群众自治组织,却又像似基层政权延伸的"集体"而言,所有权主体要相对明确很多,且又有来自基于"政府"设计的权力制约与监督。故凡是私人无法或难以或不愿意进入而社会又需要的领域,只能是国家所有或直接表述为"政府所有",这也是国际惯例。

因此,笔者建议,待条件成熟时,关于农村集体土地,凡是私人无法、难以或不愿意进入而社会又需要的领域,多为非市场竞争领域,也就是该政府管的事,原则上回归到国家所有,如农村公共设施用地等;除此以外,也就是该交给市场和社会的事,原则上可以考虑包括土地民营化在内的产权多元化,如宅基地等。同样,现有的国有土地也可进行类似的改革。

其实,苏联、东欧等社会主义国家已经废除了集体所有权制度,并对已有土地国有制进行了改革,出现了私有、国有等多元混合土地所有制。例如,《俄罗斯联邦

① 参见李昌庚:《国有财产法原理研究:"国有资产法"正本清源之一》,中国社会科学出版社2015年版,第40页。

共和国民法典》即体现了这一点。[①] 同样,越南等国也已经废除了土地集体所有制度。多元混合土地所有制已经成为世界上绝大多数国家的普遍做法。

当然,基于中国特殊国情及其历史惯性,为了实现社会平稳转型,应当采取稳妥、慎重、渐进的做法。具体而言:

首先,从某种意义上已经既成事实却又存在某些制度设计困惑的宅基地和民用住宅商品房等领域开始改革。即从法律上明确宅基地和私人商品房土地民营化,从而从产权上真正实现房地产的"两证"模式转为"一证"模式。[②] 这实际上只是从法律上对既存事实的确认,并不产生任何社会震动。因为无期限限制使用的宅基地和土地使用权70年或其他期限的商品房在不涉及国家征收等特殊情况下,实际上都是由私人永续拥有和使用,某种程度上也就架空了土地所有权;[③]而该征收等制度设计在此情况下同样而且会更好地适用,既确保了私人利益,又可以实现公共利益保留。

当然,城镇商品房产权改革比较简单,而农村宅基地产权改革需要妥善处理好如下前提条件,即根据农村城镇化、农民工流动、农村人口变化和库存宅基地现状等条件因素,需要对全国农村宅基地进行调查摸底,允许进城农民有偿转让宅基地,并因地制宜地依法适度进行宅基地调整和重新分配等。总之,此项改革比较容易,能否解决仅是意识形态观念的一念之差。就如同当初实行农村生产承包责任制、国企改革等一样。

一旦产权明晰,这个问题的解决还有利于从根本上解决如下几个困惑:(1)解决宅基地和商品房等土地使用权到期是否收回、续期或缴费等方面自寻麻烦的伪命题。(2)解决农村宅基地和城镇商品房制度设计的不平等问题。唯有从法律上确认了城乡住房的同样属性,才能实现两者制度设计的平等,有助于解决小产权房、农村宅基地入市等问题。(3)解决农村宅基地的邻里纠纷。[④] 在法律上没有确认和界定而事实上又变相存在宅基地私人所有的情况下,基于人性私欲,宅基地邻

---

① 参见《俄罗斯联邦民法典》,黄道秀等译,中国大百科全书出版社1999年版,第102~103页。

② 当前推行的不动产统一登记制度就是一大进步,是一种变相的事实存在与确认。

③ 笔者认为,任何宅基地和商品房房主都不希望土地使用权到期被收回或需要缴费,包括对土地民营化持反对意见的人在内,事实上还没有先例。因而,对土地民营化持反对意见的人也就陷入了自相矛盾的悖论。

④ 凡是在农村生活过的人或深入农村调查的人便非常清楚地了解中国农村的真实情况。即宅基地邻里纠纷非常普遍,由于产权不明晰,从而把人性"恶"的一面发挥极致,而这远非法律人所设计的相邻权等法律手段所能解决。

里纠纷等问题必然容易发生。而一旦法律确认宅基地民营化并加以产权地界确权登记,法律的“定分止争”的功能必将凸显。(4)解决征收问题。征收不同于征用,它是以不动产所有权变更为前提。征收制度的设计是以协议征购为前置程序,基于公共利益需要而在征购不成的情况下强制取得私人不动产并给予公平补偿。[①] 2011年颁布的《国有土地上房屋征收与补偿条例》第13条规定:房屋被依法征收的,国有土地使用权同时收回。所以,国有土地使用权不存在征收补偿问题。有学者提出“国有土地使用权也存在征收补偿问题”,[②]笔者认为是不妥的。但基于中国语境,国有土地使用权事实上却又存在中国特色的征收补偿问题,而在没有确定私人土地的情况下,又难以从法律上真正衡量房屋征收中的土地价值,而是基于当事人之间的利益博弈以及社会维稳等诸多不确定非法治因素来“讨价还价”征收补偿,因地因人差异很大,势必引发诸多社会矛盾,包括群体性事件等。[③] 唯有从法律上确认了宅基地和商品房的土地民营化,才能真正意义上实行包括协议征购前置程序、征收对象认定、公共利益界定、公平补偿等征收制度,从而从根本上解决我国征收目前面临的困境。

至于农村宅基地入市交易是否影响到耕地保护等问题,例如,城里人到农村买房是否超出耕地承受范围等,笔者认为,这不应是农民考虑的问题,更不是以牺牲农民利益为代价的问题,而是政府基于公共利益保留面向全体公民的制度设计问题,例如,通过宅基地取得制度、宅基地限购制度、宅基地使用用途限制、征收房产税等市场机制及其法律制度加以解决。就如同大量农民或外地人到某城市购买商品房引起一系列问题一样。

其次,待条件成熟时,再从农村土地承包经营用地、私人企业用地等领域进行适量土地所有制改革。对此,不能单纯从历史上或国际上存在土地私有现象或国际惯例加以判断是非,而应当基于当下国情及其历史惯性如何寻求较为稳妥、代价较小的改革路径考量。笔者认为,此项改革需要具备如下前提条件:一是我国城镇化进程以及大量农村剩余劳动力的吸纳程度;二是随着农村人口流动与减少,对现有农村承包用地进行调查摸底,允许进城农民有偿转让土地承包经营权,进而可利用土地的适量重新分配;三是土地规模化经营到一定程度;四是保持一定比例的国

---

① See Paul Goldstein and Barton H. Thompson, Jr., *Property Law: Ownership, Use, and Conservation*, Foundation Press, 2006, p. 179.

② 张千帆:《城市土地“国家所有”的困惑与消解》,载《中国法学》2012年第3期。

③ 参见李昌庚:《中国征收制度的困境与出路》,载《学习与实践》2014年第5期。

有农场、林场或牧场以及国家储备用地；五是户籍制度的改革与完善；六是城乡一体化的社会保障制度的建立与完善；七是基于公共利益保留的征收制度和土地发展权征购制度等方面的改革与完善等。[①] 鉴于我国区域差异性很大，对此要根据条件成熟情况，因地制宜地依法适量逐步推行，可以先从某些沿海发达地区进行试点，然后再根据情况逐步改进、完善和推广。

对此，其中一个较为理想的重要改革选项就是，让尽可能多的农民成为股东的农村集体产权改革，也就是农村股份合作制等组织形式，从而把虚设意义上的集体"成员权"转化为实质意义上的股权。农民土地股权可以分红，并有条件实现土地流转，确保农民土地权益；并使农民实现有序职业转换，使农民逐渐成为一种职业，而非身份的象征。即便在美国，也有将近5万个农村合作组织机构，但这不完全同于我国目前试点的"集体"意义上的农村股份合作制。只有让农民成为股东并享有股权的农村股份合作制才更具有意义。这实际上是土地法人所有权的重要实现形式之一，也是所有权社会化的重要表现形式，从而有别于传统意义上的公有制和私有制。这不仅产权明晰，而且也符合土地规模化经营的发展趋势，同时也是符合中国国情的一种路径选择。当然，这还涉及企业法人治理结构问题，从而影响其改革成效。

这既是从法律上对农村土地承包经营权长期不变在土地所有制上的确认和进化，也是从根本上解决农村土地承包经营权流转、集体土地入市流转等方面存在的问题。

至于其中是否存在土地过分集中或过分分散、失地农民现象、耕地保护、是否影响到社会公共利益等问题，笔者认为，首先，以上可能出现的这些问题不是农民而应是政府考虑的问题和担负的责任，例如，通过土地流转限购、土地用途管制、失地农民保障、征收、土地发展权征购、税收等制度设计纳入法治化轨道解决。这也是国际惯例。例如，美国许多州设立了土地发展权转移银行。又如，法国《农业指导法》规定，私有农地只能用于农业，不能用于非农业用地；土地转让不准分割，只准整体继承或出让。同样，法国《城市规划法典》也规定了土地开发法定上限密度制度等。其次，不要低估农民作为"经济人"的智慧，市场竞争领域要充分发挥市场

① 所谓土地发展权征购制度，是指政府运用公共资金从土地所有者手中购买土地发展权，从而将其土地发展权掌握在政府手中。土地所有权并没有改变，仍属于土地所有者，仍然保留农地继续耕种，但失去了改变土地用途和谋求更多发展机会的权利。该制度最早源于存在土地私有现象的英国。该制度创设的主要目的在于保护农业用地、保护生态环境、保护社会公共利益。

配置土地资源的基础性作用。最后,由于受传统意识形态影响,一直存在对土地产权多元化,尤其是其中的土地民营化的偏见和误解。其实,土地是最重要的自然资源之一,是任何一个国家都要加以控制的重要自然资源。任何土地民营化的国家都有一定比例甚至更高比例的国有土地。即便自由市场化程度很高的美国,联邦及州政府所有的土地也占39%,私有土地占59%,印第安人保留地占2%。[①] 从我国来看,如果按照宅基地、商品房用地、私人企业用地、农民承包地等领域考虑产权多元化的话,我国土地国有仍占很大部分。此外,国际通行的征收制度、土地发展权征购制度等还可以起到公共利益保留的兜底作用。因此,土地民营化只是相对的,"没有绝对意义上的土地所有权,只有绝对意义上的动产所有权"。[②]

当然,也有人以安徽小岗村为例提出,农村土地承包经营只能解决温饱问题,不能解决农民致富问题,进而以河南南街村、江苏华西村等为例提出农村土地重新集体化的建议。笔者认为,农村土地承包经营相比较以前的"大集体"能够解决"吃饭"问题就是一大进步;能否进一步带动农民致富,则要取决于不同区域土地等自然状况。就我国农村土地状况总体而言,主要是解决"吃饭"问题,农民能否致富则关键取决于工业化、第三产业、商业化、城镇化等因素。至于河南南街村、江苏华西村等致富并不是因为农村土地集体化的结果,而是工业化、第三产业等所带来的市场因素的结果,其内部的集体福利如同企业福利一样并不具有可复制性和普遍推广性,存在个体差异化。随着农村城镇化进程的加快,农民及其农村剩余劳动力的减少,如前所述的农民以其土地股权形成的农村土地股份合作制等组织形式所出现的规模化经营的农场等产业形态将逐步增多,从而更高效、集约化、规模化的利用土地。但这并不是有些人所谓的农村"大集体"的重新出现,而是基于农村土地承包经营基础上的更高层次的农村土地发展模式。

四、结语

关于《宪法》第10条"城市的土地属于国家所有"的规定,有学者仅仅理解为"国有化"运动,并不符合文义解释和历史事实;或是强调"城市的土地可以包括集体所有",但却没有认识到集体所有权的缺陷,则这种释宪或修宪并无多大意义。

---

① 我国可否考虑在国家、地方、私人以及维吾尔族、藏族等某些特殊少数民族之间进行类似土地所有制改革也是一个值得探讨的话题。

② [英]R. J. 沃克:《英国法渊源》,夏勇等译,西南政法学院编译1984年版,第39页。

同样，基于这个前提所进行的各种讨论及其对策与建议均没有多大意义。从此视角来看，基于当下国情，在尚未触及土地所有制改革时，《宪法》第10条能够适应现有体制及其现实需要，并无释宪或修宪的必要。

但如果“醉翁之意不在酒”，通过这种质疑，试图以所谓“国有化”运动、“城市的土地可以包括集体所有”等来反映土地产权多元化的趋势，则具有探讨的现实意义。而这问题的根本在于包括集体所有权在内的土地所有制改革，这不是释宪问题，而是要立足于我国根本制度和城镇化、工业化、市场化改革实践的不断深化研究探索修宪问题，这才是解决我国《宪法》第10条的根本之策。长期困扰我国的土地征收、集体土地流转、宅基地流转、宅基地邻里纠纷以及当前尝试和探索的农村集体土地的所有权、承包权和经营权的“三权分置”模式等问题便迎刃而解。同样，所谓的撤县设区、县改市、“撤村设居”等所带来的土地性质变更，以及“城市”界定、“城中村”等诸多人为造成的伪命题也自然消解。既然如此，关于国家所有权，就没有必要“羞答答”地套用英国的“名义上的所有权”概念，反而基于中国语境造成不必要的混淆与误解。

当然，关于土地所有制改革的问题已经超出了本文范畴，本文只是回应学界关于《宪法》第10条的争议，并试图回答问题的实质及其出路在哪里。至于土地所有制到底如何改革，基于中国国情，则是非常慎重的事情，涉及社会转型期改革路径选择、改革策略与技巧以及改革先后次序的设计路线图等因素，有些问题非一时所能一步到位，此乃是党和政府顶层设计的改革话题。

我国农地抵押的地方实践及制度构建

梁远高*

一、问题的提出

提高农业生产效率,实现农地规模化经营,释放农地的融资潜力,需要赋予农民对农地的更多财产性权利。在我国农村,农户拥有的财产主要有土地承包经营权、房屋及其占有范围内的宅基地使用权、农业生产资料和农产品,其中,土地承包经营权最为重要。① 20 世纪 80 年代初,我国确立了农村土地承包经营制度,经过 30 多年的农村改革和深化发展,土地承包经营权不断丰富完善,其流转限制也逐步从松开到放活。根据农业部的资料显示,截至 2014 年年底,全国家庭承包耕地流转面积 4.03 亿亩,比 2013 年增长了 18.3%,流转面积占家庭承包经营耕地面积的 30.4%。② 为了发挥市场在农村资源配置中的决定性作用,2013 年 11 月党的十八届三中全会通过《中共中央关于全面深化改革若干重大问题的决定》指出,赋予我国农民对承包地占有、使用、收益、流转及承包经营权抵押、担保权能。专家的权威解释为农民对承包地享有占有、使用、收益的权利,无处分权,土地承包经营权不允许抵押,中央只是把经营权从土地承包经营权中单独分离出来,允许其抵押担保,但承包权不许抵押。③ 2013 年 12 月召开的中央农村工作会议提出"落实集体所有权,稳定农户承包权,放活土地经营权允许其抵押"。2014 年 1 月中共中央、国务院发布《关于全面深化农村改革加快推进农业现代化的若干意见》,正式提出

* 华南理工大学法学院硕士研究生。

① 参见高圣平、刘萍:《农地金融制度中的信贷担保物:困境与出路》,载《金融研究》2009 年第 2 期。

② 参见《全国耕地流转面积占总承包耕地比重超过三成》,载新华网:http://news.xinhuanet.com/fortune/2015~08/27/c_1116397151.htm,最后访问日期:2016 年 6 月 5 日。

③ 参见陈锡文:《农村土地制度改革,底线不能突破(权威访谈·学习贯彻十八届三中全会精神)——专访中央农村工作领导小组副组长、办公室主任陈锡文》,载《人民日报》2013 年 12 月 15 日,第 2 版。

“允许承包土地的经营权向金融机构抵押融资”。这些制度创新都为以家庭承包的农地进行抵押融资打开了通道，客观上满足了农村经济发展的需要。至此，以承包土地的经营权抵押为核心的农地金融化也就成为农村深化改革的一个有效路径。

基于土地承包经营权的生产和社会保障功能，2014 年中共中央办公厅、国务院办公厅联合颁发《关于引导土地经营权有序流转发展农业适度规模经营的意见》，以经济学界“三权分置学说”为基础首次在中央文件中正式提出“土地经营权”术语。但这一经济理论如何在法律上得以表达，在法学界存在巨大争议。[①] 但是，不可否认，农村土地权利“三权分置”是适应市场经济条件下劳动力和土地等生产要素遵循经济规律进行优化配置的要求，是我国农业现代化发展的必然选择。新一轮的农村土地制度改革将突破现有的农地二元结构，而在“三权分置”体系下进一步优化产权结构，盘活农地等生产要素，必然涉及法律的修改，就土地承包经营权抵押而言，《担保法》第 37 条第 2 款明确禁止“耕地、宅基地、自留地、自留山等集体所有的其他土地使用权抵押”，《物权法》第 184 条第 2 款延续了该款，仅增加了“但法律规定可以抵押的除外”的规定，《农村土地承包法》第 32 条规定“通过家庭承包取得的土地承包经营权可以依法采取转包、出租、转让或其他方式流转”，对该问题予以回避。但是，法律上的禁止性规定并不能阻止农地抵押的地方探索，例如，宁夏同心县农地抵押试点、山东枣庄市农地抵押贷款试点等地方性探索都试图消除农地抵押的制度障碍。

根据党的十八届三中全会决定和农村土地改革的政策，允许承包土地的经营权向金融机构抵押融资，其理论基础是“三权分置”论。有学者认为，“承包土地的经营权”抵押融资，是“按照所有权、承包权、经营权‘三权分置’和经营权流转有关要求”，并以“落实农村土地的用益物权”“深化农村金融改革创新”为指导思想提出来的。[②] 不可否认的是，国家政策对社会变迁和生产关系的变革往往起着导向性的，立竿见影的决定性的作用，承包土地的经营权按照市场规律进行抵押已是不可阻挡之势，其在法学及法律规范上予以肯定只是时间早晚的问题。

但由此产生的问题是，在“三权分置”理论下，如何厘清再分离后承包权、经营

① 参见陈小君：《我国农村土地法律制度变革的思路与框架——十八届三中全会〈决定〉相关内容解读》，载《法学研究》2014 年第 4 期。

② 参见高圣平：《承包土地的经营权抵押规则之构建——兼评重庆城乡统筹综合配套改革试点模式》，载《法商研究》2016 年第 1 期。

权与农地抵押融资的关系？我国农村土地承包经营权抵押的地方探索给农地抵押融资的制度构建带来了哪些教训？“三权分置”理论下应当如何构建承包土地的经营权抵押法律制度？本文拟就此进行探讨，以求教于方家。

二、承包权与经营权分置是农地抵押的实现方式

农村土地制度改革主要是围绕着所有权和使用权分离进行的。土地制度结构的第一层面是所有制，第二层面是权利构成。由于我国农村土地实行集体所有制，故改革只能在第二层面寻求突破，即扩大使用权的权能，发挥产权的激励和稳定预期的功能，调动土地使用者的积极性，以提高土地利用效率。① 土地承包权与土地经营权分离的实质是，以强化土地使用权为核心，深化土地承包权与土地经营权的两权分离变革。并且权利分置能够弥补我国现行土地承包经营权流转制度存在的权利形态单一、权利效力弱、权利期限短、权利缺乏抵押功能等缺陷。② 循此思路，合理地选择以土地承包经营权为支点，厘定承包权与经营权分离后的性质与关系，以期探明其对农地抵押融资的作用。

(一)承包权与经营权分置的法律构造

自20世纪80年代初，我国开始实行家庭联产承包责任制，农村土地集体所有权与承包经营权分离，承包经营权就成为我国理论界和实务界通用的概念，并且《土地管理法》《农村土地承包法》《物权法》都延续了这一用语。2014年中央一号文件提出承包权与经营权的再分离，打破了原有的农地权利架构。由此，需要重新审视原有的承包经营权概念，在解构传统的农地权利体系前提下，重塑承包权与经营权。当前，关于再分离的承包权与经营权的权能划分与性质界定充满争议，从中央决策层面到专家学者都对此争议较大，主要观点可归纳如下：

其一，承包权仅为一种资格，经营权为物权。③ 此种观点认为承包权是成员权的一种，是成员获得承包土地的资格，还不是一种实实在在的财产权。而经营权来自承包土地使用权，故属于物权范畴。其二，承包权为成员权，经营权为用益物权。④ 主张将承包权界定为成员权，不可抵押流转，经营权为物权，可以流转抵押。

---

① 参见刘守英：《中国土地制度改革的逻辑与出路》，载《财经》2014年第14期。

② 参见朱广新：《土地承包权与经营权分离的政策意蕴与法制完善》，载《法学研究》2015年第11期。

③ 参见刘俊：《土地承包经营权性质探讨》，载《现代法学》2007年第2期。

④ 参见陈小君：《我国农村土地法律制度变革的思路与框架——十八届三中全会〈决定〉相关内容解读》，载《法学研究》2014年第4期。

其三,承包权与经营权均为物权,同属于用益物权。[①] 此种观点主张承包权与经营权分离后,两者皆为物权,农户因集体成员资格而取得土地承包权,承包权是一种单独性质的财产权,经营权来自承包权,也是一种物权。

对分离后的承包权与经营权的权能划分与性质进行界定,应当从再分离的功能目的以及政策意蕴入手,而非从概念本身去构建。“三权分置”主要是为了破除初次分离下“农地农民用”和“均田承包”的制度局限,分离后的经营权不受与承包权的主体资格相类似的限制,具有开放性和可交易性,可以在更为广泛的范围内进行流转。此外,为非农身份主体携带资本进入农业生产提供渠道,以满足不同阶层农民生存与发展的需求。因此,分离后的经营权实质上是一个充分而有保障的土地承包经营权,并且强化了土地承包经营权的生产要素功能,负载着促进农民和农业进一步发展的功能,将其理解为一项独立的物权较为适宜。理由如下:

第一,经营权从土地承包经营权中分离出来,应当将其确立为物权,使其具有稳定性和对抗性。由于债权的内容具有相对性,期限具有随意性,其价值难以量化,设定方法也不便公示,不符合抵押权的成立要件,因此很难将经营权推演为债权。[②] 并且我国2014年中央一号文件明确指出:“在落实农村集体所有权的基础上,稳定农户承包权,放活土地经营权,允许承包土地的经营权向金融机构抵押融资。”很明显,中央的政策意蕴在于推动土地经营权的抵押功能的实现,如若把经营权的性质解释为债权,则很明显与中央的政策相悖离。如果肯认经营权的物权性质,则经营权人和承包权人之间的关系会更加稳定,就可以有效抑制承包人随意撕毁合同的行为,经营权人也可以放心地进行长期的投资、经营。并且此次中央一号文件提出的制度变革的核心内容是“三权分置”,即突破当前农村耕地地权两权并立的格局而实现农民集体土地所有权、农户承包权和土地经营权的“三权并立”。“三权并立”的一个基本要求就是三种权利可以相互对抗,相互制衡,在权利效力上没有明显差别。作为一种物权性权利,经营权人有权占有、使用土地,在不改变土地用途的前提下按照自己的意愿进行农业耕作,并享有一定的处分权,可以不经过承包人的同意,将经营权入股、设置担保或信托。同时,由于没有成员资格要求,经营权可以在更为广阔的空间流转,工商资本可以进入农业、农村和农民的事务领域,农村土地资本将被激活。因此,土地经营权更多地体现为一项财产性权利。

---

① 参见蔡立东、姜楠:《承包权与经营权分置的法构造》,载《法学研究》2015年第3期。

② 参见潘俊:《农地“三权分置”:权利内容与风险防范》,载《中州学刊》2014年第11期。

第二,从制度革新动力上分析,制度改革缘何而生,其根本原因是作为上层建筑的制度已经不适应作为经济基础的生产力的发展。现行的土地承包经营权制度存在的问题是土地承包经营权的社会保障功能和生产要素功能相冲突。中央之所以提出土地承包经营权流转机制改革,是基于现有的土地承包经营权流转机制已经不适应生产力的进一步释放,当前土地承包经营权流转所依赖的权利是一种债权性权利,这种以债权性权利为基本依赖形式的土地承包经营权流转已经变得不合时宜。[①] 并且我国目前总体上进入"以工促农、以城带乡"的发展阶段,在中央实行"工业反哺农业、城市支持农村"的方针下,在党的十七届三中全会所通过的《中共中央关于推进农村改革发展若干重大问题的决定》确立"要贯彻广覆盖、保基本、多层次、可持续发展原则,加快健全农村社会保障体系"的总体原则下,实际上,随着我国农村社会保障体系的逐步健全,农村和农民对于土地的社会保障功能的依赖有所下降。此外,伴随我国工业化、信息化、城镇化和农业现代化进程的加快,农村劳动力大量转移,农户承包土地的经营权的流转速度明显加快,而当前对于经营权的流入方的保障又远远不够,这就不符合我国发展农业适度规模经营的目标。因此,赋予土地经营权以物权性质是有必要的。有了物权性质保障的土地经营权,其流转将更加有序和高效。

至于承包权,2014 年中央一号文件主张稳定农户承包权,就是要解除农民流转农地的后顾之忧,将承包权紧紧留在农民手中。分离后的承包权,从大的方面来说,延续了农地的社会保障功能,给农民吃了"定心丸";从小的方面来说,分离后的承包权也要实实在在地为农民带来权益,包括流转经营权后监督承包地的使用,有偿退出和流转承包地,在农地征收时获得征收补偿等。[②] 在农村土地所有权、农户承包权与土地经营权"三权分置"改革中,关于土地承包权的性质有"成员权说"与"物权说"之争。本文认为,"三权分置"下的土地承包权,既非集体成员承包土地的资格,也非一种成员权,而是一项独立的物权,具体而言属于用益物权。理由在于承包权的取得虽然受身份限制,但是,将承包权界定为单纯的权利能力或者资格并不妥当,因为承包权的客体指向的是财产利益,因而是一项财产权利。并且承包权是从承包经营权中分离出来的,土地承包经营权本身就是一种用益物权,承

---

① 参见陶钟太郎、杨遂全:《农村土地经营权认知与塑造——从既有法制到未来立法》,载《南京农业大学学报》(社会科学版)2015 年第 2 期。

② 参见张力、郑志峰:《推进农村土地承包经营权再分离的法制构造研究》,载《农业经济问题》2015 年第 1 期。

包权自其分离出来后，自当延续此种物权属性。故而，将承包权界定为成员权，实际上混淆了承包权与农民身份的区别，更重要的是，它无法实现承包权独立的价值和意义。

综上，将承包权与经营权的性质界定为用益物权较为妥当，将二者分别界定为成员权和用益物权，虽然与现行的改革文件的精神最为契合，但是此种理解的问题在于成员权并非物权，不属于物权的保护范围，这就需要对现行法律制度进行大范围调整。在这种情况下，进行不动产登记的只能是经营权，并且法律将面临如何界定成员权的困境。

（二）二者分置是实现农地抵押的重要基础

在农村土地承包经营权流转中，农村土地承包经营权抵押是个具有较大争议的法律问题。《物权法》第184条和《担保法》第37条第2款明文禁止土地承包经营权抵押。现行法律之所以严格限制承包经营权抵押，主要是考虑到其社会保障功能，抵押人一旦无法清偿到期债务，土地承包经营权便发生转移，抵押人将失去可经营性农地，其基本生活无法维系，必然有害于农村社会的基本稳定。① 而有学者则认为，土地承包经营权作为一种法定物权，其应当具备完全的处分权能。土地承包经营权的抵押，只是为农民提供一种融资渠道，农民有能力理性地对待抵押的相应风险。法律没有必要土地承包经营权抵押予以绝对限制。农地集体所有制已经为农地农地保障制度提供了坚实的后盾，对于土地承包经营权抵押权能的限制显属多余。此外，随着农村社会及经济的发展，农民需要以资产性收益为支撑参与市场性商业经营，扩大农业生产投资。限制土地承包经营权的融资权能的制度设计已经不符合现实需求，阻碍了农村经济发展。②

承包权与经营权分置的制度设计，以经营权作为抵押权的客体，土地承包经营权不受经营权抵押的影响。③ 这样一方面，可以有效解除农民担心失去土地的疑虑；另一方面，能够有效地发挥农地的财产属性和融资功能，以上两种观点的争议也随之化解：其一，在土地承包经营权人未为他人设定经营权的情况下，承包土地的经营权当然属于农户，权利表现形式仍属于土地承包经营权，无须进一步区分土

① 参见孟勤国：《中国农村土地流转问题研究》，法律出版社2009年版，第65页。

② 参见温世扬：《农地流转：困境与出路》，载《法商研究》2014年第2期；高圣平：《中国土地法制的现代化——以土地管理法的修改为中心》，法律出版社2014年版，第140页；郭继：《土地承包经营权抵押的实践困境与现实出路——基于法社会学的分析》，载《法商研究》2010年第5期。

③ 参见房绍坤：《论土地承包经营权抵押的制度构建》，载《法学家》2014年第2期。

地承包权与土地经营权,那么承包土地的经营权抵押也就表现为土地承包经营权抵押。此时,虽然农户仍然是在承包土地的经营权上设定抵押,但在解释上抵押权人只需取得抵押权,而无须取得土地经营权。因此,在农户没有流转其承包地的情况下,无须为抵押权人设定土地经营权,再为其设定土地经营权抵押权,农户自可直接以其土地承包经营权为抵押权人设定抵押权,只是实现抵押权时仅处分抵押权即可。① 有学者认为,土地承包经营权人可以为自己在土地承包经营权上设定经营权,再以经营权为标的,为债权人设定抵押权。② 笔者认为,该观点有待商榷。因为土地经营权作为一种用益物权,属于他物权,自应在他人之物上设定。而且土地承包经营权人在自己的土地承包经营权上设定经营权,也不便于土地登记簿上的权利记载。其二,在土地由其他农业经营主体经营时,权利表现形式是该农业经营主体的土地经营权,基于经营权完全独立性和可处分性,经营权人可以以经营权为客体设定抵押权,此时承包土地的经营权抵押权表现形式为土地经营权抵押权。因此,承包土地的经营权抵押权,实际上表现为土地承包经营权抵押权和土地经营权抵押权。

由此可见,农村土地所有权、承包权和经营权的"三权分置"为农村土地经营权抵押构建了理论支撑和明确了发展方向。但有学者认为,依据现行土地承包经营权制度,"在符合特定条件的情况下,当事人之间设立的债权质押仍可发挥担保作用",③没有必要将土地经营权从土地承包经营权中分离出来,进而实现农地的融资担保功能。但是,由于土地承包经营权不能作为担保物权的客体,权利质权只能以现实存在且有效的农地债权为标的,只能实现已经通过债权方式流转之农地的融资功能,而无法实现非处于债权流转模式中的农地的融资,其适用范围明显极其有限。毫无疑问,将经营权作为抵押权的标的,就可以顺利实现农村土地的融资功能,从而跨越权利质权机制下先设定债权再设定质权实现融资担保功能的烦琐程序。因此,分置后的经营权作为独立的物权,就使得无论是处于静态下的还是处于流转状态的农地,均能有效实现融资担保功能。

但是,我们不禁会有这样的疑问:以土地经营权设定抵押权,会不会就不存在

---

① 参见高圣平:《承包土地的经营权抵押规则之构建——兼评重庆城乡统筹综合配套改革试点模式》,载《法商研究》2016年第1期。

② 参见蔡立东、姜楠:《承包权与经营权分置的法构造》,载《法学研究》2015年第3期。

③ 陈小君:《我国农村土地法律制度变革的思路与框架——十八届三中全会〈决定〉相关内容解读》,载《法学研究》2014年第4期。

法律障碍了？笔者认为，土地经营权虽然不是直接在集体土地所有权上设立，但仍然属于"集体所有的土地使用权"之列，同样在《物权法》禁止的"耕地、宅基地、自留地、自留山等集体所有的土地使用权"之列，不能以土地经营权不是土地承包经营权为由而规避上述禁止性规定。① 在这种情况下，即使采用土地所有权、农户承包权、土地经营权的权利结构，也无法使土地经营权在现行法下成为适格的抵押财产。实践中，由于我国农业资金需求日渐增长以及多途径的农业融资方式涌现，地方探索中已经突破了土地承包经营权抵押的禁止性规定。那么，对试点实践的土地承包经营权抵押的模式以及经验教训进行总结，对于"三权分置"模式下承包土地的经营权抵押的制度构建将大有裨益。

三、土地承包经营权抵押的地方探索及教训

由于《国务院关于开展农村承包土地的经营权和农民住房抵押贷款试点的指导意见》中所称的"承包土地的经营权"表现为两种不同的法权形式，这样，"承包土地的经营权"抵押也就表现为两种抵押权，即土地承包经营权抵押和土地经营权抵押。目前，土地承包经营权抵押的试点工作已经深入展开并形成了成熟经验，构建一体化的承包土地的经营权抵押法律制度，就应当充分借鉴试点实践的经验教训。

（一）土地承包经营权抵押的主要模式

尽管现行法律规定禁止土地承包经营权抵押贷款，但全国许多地区都在中央授权下，就土地承包经营权抵押贷款进行了多样化的制度创新实验。总的来说，目前的土地承包经营权抵押试点大致有以下三种模式：土地承包经营权直接抵押贷款模式；土地承包经营权反担保贷款模式；土地经营权收益抵押贷款模式。以下，笔者就上述 3 种模式中较典型的改革实例进行分析，发现其中的利弊得失，以期对承包土地的经营权抵押规则的构建提供有效的参考思路和实践样本。

1. 四川省崇州市的直接抵押贷款模式

在《关于成都市农村产权抵押融资总体方案》《成都市农村土地承包经营权抵押融资管理办法（试行）》和《成都市农村土地承包经营权抵押融资贷款工作方案》的指导下，崇州市于 2010 年开始，按照"确实权，颁铁证"和"五个一致"的工作要

---

① 参见高圣平：《承包土地的经营权抵押规则之构建——兼评重庆城乡统筹综合配套改革试点模式》，载《法商研究》2016 年第 1 期。

求,扎实推进农村产权制度改革,推动土地流转,形成了独具特色的土地承包经营权抵押制度。[①] 该模式的主要做法是:第一步,土地家庭经营农户主、土地股份合作社、规模经营业主分别向崇州市农发局、农商银行提出土地承包经营权抵押贷款备案登记申请、土地承包经营权抵押贷款申请。第二步,完善权证登记工作,为登记在册的土地颁发相应的证书,明确农发局核定的合规权证为办理土地承包经营权抵押贷款的前提要求。其中,农户必须持有《农村土地承包经营权证》和《农村土地承包合同》;土地股份合作社必须依法成立,且符合章程规定的成员出资;企业和规模经营业主必须依法取得《农村土地经营权证》,且流转支付租金1年以上。土地家庭经营农户向银行申请农村土地承包经营权抵押贷款,先由银行调查借款人的条件、贷款额度、用途等,并依照土地承包经营权的年限对其估值。在估值完成后,由银行和农户共同前往农发局备案。农发局根据估算的价值登记备案后,向银行颁发《农村土地承包经营权抵押登记证》,据以办理抵押贷款。土地股份合作社和公司类土地经营权抵押贷款,必须先由融资主体在农发局申请办理《农村土地经营权证》,在农发局进行登记方能进行抵押贷款。[②] 第三步,由成都农商银行依据土地家庭经营农户、土地股份合作社和土地适度规模经营公司的承包经营年限,按照《崇州市农村土地承包经营权评估基准价办法(试行)》评估抵押贷款授信额、贷款用途、利率约定。[③] 第四步,经崇州市土地承包经营权抵押融资联席会议审核通过,列入蜀兴担保公司担保对象。第五步,签订土地承包经营权抵押协议,由成都农商银行发放贷款。

2. 宁夏同心县的反担保贷款模式

宁夏同心县的土地承包经营权抵押实验开始于2006年,以农户土地协会为基础展开。县政府组织成立农户土地协会,以行政村为单位,处于信用社的两个乡镇网点内,由全体村民选举产生协会会长、副会长,并选举该组织内相对富裕、有领导力和号召力、有偿债能力和担保能力的成员担任常务会员。[④] 农户可以向土地协会

---

① 参见四川省成都市农业委员会课题调研报告:《四川省崇州市农村土地承包经营权抵押融资的实践与探讨》,2011年5月10日。

② 参见《崇州市农村土地承包经营权抵押贷款实施方案(试行)》。

③ 参见中国人民银行崇州支行2011年4月10日的报告——《建立三大机制、探索三大类型——崇州市创新农村土地承包经营权抵押融资初见成效》。

④ 参见张丹、曾章蓉:《"土地承包经营权抵押贷款"创新实验研究——以宁夏回族自治区同心县为例》,载《海南金融》2010年第12期。

提出申请，以享有中等以上地质的土地经营权入股，经全体常务会员对申请入会的农户进行审查并一致同意，农户即可成为农户土地协会会员。会员向农村信用社申请贷款时，需选择 3 名加入了协会的会员进行三户联保，再选择 1 名常务会员作为贷款担保人。然后三方之间签订抵押协议，规定农户在不能清偿到期贷款的时候，要将入股的土地承包经营权转让给担保人或者协会处置。遇到常务会员申请贷款的情形，则由其他 2 名常务会员和会员、副会长担保。[①] 但是，农村信用社在发放贷款时，不仅要审查所有的担保协议，与申请贷款的会员签订贷款借据，而且要与农户土地协会签订总的担保协议。在申请贷款的会员到期无法清偿贷款时，联保的会员、常务会员或土地协会就要替他归还贷款。此时，由于之前签订了《土地承包经营权抵押贷款协议》，土地承包经营权将会转让给代替归还贷款的人员。农户在还清贷款本息之后方可赎回土地承包经营权。

3. 山东枣庄市的收益抵押贷款模式

2008 年山东省枣庄市政府为农民下发了《农村土地承包经营权证》，还另行颁发独立的《农村土地使用权证》。农民以《农村土地使用权证》加入土地合作社。合作社与农户签订《土地承包经营权委托经营协议书》，土地合作社发给入社农户《合作社成员证》予以确认，合作社成员凭《合作社成员证》获得土地收益。并且工商业资本在土地合作社中不能占超过 20% 的股份。[②] 农民以户为单位，把自己经营的土地、果园全部交给合作社管理经营。双方签订土地流转合同，明确双方的权利和义务。在收益分配上，按入社土地折股，实行保底分配和二次返还分配等相结合。当年总收益扣除必要管理费用后，首先，按入社约定的每股保底收益平均分配，剩余纯利润按股分红，并留存部分合作社集体积累和风险基金。[③] 其次，土地合作社提出申请并提交土地产权证，银行进行信用评级，政府指定机构对土地经营使用权价值进行评估，然后到土地交易市场办理登记。最后，银行与土地合作社签订贷款合同，贷款期限为 2 年，并约定在合同期限和最高额度内信贷资金可循环使用。贷款人到期不能偿还贷款的，银行有权在政府设立的土地使用权交易市场对

---

① 参见武振军等：《土地承包经营权抵押贷款问题运行机制探析——宁夏同心县土地抵押协会调查》，载《农业经济与管理》2011 年第 1 期。

② 参见陈宜民、邢衍栋：《农地产权分类与资本化：枣庄农村土地经营收益权抵押贷款案例》，载《金融发展研究》2010 年第 5 期。

③ 参见《全国首家注册土地合作社抵押贷款成功》，载网易财经网：http://money.163.com/08/1016/03/4OBKBKNC002524SC.html，最后访问日期：2016 年 6 月 16 日。

土地使用权进行拍卖,拍卖标的物是合作社抵押土地上的现有以及在规定期限内可以产出的农作物。

(二)对土地承包经营权抵押模式的评析

在农地抵押地方探索中,各地政府突破法律规定,制定大量的政策性文件,为土地承包经营权抵押制造依据。以上几种典型的抵押模式,都获得了一定程度上的成功,解决了农村发展融资难的问题,具有样本意义。

四川崇州市模式是由市政府、市农委、市统筹委和金融办牵头开展的,并由政府出台文件进行指导,建立了相对完整的土地承包经营权抵押制度。崇州模式将抵押人区分为土地家庭经营农户、土地股份合作社、规模经营业主,分别适用不同的抵押贷款的条件,明确抵押物的股价和期限,具有合理性。这种模式允许二级土地市场主体申请抵押贷款,解决了土地规模经营资金的瓶颈问题,能吸引更多专业的农业经营公司参与地方的土地经营和管理,促进农业的产业化和规模化发展。同时,必须指出的是,崇州模式是比较基础的土地承包经营权抵押贷款模式,在制度设计上较为审慎,一方面,借款期限远远低于土地承包经营权抵押的年限,在降低贷款风险的同时大大缩小了抵押人获得的贷款规模。另一方面,对土地承包经营权的估价是以传统农作物的产出来进行的,所以造成了对土地承包经营权价值的低估,降低了土地承包经营权融资功能。此外,崇州市虽然制定了一系列市场化运作的规则和机制,但是基本是按照政府指定本地银行、独立担保公司担保、政府风险基金兜底信贷风险进行,并未解决商业银行的积极性问题。

宁夏同心县模式本质上是土地经营权在本集体经济组织内部进行流转,其担保方式类似于反担保,其抵押实现结果类似于转包。银行是债权人,农户土地协会及其会员为农户向金融机构贷款提供保证担保,农户以土地承包经营权向土地协会及为其担保的会员提供抵押的反担保。这种模式充分利用了农村熟人社会性质,发挥村庄舆论和乡规村约的作用,督促贷款农户及时清偿金融机构贷款。同时,由于村民之间相互熟悉,能对借款人的经济状况和信用程度进行评估,相互提供担保,既能够降低向金融机构贷款的难度,又有利于降低抵押贷款的风险。在农户到期不能清偿贷款时,该模式则强制性地将其抵押的土地承包经营权转让给农户土地协会或者其他会员代替偿还贷款的成员,此种方式恰好与《土地承包经营法》相吻合。同心模式的法律风险在于在此种模式下,农户以土地承包经营权入股农户土地协会,而农户土地协会只是抵押中的中介或者担保组织,在贷款时起到担保作用,并不具有农业生产的功能,这就使得同心模式具有了法律上的不确定性。

如果农户土地协会的法律地位遭到了质疑,必然导致农户入股无效和担保落空。在农户发生大规模违约时,这一法律漏洞几乎是致命的。

山东枣庄模式虽然在形式上采用了"土地使用权"并颁发了相应权证,但并非严格意义上的土地承包经营权抵押。这种模式是以抵押土地上现有以及将有的农作物产出收益作为抵押标的,本质上是动产浮动抵押与农产品期货交易相结合的形式。该种模式在现有框架内是一种新的探索和尝试,主要体现为:第一,通过对土地承包经营权进行分层,规避了法律禁止性规定。枣庄市通过发放《土地使用权证》,形成了所有权、承包权、经营权"三权分离"基本结构。又通过将抵押标的物设定为经营权抵押期限内的地上附作物收益,规避了与法律的直接对抗。第二,枣庄市在市、县、区建立三级土地使用权流转市场,为确保土地承包经营权抵押的顺利进行,还成立了全国首家农村土地资产评估事务所,对交易土地的产权进行评估,不仅规范了交易行为,而且提供了客观公正的交易参考价格。第三,建立专门的土地使用权流转市场,发展农业保险,保证农地的农业用途不变的同时,也便利了金融机构处置农地使用权,降低了金融机构信贷风险。但是,枣庄模式存在潜在的风险:由于农村土地承包经营权收益具有一定的不确定性,其价值有可能因为抵押人的原因或者不可抗力发生减损甚至灭失的危险,进而影响抵押权的实现。

(三)对构建承包土地的经营权抵押法律制度的教训

在扩宽农业融资渠道和实现土地融资功能的目标下,各地政府以政策性文件为依托,以土地承包经营权确权为前提,或采取了将土地承包经营权直接抵押的形式,或将其变通,都在一定程度上改变了农民融资困难的现状。但是,我们应当清醒地认识到这其中存在的问题,笔者归纳如下:

第一,规范土地承包经营权抵押的基本法律缺失。尽管很多地方政府通过发布指导性文件允许土地承包经营权抵押贷款在本地区内推行,但在实践中都面临着被叫停的风险。并且以地方政府政策性文件作为抵押法律制度实施的依据,其合法性本身便受到质疑。首先,作为用益物权的土地承包经营权应当遵循"物权法定"的基本原则,所谓的物权法定,是指物权的种类和内容由法律规定,禁止当事人自由创设,[①]包括"类型强制和类型固定、物权效力法定和物权变动公示方法法定"等内容。综合上述的《关于成都市农村产权抵押融资总体方案》《成都市农村土地承包经营权抵押融资管理办法(试行)》《成都市农村土地承包经营权抵押融资贷

① 参见尹田:《物权法定原则批判之思考》,载《法学杂志》2004 年第 6 期。

款工作方案》等文件来看,其只是普通的政府文件,并非地方立法,自然就不具有合法的效力渊源,因而文件对于抵押主体、抵押实现等内容的规定不具有法律上的效力,且这些内容与国家现行立法有所冲突,这就使得试点地区试行的土地承包经营权抵押制度并无有效的法律支持。其次,以政策性文件进行的制度设计具有不稳定性,使现行土地家庭承包经营权权利义务关系不稳定。由于政策文件反映的是政党组织或者国家机关在一定时间内的行为规范和行动准则,具有随着形势改变而变化的特征,这将不利于抵押制度当事人实现合理的经济预期,不仅造成农民不敢大胆进行土地承包经营权流转,也增加了金融机构的安全性、流动性风险。① 最后,由于我国现阶段各项改革仍处于"摸着石头过河"阶段,改革的政策和措施可能会与现行法律不相容,但是,改革必须依法而行。虽然试点地区是国家承认并授权进行农村土地承包经营权抵押贷款试点,"先行先试"是其改革措施取得正当性的政策基础,但是,习近平总书记在中央全面深化改革领导小组第二次会议上强调:"凡属重大改革都要于法有据,在整个改革过程中,都要高度重视运用法治思维和法治方式,加强对相关立法工作的协调。"②基于此,任何改革的推进必须在法律框架下推行,而不是自行其是。并且,国务院在《关于开展农村承包土地的经营权和农民住房抵押贷款试点的指导意见》中要求"认真总结试点经验,及时提出制定修改相关法律法规、政策的建议,加快推动修改完善相关法律法规"。因此,在条件成熟时,真正解除法律上的禁止,是构建承包土地的经营权抵押法律制度的最终的选择。

第二,土地承包经营权抵押权设立模糊。土地承包经营权的抵押是承包经营权处分的重要方式之一,对此应当遵循处分权行使的一般规定,可以《物权法》中关于抵押权的规定作为该制度的法规范基础。我国《物权法》第 127 条第 1 款规定:"土地承包经营权自土地承包经营合同生效时设立。"《农村土地承包法》第 22 条规定:"承包合同自承包之日起生效。承包方自承包合同生效时取得土地承包经营权。"二者均主张土地承包经营权的设立采取意思自治主义,亦即土地承包经营权仅依当事人之间的土地承包合同即可设立,无须登记或交付。③ 这一规则设计与我国《物权法》上就因法律行为所引起的物权行为采取合意加公示的模式④大相径

---

① 参见唐薇、吴越:《土地承包经营权抵押的制度"瓶颈"与制度创新》,载《河北法学》2012 年第 2 期。

② 陈金钊:《"重大改革都要于法有据"的意义阐释》,载《甘肃理论学刊》2014 年第 9 期。

③ 参见王利明:《物权法研究》,中国人民大学出版社 2013 年版,第 821 ~ 822 页。

④ 参见梁慧星、陈华彬:《物权法》,法律出版社 2010 年版,第 83 页。

庭。依据《物权法》《合同法》的规定及民法原理，只有在土地承包经营权发生物权性流转时，才涉及登记公示问题，因为登记起着公示土地承包经营权的权利变动的作用。物权性流转发生土地承包经营权主体的变动，应当登记；债权性流转没有发生土地承包经营权主体的变动，则无须公示，自不应登记。依此，土地承包经营权的抵押明显属于物权性流转，需要完善的登记制度。根据《物权法》第 187 条的规定，抵押登记是不动产抵押权设立的基本方式，但《农村土地承包法》及《物权法》关于承包经营权自该合同生效时设立的具体规定，则采取了意思主义物权变动模式。如果承包经营权的设立都未采用登记方式，要求抵押权以登记为成立要件，则将成为无源之水，难以操作。① 鉴于此，应当完善承包经营权的设立方式，借助登记的公示功能增加承包经营权的公信力，以维护交易安全。②

此外，实践中由于登记机关的不统一导致登记混乱状态时有发生。《农村土地承包法》明确“四荒”土地的登记发证机关为县级以上人民政府，《农村土地承包经营权流转管理办法》则规定以转让、互换方式取得的土地承包经营权的流转登记机构是县级人民政府农业行政主管部门。《土地登记办法》规定土地使用权抵押由县级以上国土部门负责，但它又禁止土地承包经营权抵押。由此，便造成了登记的混乱状态，导致登记的效力降低。虽然《物权法》的出台对土地承包经营权的登记作了详细的规定，但并没有提及登记机关。所以，明确土地承包经营权抵押权的登记问题十分迫切。

第三，抵押权实现较困难。由于缺乏完善的土地承包经营权流转市场，使得农村金融机构抵押债权存在变现风险。现行土地承包经营权流转场所匮乏、流转规则不完善，给金融机构实现土地经营权抵押权带来了很大的麻烦。由于《商业银行法》第 43 条规定金融机构不得自营不动产，③实际上限制了金融机构实现土地承包经营权的方式。那么，当抵押人不能清偿到期债务时，金融机构将难以变现抵押的土地承包经营权收回贷款，则需要流转市场为土地承包经营权寻找新的主体，以保证金融机构债权的实现。在山东枣庄模式中，政府在极力推动土地承包经营权价值评估建设上，即可看出流转市场对土地承包经营权抵押的重要性。鉴于实践中土地承包经营权流转市场的不完善，在进行农地抵押制度构建时，需要寻求多种流转方式以保证土地承包经营权抵押权的实现。

---

① 参见陈小君：《我国农村土地法律制度变革的思路与框架——十八届三中全会〈决定〉相关内容解读》，载《法学研究》2014 年第 4 期。

② 参见孙宪忠：《物权法》，社会科学文献出版社 2005 年版，第 271 页。

③ 参见《商业银行法》。

第四,土地承包经营权抵押所需的配套措施不健全,导致农地抵押贷款的基础不稳定,如土地流转、社会保险等。当前,我国土地承包经营权抵押还处于试验阶段,虽然各地方已经相继形成了较成熟的抵押模式,但是,由于土地承包经营权流转市场不完善、农村信贷风险保障机制匮乏、农村社会保障机制不健全等原因,导致土地承包经营权抵押的配套措施供给不足,使得农地陷入评估难、变现难、抵押难的“三难”境地。

四、“三权分置”下承包土地的经营权抵押的出路

现实证明,突破土地承包经营权抵押禁止并重构承包土地的抵押制度已经成为农村土地承包经营权市场化改革的必由之路。笔者认为,可以通过以下几方面进行制度创新:

(一)修改土地承包经营权抵押的法律法规

清除经营权抵押的法律障碍,构建健全的经营权抵押制度,是“三权分置”将经营权分离出来的应有之义。地方试点已经突破农地抵押禁止,那么,接下来很长一段时间的工作重点将是经营权抵押制度的构建问题。对于经营权抵押的制度设计,一方面要注重以传统抵押制度进行理论上的衔接与自洽;另一方面也要竭力做到务实会惠民,绝不能“自娱自乐”地追求理论上的纯粹性。① 为契合 2014 年中央一号文件精神,必须修改相关法律法规,以构建完整的经营权抵押制度。

其一,明确规定承包土地的经营权可以抵押。抵押权的客体为经营权,所有权不得抵押,承包权也不得抵押,这是实现经营权抵押的基本前提。

其二,限制经营权抵押的期限。对于经营权抵押的期限,首先是不得超过剩余承包期,其次要适当地限制抵押期限的长度,因为如果经营权长期抵押,则其实质上是出售经营权,这将使得农民承包权沦为虚权,而如果期限太短,经营权的价值就体现不出来,银行等金融机构的积极性就可能不高。因此,对于经营权抵押的期限的确定需要谨慎,具体应综合考虑农田面积大小、经济效用高低、抵押贷款的数额等因素,根据每个地方的不同情况而定,可以 3~10 年为参考。

其三,简化抵押权设定和实现程序。根据《农村土地承包法》第 37 条规定,土地承包经营权流转,如果是转让必须经发包方同意,其他方式则需报发包方备案。

---

① 参见郭继:《土地承包经营权抵押的实践困境与现实出路——基于法社会学的分析》,载《法商研究》2010 年第 5 期。

经营权的流转需要发包方的同意不甚合理，将对经营权权能产生不当限制，且发包方是否同意转让的决定并没有明确的法定或科学依据。因此，为响应2014年中央一号文件放活经营权的精神，应容许经营权人自主决定抵押，对于抵押权的实现也无须征得发包人的同意。抵押权的设立应依法登记发生效力；不登记，不发生法律效力，不能对抗第三人。

其四，保障抵押权的实现。包括抵押权实现的条件以及方式、抵押权实现后农地农用的限制，经营权流转对象的限制宜逐步解除等。就目前《担保法》所列举的几种抵押权实现方式而言，经营权抵押权的实现可采取变卖、拍卖方式，并且应当创新抵押权的实现方式。由于土地经营权已经是市场化的产物，不宜规定集体经济组织成员的优先受让权。当然，采取协议变价方式实现抵押权的，仍应当尊重本集体经济组织成员的优先权。

（二）承包土地的经营权抵押的规则之构建

从法律制度层面消除了经营权抵押的障碍为经营权抵押规则构建奠定了基础，对于经营权抵押规则的构建可以从主体、设立条件以及实现方式三个方面考虑，以下详述之。

1. 农地抵押关系的当事人

从担保法原理来看，法律对抵押关系的当事人的资格未做特别限制。但就承包土地的经营权抵押而言，鉴于我国目前农村法制薄弱，经营权抵押处于初级阶段，对抵押关系当事人的资格予以限制实有必要。

我国《农村土地承包法》第15条规定："家庭承包的承包方是本集体经济组织的农户。"同时，《农村土地承包法》第34条规定："土地承包经营权流转的主体是承包方。"因此，在以承包土地的经营权设定抵押时，农户理应是抵押人。除此之外，在农村生产领域通过土地承包经营权合法流转而取得土地承包经营权专业大户、家庭农场、农民合作社、农业企业等新的经营主体，也可以作为承包土地经营权抵押的抵押人。

承包土地的经营权抵押在性质上属于农地的物权性流转，而我国《农村土地承包法》第41条规定，承包方"有稳定的非农职业或有稳定的收入来源"且"经发包方同意"可以转让土地承包经营权。据此，有学者认为，承包方以土地承包经营权抵押的，也需"有稳定的非农职业或者稳定的收入来源"。[①] 对此，笔者不敢苟同，

---

① 王冠玺、李仁莹：《土地承包经营权抵押范围的再探索》，载《山东大学学报》2010年第4期。

在土地承包经营权转让的情况下,强调承包方必须有"有稳定的非农职业或者稳定的收入来源",主要是为了防止无其他生活来源的承包方因失地而丧失生活的基本保障。但土地承包经营权抵押与土地承包经营权转让不同,二者的制度功能存在差异,将上述规定也设置为以承包方作为抵押人的限制条件不合理。首先,土地承包经营权人将农地进行抵押的目的是解决生产资金问题,农地抵押所得贷款,是农民生息资本。正是由于债务人无其他收入,才依靠农地抵押贷款融资,要求抵押人有稳定的非农职业或稳定的收入来源方可抵押,无异于本末倒置。其次,《物权法》将土地承包经营权作为一种物权规定,物权人对其权利的处分一般情况下无须他人意思介入,由此,土地承包经营权人处分其土地承包经营权应属当然之理。并且土地承包经营权抵押后,其抵押标的物仅是承包土地的经营权,即使在抵押权实现时,抵押人也不会丧失土地承包经营权。因此,不宜将土地承包经营权转让的相关规则准用于承包土地的经营权的抵押。

在抵押权人方面,从当前各地土地承包经营权抵押试点的情况来看,抵押权人均限于银行等金融机构。尽管2014年中央一号文件强调的政策是"允许承包土地的经营权向金融机构抵押融资",但是现实生活中,土地承包经营权人可能会因应急需要,将承包土地的经营权进行抵押,其可行的选择只能是自然人或其他组织,一般组织或者个人也能成为抵押权人。[①] 有学者认为,只有金融机构或有资质的银行才可作为农地抵押权人,自然人和普通企业法人不能作为农地抵押权人,否则可能导致两个问题:一是可能引发高利贷现象;二是可能引发以抵押贷款为名的私下土地买卖或土地兼并。[②]

应该认识到,允许承包土地的经营权进行抵押的初衷,在于解决承包方农业生产资金不足的问题,其抵押融资应设计为针对农业生产经营的专项融资。土地经营权抵押属于新生事物,并且抵押权的实现具有或然性,承包地的流转的潜在风险依然存在,因此,在抵押权人的选择上宜谨慎。笔者认为,现阶段将承包土地的经营权的抵押权人设定为银行等金融机构较合理。当然,随着农地抵押融资的日益普遍化,抵押权人的范围可以采取分阶段、分步骤的方式逐渐扩大,最终到完全由当事人自主决定,自愿选择。

---

① 参见韦福:《农村土地承包经营权抵押关系主体及其权利义务的立法构想》,载《广西社会科学》2012年第6期。

② 参见陈锡文:《农村土地制度改革,底线不能突破(权威访谈·学习贯彻十八届三中全会精神)——专访中央农村工作领导小组副组长、办公室主任陈锡文》,载《人民日报》2013年12月15日,第2版。

2. 抵押权以登记为生效要件

在全国人大常委会授权试点地区在试点期间暂停实施《物权法》第184条第2项之后，关涉制度设计的问题就是，在土地经营权上设定抵押权如何契合现行担保物权规则。[①] 从登记在抵押权设定中的意义来看，《物权法》做出了两种制度安排，即登记生效主义和登记对抗主义。虽然《物权法》中允许"法律、法规未禁止抵押的其他财产"设定抵押权，为土地经营权抵押预留了空间，但是，土地经营权抵押权究竟是采用登记生效主义还是登记对抗主义，有待查明。

土地经营权是在土地承包经营权上设定的，其性质仍然属于农业经营主体就他人从事农业生产的物权。就此而言，土地经营权与《物权法》第180条所规定的"以招标、拍卖、公开协商等方式取得的荒地等土地承包经营权"相似。此类土地承包经营权由农业经营主体通过市场化方式与集体经济组织订立土地承包经营合同而设定，相关规则与以家庭承包方式取得的土地承包经营权存在很大不同。[②] 既然《物权法》对此类土地承包经营权采取登记生效主义，则基于平等原则和正义的要求，[③]也应对土地经营权抵押权做一致处理，采取登记生效主义，抵押当事人应当到主管部门办理抵押登记；未经登记的，抵押权不成立。

但是，我国对土地承包经营权的设定并未采取登记生效主义，这会不会影响到土地经营权抵押权的设立及其流转？土地承包经营权的设立应否采取登记生效主义？依照《物权法》第127条的规定，土地承包经营权自土地承包经营合同生效时设定，登记并非土地承包经营权生效或对抗要件。其理由在于集体成员之间彼此相熟，承包土地为人所共知，能够起到相应的公示作用。[④] 但是，这种意思主义立法模式与土地承包经营权日益市场化并不同步。党的十八届三中全会通过的《中共中央关于全面深化改革若干重大问题的决定》明确指出："鼓励承包经营权在公开市场上向专业大户、家庭农场、农民合作社、农业企业流转，发展多种形式规模经营。""鼓励和引导工商资本到农村发展适合企业化经营的现代种养业，向农业输入现代生产要素和规模经营。"由此，土地承包经营权的流转会逐渐增多，但目前土地

---

① 参见高圣平：《承包土地的经营权抵押规则之构建——兼评重庆城乡统筹综合配套改革试点模式》，载《法商研究》2016年第1期。

② 参见胡康生主编：《中华人民共和国农村土地承包法释义》，法律出版社2002年版，第107页。

③ 参见王泽鉴：《民法总则》，北京大学出版社2009年版，第52页。

④ 参见全国人大常委会法制工作委员会民法室编：《〈中华人民共和国物权法〉条文说明、立法理由及相关规定》，北京大学出版社2007年版，第236页。

承包经营权的设立制度并不能提供相应的制度保障。因此,有学者正确地指出:"从长远来看,土地承包经营权的设立应当登记。因为随着土地承包经营权流转的增加,农村市场化的发展,土地承包经营权的流转会越来越频繁,因而可以采取登记的方式来保障当事人的权利。"①

笔者认为,权属清晰是交易的基本前提,为明晰农户的土地权益,维护土地承包经营权交易的安全,在鼓励适度规模经营的目标下,应强化农地的公示手段,将土地承包经营权的设定与土地经营权的抵押一致采用登记生效主义。

3. 抵押权的清偿实现方式

根据《物权法》第195条的规定,抵押权的实现有折价、拍卖、变卖抵押财产等3种方式。那么,承包土地的经营权抵押权的实现规则将作何选择,以及是否需要创制出新的实现规则,笔者将在下文做出解答:

第一,承包土地的土地经营权抵押权的实现不宜采取折价方法。《物权法》第195条规定,抵押权人可以与抵押人协议,以抵押财产折价。但是,鉴于现阶段抵押权人一般限于银行等金融机构,作为抵押权人,若银行等金融机构通过折价来取得承包土地的经营权,显然与其身份不符,也不利于土地的经营利用。并且我国《商业银行法》第43条明确限制商业银行"不得向非自用不动产投资"。因此,承包土地的经营权抵押权的实现方式不宜采取折价方式。

第二,抵押当事人可以协议以拍卖、变卖承包土地的经营权,实现抵押权。通过拍卖、变卖方式实现抵押权,并不导致土地承包经营权的转让,而仅是承包土地的经营权发生转让。根据现行法的规定,土地承包经营权的转让必须满足三个条件:一是承包方"有稳定的非农职业或者有稳定的收入来源";二是"经发包方同意";三是转让方与受让方应是同一集体经济组织的农户。② 那么,以拍卖、变卖的方式实现土地经营权抵押权时,是否应符合上述限制性条件的规定?关于第一项和第二项条件,其不合理性上文已经论及。关于受让方应是同一集体经济组织农户,实际上限制了农地流转的对象,妨碍了农地价值的实现。而且承包土地的经营权抵押权的协议实现不同于土地承包经营权的流转,二者的协议当事人存在差异:就土地经营权抵押权协议实现而言,是抵押权人与抵押人;土地承包经营权转让的

① 参见王利明:《物权法研究》,中国人民大学出版社2013年版,第270页;梁慧星、陈华彬:《物权法》,法律出版社2010年版,第83页。

② 参见《农村土地承包法》第41条、《农村土地承包经营权流转管理办法》第35条。

当事人则是转让人与受让人。并且土地经营权抵押权的实现与土地承包经营权的转让在性质上不同。故而,不宜将土地承包经营权转让的规则直接适用于土地经营权抵押权实现时的农地转让。所以,笔者认为,"三权分置"下土地承包经营权并不会因为以拍卖、变卖承包土地的经营权实现抵押权而改变,自然就没有必要将受让方限于同一集体经济组织内的承包户和其他农业经营者。

第三,抵押当事人就抵押权的实现达不成协议时,可以采取强制管理的方法。所谓强制管理,是指执行机关对于被执行的不动产委托管理人实施管理,以其所得收益清偿债权的制度。[①] 其余强制拍卖、变卖等最大的区别在于不改变抵押财产的权属,抵押人仅在一定期限内丧失对抵押财产的使用收益权,仅以抵押财产的收益来满足强制执行权,在强制执行权得以满足后,抵押人仍享有对抵押财产的完整权利。在我国目前渐进式的农地改革思路之下,承包土地的经营权抵押流转不能使抵押人丧失土地承包经营权,通过强制管理委托他人管理抵押财产,并以其收益有限清偿债权。虽然我国现行法律没有明确强制管理的抵押权实现方式,但实践中多有强制管理执行制度的探索。例如,抵押权人可以采取入股、出租等非转让方式实现抵押权,受让方并不取得承包土地的经营权,而只是以取得的入股收益或出租收益优先受偿。由于"强制管理措施对执行债务人而言比起强制拍卖来具有更少的深刻后果",[②]契合了目前保证农户承包权的公共政策目标。因此,我国在实定法上尚缺乏强制管理这一执行措施,建议在未来相关制度修改和设计中,可以引入这种执行方式。

(三)完善承包土地的经营权抵押的配套措施

承包土地的经营权的抵押流转离不开相关配套措施的完善,笔者主要从以下两方面论述如何完善经营权抵押的配套措施。

1. 土地承包经营权流转市场的完善

良好的土地承包经营权流转市场是土地承包经营权抵押制度得以有效运转的前提和基础。物的交换价值是土地承包经营权抵押得以设立的基础,土地承包经营权的抵押,本质上是土地权利流转,必须有相应的流转场所和机制才能实现权利的流通和增值。笔者认为,规范的土地承包经营权流转市场,至少应包括高效的产

---

① 参见房绍坤:《论土地承包经营权抵押的制度构建》,载《法学家》2014 年第 2 期。

② [德]恩斯特·里特尔:《对不动产的强制执行》,杨柳译,周翠校,载黄松有编:《强制执行法起草与论证》,中国人民公安大学出版社 2004 年版,第 158 页。

权登记制度、合理的价格评估机制以及公开的产权交易平台。

首先,土地承包经营权确权登记制度。目前,我国关于土地承包经营权的登记的规定散见于各类法律中,尚未形成统一的体系。并且登记机关的规定不一致,土地承包经营权登记机关主要有县级以上人民政府、国土资源部管理部门和农业主管部门,这就容易引起登记混乱,并且不利于土地承包经营权抵押流转。从我国的地方实践来看,成都市的做法较典型,其先成立专门的土地产权确权工作小组,制定确权方案;然后组织各村、组分别成立监事会、议事会和协调小组等村民自治组织,制定村规民约;再进行土地的调查、测量和制图等工作,由国土局、房管局和农业局发放相应权证。成都市这种以村民自治为基础,政府居间协调的确权策略,为土地承包经营权确权登记的进行提供了一种可资借鉴的模式。

其次,土地承包经营权价值评估机制。对土地承包经营权的价值进行评估,才能够衡量其交换价值,是土地承包经营权抵押贷款的重要基础。由于长期以来限制家庭承包经营权的流转,因而对其市场价值的评估缺乏相应的机制。从全国开展的土地承包经营权抵押贷款试点来看,目前各地尚无专门的土地经营权价值评估机构和专业资质评估人员,缺乏一个相对科学的评估价值作为参照。笔者认为,其一,应当将专业评估机构的估价作为土地承包经营权流转的必备环节或者前置环节。其二,将基准地价作为对土地承包经营权最低限价的规定,在此基础上引入相对独立的第三方专业评估机构根据承包地的自然因素、影响土地承包经营权收益的社会经济条件及其他影响承包地产出的特殊因素,对农村土地经营权抵押价值进行科学评估并出具相应的评估报告。

最后,土地承包经营权的流转平台。在经过土地承包经营权确权登记、价值评估之后,接下来就需要建立一个土地承包经营权流转平台。土地市场与土地流转是一种辩证统一的关系。① 中介组织是土地流转双方的信息交流的桥梁和纽带。有了土地流转中介组织,土地流转的机会就会增加,交易成本和风险就会降低,而土地交易所恰能通过提供相应的交易场所和充分的信息公开,发挥市场机制对资源的配置作用,让土地承包经营权通过转让、转包、出租、作价入股等形式流转。农村土地交易所不仅促成了抵押关系的建立,让土地承包经营权真正流动起来,而且也为抵押权的实现提供了场所和方式,抵押权人可以通过拍卖、变卖等方式受偿,

① 参见陈小君:《农村土地法律制度研究——田野调查解读》,中国人民大学出版社 2004 年版,第 296 页。

还可以通过将土地经营权转让给第三方以实现债权。除此之外,还可以探索建立县(市)、乡、村三级土地流转服务平台,提供土地承包经营权流转信息、价格信息的发布,政策法规的宣传、经营主体的资格的审查等服务。

2. 健全农村社会保障体系和农业保险机制

由于我国农村经济社会发展的不平衡性,我国农村社会保障制度变迁将是一个长期、渐进的过程,[①]必须根据国家经济总体发展水平,有步骤、分阶段地进行农村社会保障体系的建设和完善。

农村社会保障体系的健全可以先从农民最低生活保障着手。农村最低生活保障制度,是指政府对家庭年人均收入低于最低生活保障标准的农村贫困家庭以户为单位,实行差额救助的制度。[②] 作为农村社会保障体系最后一道防线,农村最低生活保障在基本生产保障的制度目标上与土地承包经营权社会保障功能具有一致性,可以成为土地承包经营权社会保障功能的替代。我国自 2007 年启动农村最低生活保障制度建设以来,已在全国初步形成了最低生活保障制度框架。但是,现有农村最低生活保障制度依然存在低保资金来源不足、保障标准较低、救助对象界定不明、相关配套和工作机制缺乏等问题。要解决以上问题,首先,地方政府应当以国家标准为基础,进而结合本地区的经济发展水平、农民的生活水平等情况选择科学合理的,反映本地区财政状况的测量方法,切实按照基础服务均等化原则逐步缩小城乡差距,制定科学合理的救助金额。[③] 此外,要保证农村最低生活保障标准与区域经济发展状况和生活必需品价格变化挂钩,综合考虑影响农村居民基本生活需求的因素,适时调整保障标准。其次,加强对低保资金使用的社会管理和流向监控机制。一方面,完善省、市、县三级农村低保工作机构;另一方面,应尽量减少中间环节,严格规范操作程序,实现社会化发放,保证"应保尽保,不能保的坚决不保"。[④] 通过政务公开、农村低保信息网络建设、群众监督等措施建立起最低保障资金监督管理机制,确保低保政策落到实处。

农业保险制度是对缴纳保费,参与农业保险的农户,在农业生产中,如果遭受

① 参见宋士云:《对中国社会保障制度模式变迁的思考》,载《江汉论坛》2007 年第 9 期。

② 参见左菁:《中国"反贫困"社会救助法律制度——农村最低生活保障制度实施的制度障碍分析》,载《河北法学》2007 年第 7 期。

③ 参见李薇、韩俊江:《我国农村最低生活保障制度存在的问题和对策研究》,载《劳动保障世界》2011 年第 3 期。

④ 王梅:《农村最低生活保障制度存在的问题及对策》,载《经济研究导刊》2011 年第 11 期。

自然灾害或者病虫害等意外事故导致经济损失,由保险公司对损失予以补偿的一种社会救助制度。我国农业保险仍处于起步阶段,其覆盖面积仅占耕地面积的1/4,发展模式还不成熟,目前主要是政策性农业保险,从保费的收入来看,仅为农业产值的3.2%,不能对农业损失进行有效保障。① 正是由于农业保险制度不健全,才导致我国农村土地流转举步维艰,进而影响到承包土地经营权抵押融资。因此,政府应加大财政支出在农业保险上的投入。

五、结语

将承包土地的经营权抵押放在“三权分置”理论的语境下讨论,有着天然的契合性和承继性,以承包土地的经营权抵押而进行的农业金融客观要求农地权利分置,为其创造制度基础。在进行承包土地的经营权抵押法律制度构建时,应当在立法和司法层面为承包土地的经营权抵押扫清障碍,并对一系列的法律制度进行重新安排,包括土地经营权抵押的当事人、明确登记为抵押权设立生效模式、创新抵押权实现形式、完善土地经营权抵押的配套设施,进而激活农村土地资本的融资功能,更好地解决当前农村出现的农民融资困境和克服抵押试点实践中的矛盾与不妥,为实现农民富裕、农业现代化及农村发展推波助澜。

由于农业金融鲜明的政策色彩,因此,在各地进行的土地承包经营权抵押试点中政府实际上扮演着政策制定者和市场辅助人的角色,这在当下我国农地金融还处于不成熟发展阶段是必要的,但从长远来看,政府作为参与者在抵押制度中无论是在制度运营和监督成本还是在信息收集成本、针对交易方式的议价成本都比只由抵押权人和抵押人参与,由市场进行需求发现及资源配置而促成的抵押贷款的成本要高,实际上造成了制度实施效率低等弊端。这一点是我们在制度构建时必须注意的。

---

① 参见苑改霞、高侯平:《健全我国农村政策性金融制度的现实选择》,载《生产力研究》2009年第9期。

附　录

第三届"法治中国·湘江论坛"论文题录

1."国家规定"在非法集资类案件中的决定性作用　胡彦涛
2."法不禁止皆自由"的宪政精义　马爱平
3.人民币加入 SDR 货币篮子的法理分析　马爱平
4.中央与地方财政关系的二元悖论与破解路径　沈　斌
5.供给侧改革的经济法思考　刘方圆
6.高新技术产业税收优惠制度研究　黄俊涛
7.论以完善农产品价格形成机制为先导的农业供给侧改革　侯泽鹏
8.惩罚性赔偿的功能与标准　吕曰东
9.论国有土地由来及其法律"后遗症"的防治　莫　静
10.人民币国际化与"一带一路"战略的关系　马爱平
11.用时间换空间:经济新常态下债转股的困境及其破解机制　梁伟亮
12."三权分置"下承包土地的经营权抵押的困境与出路　梁远高
13.资产证券化 SPV 组建之法律机制探讨　蒋璐璇
14.论商业标识的构造与规制　毕文轩
15.农村土地信托流转的现状分析与未来展望　陈　敦　张　航
16.供给侧改革与信访立法　姜明安
17.风险社会背景下中立帮助行为可罚性探究　李　灿
18.农村土地经营权入股法律问题探讨　蒋建湘　文　新
19."一带一路"国际产能合作的法律应对　邱雪璐　杨良宇
20.我国公平竞争审查主体制度探析　孙凯茜
21.诱空虚假陈述民事赔偿责任　程　乐
22.《食品安全法》惩罚性赔偿适用的限制　陈澜鑫
23.司法公开的信息化担纲法治治理的现代化　戴　乔　代温世
24.城乡一体化中食品生产者的分类治理与制度构建　石　珍　戴　乔

25. 基于国家治理范式的司法实质性公开　石　珍　戴　乔
26. 论新型网络不正当竞争行为认定的考量因素　李宗辉
27. 供给侧改革下司法廉政建设的不足与完善　刘　强　徐文彬
28. 农地流转的法律问题研究　王平利
29. 刍议互联网环境下的微博著作权保护　魏若男
30. “城市土地属于国家所有”的争议与回应　李昌庚
31. 生态文明与环保禁令:一种环保手段的现代化构建　龚海南
32. 论政府经济行为的法律规制　黄　姿
33. 网络借贷中非法集资行为的界分与刑法规制　李学良
34. “软法”治理视野下执法程序改革的简易化与法治化　石　珍　戴　乔
35. 司法权威与责令重作双同禁止条款的实践反思　黄先雄
36. 土地承包经营户存废问题的法理分析　王慧媛
37. 行业协会信用能力的供给侧理论分析　朱国华　樊新红
38. 标准必要专利禁令救济滥用的反垄断法规制研究　王　渊　赵世桥
39. 浅析竞争评估程序制度的建构　苗　航
40. 我国 P2P 网贷法律监管的困境及出路　丁国峰　王　浩
41. 基本医疗服务供给侧结构性改革　刘耀辉
42. 科技成果转化激励机制的政策比较及其立法吸纳　石东坡　潘贤芬
43. 社会效率、意外后果与远程交易中消费者的撤回权　靳文辉
44. 我国 P2P 网络贷款风险监管机制的构建　彭晓娟
45. 海南省东方市农村土地承包经营权确权、登记调查研究报告　余　敬
46. 论互联网金融系统性风险监管的法律对策　袁达松　张赛文
47. 商品质量惩罚性赔偿制度的功能及其实现　张　慧
48. 大学生创业网络信贷风险规制法律问题研究　丁国民　高炳巡　段　炼
49. 农村土地承包经营户不应成为民事主体　许中缘　崔学炜
50. 诉讼调解的辩证法之维　车志平
51. 论我国民事审前程序与调解程序的构建及审前调解法官的设置　冯　昊
52. 论乡土法庭调解的四个维度　蒋　正
53. 管住乱拨司法天平的手　宋　峰
54. 生存权优先理念下农村土地承包纠纷调整方略调研报告　当阳市人民法

院课题组

55. 将调解“大旗”升上法院旗杆的最顶端　万姝蓉

56. 对人民调解协议司法确认制度的反思　郭　娟

57. 完善社会救助制度及构建民事公益诉讼制度研究　黄金波　谭必荣　严　峻

58. 大势所趋:法官单独招录及完善培训制度的思考　李双华

59. 司法改革语境下的审判委员会职能定位　蒋　正

60. 刑事和解对平等原则的挑战与应对方法　黄金波　严　峻

61. 关于基层法院设立法官地区回避制度的思考　邓　娇　陈　芳

62. 关于司法与民意冲突之围破解路径研究　李志雄

63. 从规训的逻辑到自由的逻辑:法官考评机制的反思与重构　郭　娟

64. 从“案多人少”的矛盾走向审判权运行的和谐　车志平

65. 人民调解协议司法确认制度的运行偏差与本位回归　宜昌市中级人民法院课题组

66.《孙子兵法》与调解艺术　方正权　黎　锦

67. “选”和“任”的思考　田　禾

68. 多元纠纷解决路径的深化探索:供给侧改革下的调解自动履行机制研究　赵　一

69. 依申请收回土地使用权中房屋征收补偿问题研究　程　琥

70. 关于该不该立反虐待动物法的社会调查报告　胡　曦

71. 论矿产资源补偿费与资源税法律制度的再协调　欧阳天健

72. 知识产权的竞争法保护　黄　寅

73. 论国有企业混合所有制改革　陵金秀

74. 股权众筹的法律规制研究　胡兰玲　彭　洁

75. 尊重与规范:农地流转实践检省与法治回应　纪培福

76. 实践检讨与制度修正:环境刑事司法之现状分析与对策思考　石　珍

77. 新常态下法治税务建设研究　湖北省宜昌市地方税务局课题组

78. 供给侧改革视野下电子商务广告的行政规制　戴　乔

79. 国有财产监管制度研究　李昌庚

80. 民事诉讼视角下公用企业垄断问题的实证研究　卢　宇

81. 反垄断法中消费者利益保护　余美敏
82. 集体建设用地流转纠纷的实体法研究　陈海凌
83. 供给侧结构改革下食药领域涉众型经济犯罪法律规制问题研究　盛　波
84. 用大数据推进服从守法规律的国家治理现代化　聂佳龙
85. 著作权侵权“实质性相似”认定规则综述　潘家磊
86. 我国在国际贸易中知识产权保护的现状与对策　蒋白雪
87. 混合所有制改革与国有资本控股公司性质研究　张利兆
88. 土地承包经营权流转的价值定位与制度选择　沈　斌
89. 加快税收法治建设,推进税收调控步入法制化轨道　杜佳蓉
90. 互联网金融犯罪特点与侦防对策研究　刘　坤　高春兴
91. P2P 网络借贷平台涉嫌经济犯罪侦防应对研究　陈政耀　刘　坤
92. 三权分置视域下的农村新变　高庆艳
93. 贫困人口脱贫与财政转移支付制度　陶武成
94. 从城镇化与新农村建设的政策互动谈我国农村土地制度改革的最终路径　谢慧阳
95. 全面小康与生态保护:论跨区域生态补偿机制构建　袁　承
96. 竞争性国有企业退出:理论争议与实践检视　王　贵
97. 激活沉睡的农村土地资产,加快农业现代化建设步伐　杜佳蓉
98. 审判视角下非法证据排除规则运行实效与进路优化　欧阳国
99. 互联网金融领域法律监管机制之完善　夏大伟
100. “互联网+”下金融消费者权益保护之实证研究　徐沅钤
101. Outlook of China's State-owned Enterprises Tansformation　Yi Hu
102. 论我国衍生品市场中央对手方自律管理权与行政监管权的配置　陈柯晔
103. P2P 借贷关系中债权人利益保护路径探析　李学艳
104. 公物视角下国家所有权客体类型研究　李　垚
105. 论知识产权在我国的竞争法保护　徐　畅
106. 后农业税时代农地调整与农地流转法律问题研究　梅维佳
107. 证券市场违法行为治理问题研究　赵昕昕
108. 论互联网金融视角下 P2P 网贷平台的法律规制　郑　俏
109. 知识产权诱致的产品差异性对相关市场界定的影响　周　围

110. 专车运营的法律困境及其克服　朱兵强　刘美智子
111. 浅析 P2P 资产证券化合法性视域下的特殊目的实体选择　陈柯晔
112. 解读与建构:以审判为中心的诉讼制度改革　郭妙林
113. 论我国反垄断执法机构的不足与完善　顾　文
114. 保障小微企业融资公平之政府干预法律制度研究　李瑞雪　朱创威
115. 行政审批权改革深化出路探究　王秀才
116. P2P 借贷平台融资担保模式研究　王　璇
117. “滴滴专车”服务的运营及行政特许权研究　王玉全　沈书会
118. 解读与评析:最高人民法院巡回法庭改革初探　夏先华
119. 困境与破茧:法官员额制改革探析　夏先华
120. 营改增中税率变动的正当性研究　张成松
121. 法定资本制改革:逻辑与抉择　臧俊恒
122. 地方财政自主权的边界分析　何锦前
123. 论环境税法的功能定位　何锦前
124. “一带一路”战略的法律供给机制探析　蒋新苗　朱雅妮
125. 经济法视角下行政审批制度改革分析　侯秀慧
126. 经济法控权之路径展开　王　贵
127. 地方金融聚敛的迷思:转型、博弈与利益诉求　吕铖钢
128. 在“疏”与“堵”之间:论供给侧改革语境下 P2P 平台的困境与出路　石瑞婷　王虹超
129. 宏观视野下的互联网跨境电商监管改进性研究　宋义欣
130. 第三方支付引发的洗钱风险及其刑法规制研究　赵金金
131. 政府创业投资引导基金法律制度研究　黄　琼　李瑞雪
132. 论善用法治思维保护互联网众筹模式下的消费者权益　邓钧元
133. 我国 PPP 公私合营模式下的经济法规制　杨思琦
134. 反垄断法惩罚性赔偿的法经济学分析　侯秀慧
135.《食品安全法》惩罚性赔偿的体系化解读　陈　末
136. 供给侧改革下的法官员额制改革　胡　胜
137. 行政案件摆脱异地管辖困境的技术性变革之道　王仰文
138. 股权众筹中投资行为的限制研究　赖　继　师　索

139. 现实与展望:城镇化背景下我国农地发展权的均衡实现　欧阳国
140. 供给侧结构性改革背景下“僵尸企业”破产清算的困境和出路　时　昊
141. 市场监管体制改革的成效、问题及对策分析　朱　婷
142. 论诉讼费制度调控功能的修复与强化　王明辉
143. 犹豫期条款引入《保险法》之法理分析　张　萌

说明:本届论坛共收到论文157篇,会务组甄选了其中143篇收入论文集。

图书在版编目(CIP)数据

行政规制论丛. 二〇一六年卷:总第七卷 / 江必新主编. —北京:法律出版社,2017
ISBN 978-7-5197-1063-7

Ⅰ. ①行… Ⅱ. ①江… Ⅲ. ①行政法—中国—文集
Ⅳ. ①D922.104-53

中国版本图书馆 CIP 数据核字(2017)第 165329 号

行政规制论丛(二〇一六年卷·总第七卷)
XINGZHENG GUIZHI LUNCONG
(2016 NIAN JUAN · ZONG DI 7 JUAN)

江必新 主编

策划编辑 沈小英
责任编辑 何 敏
装帧设计 汪奇峰

出版 法律出版社
总发行 中国法律图书有限公司
经销 新华书店
印刷 北京京华虎彩印刷有限公司
责任校对 晁明慧
责任印制 吕亚莉

编辑统筹 财经出版分社
开本 720 毫米×960 毫米 1/16
印张 13.75
字数 260 千
版本 2017 年 8 月第 1 版
印次 2017 年 8 月第 1 次印刷

法律出版社/北京市丰台区莲花池西里 7 号(100073)
网址/www.lawpress.com.cn
投稿邮箱/info@lawpress.com.cn
举报维权邮箱/jbwq@lawpress.com.cn
销售热线/010-63939792/9779
咨询电话/010-63939796

中国法律图书有限公司/北京市丰台区莲花池西里 7 号(100073)
全国各地中法图分、子公司销售电话:
统一销售客服/400-660-6393
第一法律书店/010-63939781/9782
西安分公司/029-85330678
重庆分公司/023-67453036
上海分公司/021-62071010/1636
深圳分公司/0755-83072995

书号:ISBN 978-7-5197-1063-7
定价:58.00 元